U0144914

五南圖書出版公司 印行

目錄

序／牡丹社事件之相關史料——吳密察　006
原作者序／征臺紀事——豪士　008
譯註者序／日本豪士——陳政三　009
作者群像　016

§征臺前的準備　018

第一章　羅妹號事件　020
獨眼龍——李仙得將軍　028
第二章　牡丹社慘案　032
第三章　啟航征臺　039
四度「進出」臺灣——樺山資紀　046
第四章　廈門風雲　049
第五章　初抵琅嶠　052
第六章　初探社寮　059
第七章　邂逅「番婦」　064
第八章　登陸琅嶠　068
第九章　好奇的土著　076
第十章　貪婪的工人　079

目錄

第十一章　初晤「番酋」　084
「父子」或「翁婿」——卓杞篤與潘文杰，兼解朱雷·土結（小卓杞篤）及潘萬金的身分　092

§浴血戰場　097

第十二章　大耳伏擊　099
第十三章　石門之役　101
第十四章　西鄉從道　106
少年都督——西鄉從道　114
第十五章　平安公使　116
第十六章　殖民兵　120
第十七章　都督與酋長　127
第十八章　瑯嶠下十八社　132
第十九章　暴雨來襲　138
第二十章　兵分三路　143
第二十一章　石門之役的回顧　148
第二十二章　攀山進擊　152
第二十三章　圍剿「番社」　156

目錄

第二十四章　三睱「番酋」　164

第二十五章　紮營東岸　173

§外交折衝及落幕　180

第二十六章　龜山大本營　182

第二十七章　潘霨來訪　191

海上世家—沈葆楨　197

第二十八章　西潘密約　200

第二十九章　恒德森領事　206

第三十章　避颱廈門　209

第三十一章　告別福爾摩沙　215

第三十二章　捉放李仙得　219

第三十三章　外交戰場　223

英雄與梟雄—一生糾纏的西鄉隆盛與大久保利通　228

第三十四章　達成協議　230

第三十五章　日本得利　238

第三十六章　西鄉撤兵　241

第三十七章　東方小太陽的困境　250

目 錄

附錄

琅嶠下十八社對照表 255

大事記 259

參考書目 275

索引 283

序

牡丹社事件之相關史料

1874年的牡丹社事件（日本史上稱「征蕃事件」或「臺灣出兵事件」），是臺灣史上具有分水嶺意義的事件。在此之前，清帝國對於臺灣的統治強調：「臺灣孤懸海外，鞭長莫及，而且早有鄭氏據以反抗，因此必需管制閩粵沿海居民進出，以免成為逋逃淵藪。」認定臺灣如果有亂事將會是「起於內而不起於外」，所以不但對於大陸沿海欲來臺者採取申請許可制，而且禁止移民來臺後進入山區，將版圖自限於西部地方（1820年代將蘭陽平原納入版圖是為例外），也不敢在臺灣派駐重兵，恐怕反而有兵變之虞。但是，1874年的事件就起因於清帝國一直視為版圖之外（「界外」）的山地，而且因此引來的竟然是外國的軍事征伐。這完全推翻了清帝國原來的假設及因此而來的統治部署與制度設計。事件之後，清帝國改弦更張，不但取消了移民來臺的許可制，而且積極在大陸招來移民，撤廢入山的禁令，還企圖「移民實邊」開墾後山，並且在臺南海邊興建面對西方洋面的砲臺。

關於牡丹社事件的史料，中文方面有當時參與其事的沈葆楨、李鴻章等清帝國官員的奏摺，和相關衙門的檔案。在日文方面，因為此役是明治維新之後積極模仿西洋制度的新興日本之第一次外征，因此也留下豐富的檔案資料（對此，可參考：吳密察〈日本近代內閣檔案與「征臺之役」史料〉，收入東吳大學歷史學系編《史學與文獻》，1998年）。即使西洋國家，因為當時美國、英國都涉入其中，所以也留下不少檔案史料。所以，關於牡丹社事件的史料幾乎可以說「汗牛充棟」。

除了政府或者相關官員的史料之外，一些與此事件相關的人士也留下值得注意的描寫。例如，積極慫恿日本發動軍事行動的美國人李仙得（李讓禮, C. W. Le Gender），便留下大量的包括書信、備忘錄、建議書的資料；日本發動征臺行動之前來臺調查的樺山資紀、水野遵，也有描寫當時臺灣景況的文字。西洋人當中，當時的隨軍記者Edward House的*The Japanese Expedition to Formosa*則是大家比較熟悉的。

陳政三先生有感於只以中文史料不足以更多方面地瞭解臺灣歷史，因此積極將西洋的相關資料譯成中文，在此之前已經譯註出版1884～1885年法國攻打臺灣時正好在臺灣的英國茶商德約翰（John Dodd）的*Journal of a Blockaded Resident in North Formosa, During the Franco-Chinese War 1884-5*（《北台封鎖記》，臺北：原民文化，2002；修訂版《泡茶走西仔反》，臺北：台灣書房，2007、臺北：五南，2015）。如今再將Edward House的*The Japanese Expedition to Formosa*譯註出版以饗國人（《征臺紀事》，臺北：原民文化，2003；修訂版臺北：台灣書房，2008）。陳先生不但忠實地翻譯原文，而且翻檢相關的史料，對其中的內容加上適度的考訂與解釋，並附上三篇導讀、六篇人物介紹小欄，加上大事記使讀者可以迅速地瞭解事件的背景。對於陳先生的熱情與努力，我個人感佩之餘，也榮幸應邀寫這篇推薦的序。

吳密察

原作者序

《征臺紀事》

本書——*The Japanese Expedition to Formosa*, 《征臺紀事》[1]——主要係筆者在事件發生期間的親身參與採訪，並根據日清兩國外交資料撰寫而成。由於付梓匆促，加上兩國尚有部分機密資料未便公開，故本書也無意號稱為正式的歷史紀錄。不過，即或有上述的限制，相信仍是記載翔實、力求精確、論證充分的記載。

大部分章節係1874年夏季及秋季，為《紐約前鋒報》（*the New York Herald*）撰寫的通信稿；[2]為便於讀者翻閱，全書在偶數頁上標日期、於奇數頁上標明年代。[3]

豪士（Edward H. House）[4]1875年4月誌於東京

1.《征臺紀事》是原著僅有的4個漢字，也是正式中文書名。
2.《紐約前鋒報》於1835年由班乃特（James Bennett）創辦，1872年小班乃特接任。該報重視新聞採訪與國外報導。曾支持豪士隨日軍來臺報導牡丹社之役；並從同年（1874）起到1888年間，支持斯坦利（Henry Stanley, 1841～1904），做橫斷非洲大陸的探險採訪，轟動一時。該報於1924年與《紐約論壇報》合併成《紐約前鋒論壇報》（*N.Y. Herald Tribune*），1967年5月5日因不堪虧損及工會罷工而停刊。
3.偶數頁標日期、奇數頁上標年代，在本譯書全部取消。
4.豪士（1836～1901）於1870年抵日本，先是《紐約論壇報》（*N.Y. Tribune*）駐東京按件計酬的記者；1874年替《紐約前鋒報》採訪「臺灣出兵事件」——他隨軍來臺，留下本書，可謂最翔實的第一手資料，也使他留名臺灣史、日本史。據《處蕃類纂》第二卷（頁10）及李仙得現存美國國會檔案，上載豪士係李仙得之秘書。一般將其名譯為豪斯，另黃嘉謨譯為頗傳神的「耗子」，本譯書採「豪士」，以彰顯大探險時代記者奮不顧身的精神。終

譯註者序

日本豪士

▲豪士（Edward House）〔東京大學明治新聞雜誌文庫藏；陳政三翻拍〕

本書是1874年（同治十三年、明治七年）跟隨日本軍隊來臺採訪「牡丹社事件」的美國記者豪士（Edward H. House, 1836～1901），於1875年在東京自行出版的*The Japanese Expedition to Formosa*（《征臺紀事》）之中譯本。原著僅有4個中文字——「征臺紀事」，也即正式書名。筆者曾「譯述」成《征臺紀事——武士刀下的牡丹花》（臺北：原民文化，2003）、《征臺紀事——牡丹社事件始末》（臺北：台灣書房，2008），銷售尚佳，網路書店居然出現「已搶購一空」的字樣！「搶購」實在誇張，「早已賣完」倒是事實，現由五南圖書出版公司推出修訂再版，因筆者近幾年還算

其一生，曾為美國紐約各大報當過特約記者（stringer）或自由撰稿者（free lancer）；也是他自己引以為豪的日本對外發言的傳聲筒。

略知長進，內容有所修正、調整，希望能繼續長銷下去。

臺灣缺乏看書風氣，買書文化更是「抱歉」——影視紅星新書或寫真集簽名會、尚未將居百年即急於推出回憶錄的「政商名流」，以及每次書展「動漫畫」攤位屢屢擠滿排隊搶購人潮除外，喔，還有廣播電臺節目贈書call in也是特例，每每贈書時段，總是滿線。這不是酸葡萄的說法，筆者羨慕得很，沒有「取而代之」的澎風與妄想，也不敢稍存「有為者亦若是」之念，只能偷偷流一堆口水陪襯。寫「硬書」是吃不了「軟飯」的，窮作家須有「文窮而後工」的心理準備，然後偶爾偷偷想起真正留名後世的文人、藝術家或歷史學家，要不是被閹掉、遭流放，就是窮苦潦倒一輩子。如此自我陶醉，方能居陋巷不改其樂。

所以，本書得能再有修訂再版面世，算是奇蹟。曾購買舊版的讀者或會察覺內文、註釋、小欄等多處有所更動；研究臺灣歷史者，應會發現加入了典故出處及新而正確的詮釋；至於新購買或不熟悉這段歷史的讀者，可以把這本書當作「探險小說」或「戰地報導文學」來看，這樣讀來較輕鬆有趣。

舊版推出時，筆者對豪士的生涯並不清楚，經這幾年的蒐集與研究，有較深入的瞭解。因此以介紹其生平的〈日本豪士〉作為「譯註者」序標題。承吳密察教授同意，修訂版再刊登前版他的推薦序〈牡丹社事件之相關史料〉，殊為感激，修訂再版仍照登。國立臺灣博物館提供珍貴館藏圖片，並致謝意。「五南文化事業」集團楊榮川董事長有「禮賢下士」之風，並不多見，並感謝楊士清總經理首肯再版，對於其旗下編輯群蘇美嬌等編排本書的用心，以及忍受筆者吹毛求疵的耐心，也說聲「真努力」。

豪士，出生於波士頓近郊新市（Newtonville），父親是位鈔票銅板雕刻師，母親為鋼琴家，家學淵源，4歲就被喻為音樂神童，還能即興譜曲，有首曲子曾被波士頓交響樂團選中、演出；就讀中學，作文寫得太好，老師誤係家長代筆，因此憤而退學，並投書報紙「爆料」，從此不曾就讀任何學校。1854年（18歲），擔任家鄉《信報》（*Courier*）記者，再3年成為該報6名合夥人之一。

1858～1870年在花花世界紐約擔任《紐約論壇報》（*N.Y. Tribune*）記者，1861年曾短暫採訪內戰（1861～1865）新聞，1862年起改跑其他路線，兼轄歐洲。1867年認識也是新聞記者出身的馬克吐溫（Mark Twain, 1835～1910, 本名Samuel L. Clemens），友誼長達20年；直到1888年初，2人因馬克吐溫創作小說《乞丐王子》（*The Prince and the Pauper*）的改編劇作權翻臉，1890～1894纏訟4年。馬克吐溫後來名揚國際；到日本發展的豪士雖然生活精采，但當時亞洲畢竟是邊陲，所以並不為世人所知。

1870年8月底豪士抵日本，展開橫跨31年多的日本生涯，1901年12月18日死後就埋在熱愛的第二祖國。他最初是以《紐約論壇報》特約記者（stringer）身分到日本，「特約」表示按件計酬、沒有固定薪水，所以在The Kaisei Gakkō學校兼課，教授英國文學。1873年3月當日本密使，返美遊說，搞垮了不太友善的美國駐日公使德朗（C.E. De Long）。由於論壇報不答應改聘他為支薪特派員，所以同年11月1號返日，偶投稿論壇報的競爭對手《紐約前鋒報》（*N.Y. Herald*），還「承包」日本政府案件，以維生計，比較為外界所知的是發生於橫濱華籍苦力跳船，向日本當局控訴遭誘拐、虐待的「瑪利亞．魯斯苦力船事件」——又稱「秘魯華工船事件」（Maria Luz case）期間（1872.7～1875.5），豪士曾替日本當局撰寫結案文件“The Case of the Peruvian Barque Mari Luz.”

1874年下半發生「牡丹社事件」，於5月初至7月初跟隨日軍

▲1877年11月號《日本誠言》雜誌（*Japan Punch*）以漫畫諷刺豪士的《東京時代周刊》是「舉著日本改良新國旗」〔*Japan Punch*, Nov.1877；陳政三翻拍〕

到恆春採訪「懲罰」排灣族新聞，在南臺期間及返日後，不斷於前鋒報發表文章，該報則支付他總共600美元的戰地津貼，日本政府每月給他225美元補助。豪士因為兼任美國前駐廈門領事、日本征臺顧問李仙得將軍（Charles W. Le Gendre）的秘書，得以與聞機要，加上他是唯一隨軍來臺的西方記者，因此發了不少獨家新聞，與日本都「一戰成名」。

終生未婚的豪士，於1875年收養他離婚的女學生青木（Aoki Koto），2人展開長達26年相依為命的「準親情」。1877年1月豪士創辦東京第一家英文周報《東京時代周刊》（*The Tokio Times*），10月與日本政府簽訂密約，接受年薪6,500日圓的報酬，被譏為「舉著日本改良式新國旗」（意即星條旗中間有顆紅太陽）、「販賣沒良心知識的記者」，豪士成為日本官方傳聲筒，獨立對抗英國勢力把持的橫濱外國新聞圈，以及不友善的英國公使巴夏禮（Harry Parkes）；該報維持到1880年6月26日，因支持不再而關閉。失意的他於1880年8月至1882年4月間返美；再回到日本偶替美聯社（AP）、前鋒報寫稿，並在東京帝大兼課，始終入不敷出，加上早年狂飲的放蕩，帶來關節痛風毛病，過著「貧病交加」的生活。

豪士一直協助日本，向美國爭取歸還「下關砲擊事件」

（1863）的賠款；1883年4月，美國終於將75萬美元賠款歸還。當局鑑於他「功在日本」，1884年元月起給予為期7年，每年2,500日圓的養老金，經濟壓力才稍緩和，後來一再延期，成了終生俸。1884年底，豪士一度寫信給馬克吐溫，要後者爭取駐日公使職位。1885年8月再度返美，途經香港臥病半年，7年多後，1892年10月再度回到日本；1886年12月，馬克吐溫致函豪士，希望後者儘速將《乞丐王子》（*The Prince and the Pauper*）小說改編成劇本，豪士當時身體欠佳，無法動筆；到了1888年1月，久候不耐的馬克吐溫將改編劇本權交予沒太多經驗的女劇作家雅咪（Abby Sage Richardson），種下豪士與多年老友因此反目、對簿公堂，使得通家之好，變成老死不往來的悲劇；不過豪士至死仍保存馬克吐溫送他的陶製啤酒壺（stein），睹物思情，或不無感慨。該劇在紐約公演7星期，票房奇佳，又到美國各地巡迴演出2年，豪士取得部分演出版權稅；好打官司、卻敗訴的馬克吐溫分文未得，氣得大罵對方「惡棍豪士」（the Scoundrel E. H. House）、「雜種狗」（cur）、「馬槽裡的狗」（a dog-in-the-manger），後面一句類似閩南語「牛槽裡惡（吼）牛母」。

▲1880年6月《東京時代周刊》停刊，《日本諷言》，刊登諷刺漫畫〔*Japan Punch*, July 1880；陳政三翻拍〕

1894～1895年，發生美國報界謔稱為「辮子之戰」（the

Pigtail War）的「甲午戰爭」，有痛風毛病的豪士坐在大隈重信送的輪椅上，再度活躍報界，擔任普立茲（Joseph Pulitzer）《紐約世界報》（*N.Y. World*）支薪記者，週薪40美元，兼為美聯社發稿。1894年11月21日，日軍擊敗清軍，22日進駐旅順，瘋狂屠殺手無寸鐵的居民，是為「旅順大屠殺」，豪士仍為心目中「勇敢的小帝國」（the gallant little empire）粉飾；1895年戰後，還獲普立茲頒贈250美元獎金，酬謝他「優異」的表現。

1896年10月，一向乖巧、已37歲的養女Aoki不顧他的反對，再嫁「姊弟戀」對象、任教於陸軍學院的法文老師黑田（Kuroda）。「父女」因此有1年半不相往來，最後豪士再度接納青木，並與女兒、女婿同住，雖然他一直認為黑田是個「態度傲慢的浪蕩子」。1898年12月豪士出任明治音樂社指揮，成為引進西方音樂的先驅之一；1900年3～12月，獲聘皇室首位專職樂團指揮。

1901年12月17日，明治天皇獲悉豪士陷入彌留，宣佈授與二等勳章（Second Order of Merit）；隔天「日本豪士」（Japanese House）卒於東京寓所，終生無神論的他，遺言葬禮不得帶有任何宗教色彩。大隈重信輓詞：「豪士先生貢獻日本無私無悔的愛意，我們對他都深覺虧欠」！《大阪朝日新聞》讚他「堅守立場，即便所有在日本的外國人幾乎都疏遠了他」；他原先的敵人、後來的夥伴英文《郵報》（*The Mail*）發行人布林克里（Brinkley）引述豪士的座右銘「誰能不被人事物拘絆呢？總有零星兩三種吧」（They are slaves who would not be, in the right with two or three），稱他處於「日本敵人很多，朋友很少的時代，這位最早期的日本外籍摯友卻挺身而戰」。不過一向親英的《日本前鋒報》（*The Japan Herald*），得知豪士過世，照舊稱他「政府豢養的馬屁精」（a paid government lackey）。

養女在他的墓碑刻上「他用愛心培育我，我報以血淚」（He nurtured me in love, I shed tears of blood）。豪士一生著有劇本《淘氣拉丘的勝利》（*Larcher's Victories*）（1860）、戰地歷史文學《征臺紀事》（*The Japanese Expedition to Formosa*）（1875）、小說散文集《日本插曲》（*Japanese Episodes*）（1881）、小說《日本女孩的故事》（*Yone Santo, A Child of Japan*）（1888）。

豪士的資料散佈在世界40多家圖書館，加上早期日本處於以西方世界為中心的邊陲地區，因此不但美國人，連後來的日本人也少有人知道這位傳奇人士。近年，經美國學者哈夫曼（James L. Huffman, Jr.）多年的努力、出版《明治時代的美國北方佬：聖戰記者豪士》（*A Yankee in Meiji Japan: The Crusading Journalist Edward H. House*）（2003），才使不為人知的原貌浮現。

豪士抗拒歐美國家欺負「玩具國」（Toy Nation）日本，勇氣可佳；惟獨鍾情日本，對眼中「勇敢小巨人」（brave little state）欺侮其他亞洲國高麗、琉球、清國，卻視而不見；他不怕「沾鍋」，認為接受日本政府補助理所當然；他「比日本人還愛日本」，自命為日本的形象塑造師、利益捍衛者，心懷「日本是我心窩永遠最親切的柔情」（Japan was always a point of tenderness with me），因此完全不顧外界的批評。他的地位猶如中國國民政府在大陸期的澳洲記者端納（William H. Donald），或中共的美國記者斯諾（Edgar Snow）。都是傳奇人物！

謹以本書獻給生在日本時代的先父；並紀念筆者終於離開公職生涯，除了當全職孝子、家庭煮夫，也可以有更多時間投入研究、敲鍵生活。

陳政三
誌於2015年6月2日退而不休日

作者群像

原著：豪士（Edward H. House, 1836～1901）

生於波士頓，從小即有音樂、文學天份，未完成中學學業即輟學，投入新聞界，在紐約當記者時認識馬克吐溫，成為摯友，後2人因《乞丐王子》小說劇本改作權反目成仇。1870年成為《紐約前鋒報》駐日本特約記者，1874年5月隨首批日本遠征軍抵達南臺灣，第一手觀察「牡丹社事件」期間日軍攻打牡丹社、高士佛社、女奶社的行動，以及如何拉攏其他「親日」部落之手法，為我們留下130多年前恆春半島的人文風情、社會物產，以及排灣、阿美、平埔、漢人之間的族群關係。書中對於當時日、清、英、美國間的關係與外交秘辛多所著墨，是研究、瞭解牡丹社事件不可或缺之書。

1877年1月豪士創辦東京第一家英文周報《東京時代周刊》（*The Tokio Times*），接受日本政府補助發行，1880年6月底因金援不再而關閉。1883年4月美國償付「下關砲擊事件」（1863）因而造成日本的損害賠償75萬元，豪士促成本案有功，得到了日本政府每年2,500日圓的終生養老金。1894～95年「甲午戰爭」期間，已經行動不便坐輪椅的豪士再度活躍，擔任《紐約世界報》與美聯社記者。

他終生未婚，認養了一名日本女孩；他曾指導日本明治音樂社，進而獲聘為皇室首位專職樂團指揮，成為引進西方音樂的先趨；他「比日本人還愛日本」，被稱為「日本豪士」（Japanese House），死前，明治天皇特頒二等勳章，以茲獎勵。著有劇本《淘氣拉丘的勝利》（*Larcher's Victories*）（1860）、戰地歷史文學《征臺紀事》（*The Japanese Expedition to Formosa*）（1875）、小說散文集《日本插曲》（*Japanese Episodes*）（1881）、小說《日本女孩的故事》（*Yone Santo, A Child of Japan*）（1888）。

譯註：陳政三（Tan, Jackson）

彰化人，曾任公職、駐美辦事處、民營公司、電台主持人。著有《英國廣播電視》、《北台封鎖記》、《征臺紀事—武士刀下的牡丹花》、《出礦坑鑽油日記》、《泡茶走西仔反—清法戰爭台灣外記》、《翱翔福爾摩沙—英國外交官郇和晚清臺灣紀行》、《征臺紀事—牡丹社事件始末》、《美國油匠在台灣》、《紅毛探親記》、《紅毛探親再記》、《福爾摩沙島的過去與現在》、〈美國博物學家史蒂瑞臺灣探險行〉序列、〈臺灣女人〉、〈遇見卓杞篤〉、〈老地圖・小故事・說台灣〉、〈甘為霖二訪泰雅族—眉原・眉溪社探險行〉、〈歷史228〉、〈從歷史歸屬看西藏和臺灣〉等；其他作品散見國內外報刊、網路。

§征臺前的準備

日本在明治維新的第七年——西元1874年、同治十三年、明治七年派兵攻打恆春半島上的排灣族，可說由幾件意外促成：㈠1867年的羅妹號美國船員被排灣族龜仔角社殺害，引起時任美駐廈門領事李仙得的介入。㈡1871年琉球船民船難，登陸恆春半島，漂民有54名慘遭排灣族高士佛社及牡丹社人屠殺。由於日本對琉球的覬覦，遂在征韓的西進計畫打消後，為弭平國內的動亂與爭論，將之導向南向政策，拿為數1,000餘戰士武力的牡丹社、高士佛社、竹社、女奶社出氣，求取更大的外交利益。

19世紀初葉以來，隨著產業革命的發展，西方資本主義政商尋求更廣大的殖民地或通商貿易利益，商人隨著砲艇東來，亞洲、南美、非洲成了角逐的肉塊。本書作者豪士即是在這種背景下，來到日本，替紐約前鋒報撰寫東方的報導。他也因結識了加入日本政府的李仙得，兼任其秘書，因此對於日本出兵征臺前的準備、西方駐日公使的掣肘，有第一手的內幕報導。雖然由於他身兼仇清的李仙得之秘書，使他的報導太過親日，成了當時日本對西方世界的傳聲筒，但也正因為如此，有機會隨日軍來臺採訪，忠實的為我們留下紀錄百多年前恆春半島的種族糾紛、先民生活點滴。本書以他的原著為經，搭配上各國史料，尤其如果再與《甲戌公牘鈔存》乙書，互相對照，當可以使我們對1874年發生在南臺這件史事，有更清晰的瞭解。

豪士在第一章至第三章，敘述導致這件我們稱為「牡丹社事件」、日本稱作「臺灣事件」或「征蕃事件」的背景，他隨著首批征臺日軍先到廈門，傳送日本給清國「霸王硬上弓」的所謂通知，然後日軍就「生米煮成熟飯」的於5月8日登陸社（射）寮港（第四、五章）。初抵社寮少不得先探門路，幸好已在臺灣南部深耕7年的獨眼龍將軍——李仙得人脈廣佈，各方人馬立即聚集，或為嚮導、或代雇工築軍營，於是目前屏東車城鄉射寮海邊、當時的日軍軍營，擠滿或老、或小、或男、或女、或是漢裔、或是平埔族的工人，為了豐厚的工錢，共襄盛舉。除了待遇考量外，半島西岸的漢裔、平埔族，他們對內陸及東海岸的排灣族瑯嶠下十八社人，實在沒有好感，尤其對兇猛的牡丹社、高士佛聯盟，更是恨不得除掉。所以，幫助日本人攻打「兇番」，事不關所謂「賣臺」與否的標準，而當時也沒這個名詞。

我們的作者，為後代留下一些有趣的事情，譬如他第一次邂逅平埔婦女（第七章）、如何面對好奇的土著（第九章），以及當時見錢眼開的工人如何要求更佳的待遇（第十章）。他也紀錄了原先「瑯嶠下十八社」名義上的總頭目卓杞篤已死的消息，聯盟早已瓦解，分成「親日派」與「仇日派」。日軍代表終於在5月15日，與親日派的排灣族南方小聯盟會晤了（第十一章）。原住民代表其中有一位是老卓杞篤的「幼子」，雖沒有寫出名字，但經譯註者考證，那位「幼子」就是後來大名鼎鼎的潘文杰，而他事實上並非老卓杞篤的「幼子」，那麼卓、潘的關係又是什麼呢？在註解及小欄〈「父子」或「翁婿」──卓杞篤與潘文杰〉，有較深入的分析與考證。

第一章　羅妹號事件

日本發兵攻打福爾摩沙島南端海岸的「番社」，[1]導因於1871年12月，[2]一艘琉球船遭風觸礁，船員登岸後被以兇狠著稱的「半生番」牡丹社人（Botans）集體謀殺。[3]自從外國海員首航福爾摩沙島東海面以來，他們就被迫與控制這個地盤的原住民接觸，而兇殘的原住民對遭船難上岸的水手是毫不手軟的。近年來，幾乎每年都有颱風、巨浪造成的船難在該島四周海域發生，以及倖免於難的船員被島民公然殺害或虐待致死的紀錄。[4]除了這些有紀錄的野蠻行為以外，外國商船圈盛傳「生番」殺害船員的流言，有關國家並曾派人探查某些可疑的山區，尤其是最險峻的東海岸。[5]

野蠻的東岸土著被外界普遍誤以為是「食人族」（The Cannibals），雖然事實上這些土著並不吃人肉。他們是一些無視法紀、經常涉入劫掠的攻防同盟，

1. 原文寫為東南海岸。譯註者依日軍登陸地點在西南岸的車城社寮（射寮）及稍後派兵進駐東南端的港口溪口，改譯為南端。
2. 據琉球倖存者口供，清日雙方皆載為當年陰曆十一月六日，即陽曆12月下旬，登上八瑤灣（又稱北瑤灣，今屏東東南海岸的牡丹鄉高士村）海岸，誤入高士佛社；2天後（八日）遇害。
3. 主要的兇手是高士猾（佛）社人，牡丹人後亦加入。
4. 據James Davidson的統計，1850至1871年底，臺灣（含澎湖）附近海面，共有44件船難，其中二十一艘船遭島民搶劫，部分船員被殺（僅4件為原住民所為）。1882年至1885年，共31次船難，6件劫船者皆為漢人。漢人最有名的海盜窩在國賽港（今臺南七股鄉三股村及十份村附近）、白沙屯（今桃園觀音鄉），此外鹿港、淡水、南崁、布袋、茄萣、澎湖沿海地帶，先民也發揮了「靠海吃海」的精神，未放過任何老天賞賜的橫財；連奉命戒護的士兵也加入洗劫的行列。
5. 較有名的有：1854年美艦馬其頓號（*Macedonian*）、1855年美艦雄雞號（*Hancock*）、1858年英艦剛強號（*Inflexible*）、1867年英艦西維亞號（*Sylvia*），她們皆負有探測東岸「生番」地、搜尋白人船員的任務。

視所有陌生人為仇敵，並極力排除半文明的漢人的入侵；他們只服膺野性的權威，以毫不寬待的手段對待上岸尋求庇護的船難漂民，藉以展現排斥外國勢力涉足的決心。

美國商船的水手，雖然不是船難暴行的最大受害者，但卻是最早廣為人知的案例。尤以美國三桅帆船「羅妹號事件」（the case of the bark "*Rover*"），不但仍活生生的留在東方商界、水手的腦海，它所造成的後果仍餘波盪漾，迄今未減，直接、間接地影響到許多國家，甚至連目前日本政府正考慮派兵攻打南臺行動，也與之有關。

1867年3月9日，羅妹號（the *Rover*）從廣東省汕頭港（Suatao）出發，開往滿洲牛莊港（Niuchang, 今遼寧省營口市）。[6]途中，〔3月12日〕被暴風雨吹到福爾摩沙島南端，船在水母岩（the Vele Rete, 今恆春鎮七星岩，在鵝鑾鼻南方海面，為臺灣最南端）觸礁沈沒，韓特船長（J. W. Hunt）偕夫人〔Mercy G. Bearnom Hunt〕及船員〔，共14人〕登上〔兩艘〕救生小船，[7]飽遭大浪衝擊，驚險萬分地在龜仔甪社（Koalut）控制的東方海岸登陸〔今墾丁半島上社頂公園獅龜嶺海邊，昔稱龜仔甪鼻山〕。[8]他們被土著發現後，迅即遭受攻擊，全遭殺害，只有一位〔叫德光（The-kwang）的〕廣東籍水手〔按：廚師〕機敏的躲

6.*Rover*—中文史料作羅妹號或羅發號；如意譯，可為浪遊者或海盜號。原著船名用正體字，如the "Rover", 本譯書英文船名皆採較通用的斜體字。

7.Robert Eskildsen, ed., *Foreign Adventure and the Aborigines of Southern Taiwan, 1867-1874*, pp. 3, 78.

8.本書所有〔〕或〔按：〕內之中文字，皆為譯註者為使譯文更明確所加入，原文並無。Koalut或譯成龜仔律社，屬琅嶠下十八社之一（南部排灣巴利澤利敖群），當時墾丁半島自今社頂公園以南，皆是其勢力範圍。1898年底，鳥居龍藏親訪發現已有恆春阿美人混居該社，而不論是原排灣或阿美族，皆幾乎已被漢化，都使用漢語。更早的鵝鑾鼻燈塔看守人泰勒（G. Taylor）他在1887年5月初拜訪龜仔甪社時，發現「阿美族頭目」十分好客，剛娶了一位年輕迷人的客家女人為第三任老婆。再往前推，1875年中，畢齊禮（M. Beazeley）與第一任恆春知縣周有基赴墾丁購置燈塔用地時，曾被25名孔武有力、手持火繩槍（matchlock）、長番刀、「長相比其他部落好看」的武士阻攔。由上述文獻，可知龜仔甪社排灣及阿美人間的通婚情形起源甚早。

起來，隨後成功的逃抵打狗（Takao, 今高雄），向有關衙門報告慘案。[9]

英國駐打狗〔署〕領事賈祿（Charles Carroll, 1866～1867年在職）獲報，迅即一面照會臺灣府（Taiwan Fu, 今臺南）臺灣兵備道吳大廷；一面報請英駐北京公使阿禮國（Rutherford Alcock）轉知美駐京公使蒲安臣（Anson Burlingame）。[10]當那位蒲紳士還在循正常外交管道，忙著和總理衙門打交道時，賈祿領事下令剛好停泊於臺灣府安平港內的英國軍艦鸕鶿號（*Cormorant*）開赴出事地點，搜尋機會不大、但可能的殘存者〔；隨行的有打狗海關醫師萬巴德（Patrick Manson），以及那名倖存的廚子德光〕。布勞德船長（Captain Broad）於3月26日〔按：25日下午4點〕率船開抵龜仔甪，〔26日上午9點〕登陸搜索，但被埋伏的土著擊退，被迫回艦，一名水兵受傷。憤怒的船長下令開砲，將隱藏在林叢的土著驅離，由於兵力不足，不敢派兵追擊，遂怏怏然返打狗交差，再開往廈門報告。[11]

1867年4月間，美國駐廈門領事李仙得將軍（General Charles W. Le Gendre）

9. 臺灣原住民通常不殺敵方女眷，只做俘虜。據李仙得記載，以及土著告訴畢齊禮等人：他們誤以為韓特夫人Mercy是男人，而錯殺了。另據當時在打狗的必麒麟記載為兩名華裔廚師死裡逃生。

10. 美國於1874年5月才派東生署理打狗副領事，之前由廈門領事兼管，並託英打狗領事館照料。蒲安臣曾任參議員，林肯總統好友，1861年10月派任美駐清公使，1862年7月（抵任）～1865年5月、1866年11月～1867年11月兩度駐北京，恭親王奕訢稱他「處事和平，能知中外大體」，延攬為無任所大使，1868年出使歐美各締約國，1870年2月23日卒於訪俄途中，清廷追贈「一品銜」。舊金山南郊的Burligame小鎮，就是紀念他而命名。《清季中外使領年表》，頁60；《臺灣對外關係史料》，頁72；胡光麃，《影響中國現代化的一百洋客》，頁2-6。李抱宏，《中美外交關係》，頁102-116。

11. Robert Eskildsen, *op. cit.*, pp. 78-80；李仙得，《臺灣番事物產與商務》，頁86。水野遵，《征蕃日記》第十一章，記載西鄉從道曾在射麻裏社目睹一顆重達120斤的未爆彈，係英船砲轟龜仔甪社留下的紀念品。英國如此熱心，除了與美國的互助；另外，1866年英艦どズ號（*Dove*）、1867年シルヴェセ號（*Swallow*）在南岬測量時，都曾遭排灣族攻擊，英方似有意藉此報復。參閱伊能嘉矩，《臺灣蕃政志》，頁585-586；Douglas L. Fix, "Political Economy on the Hendchun Peninsula, 1850-1874," pp. 4, 32，中研院臺史所主辦，2005年11月「國家與原住民：亞太地區族群歷史研究國際學術研討會」。

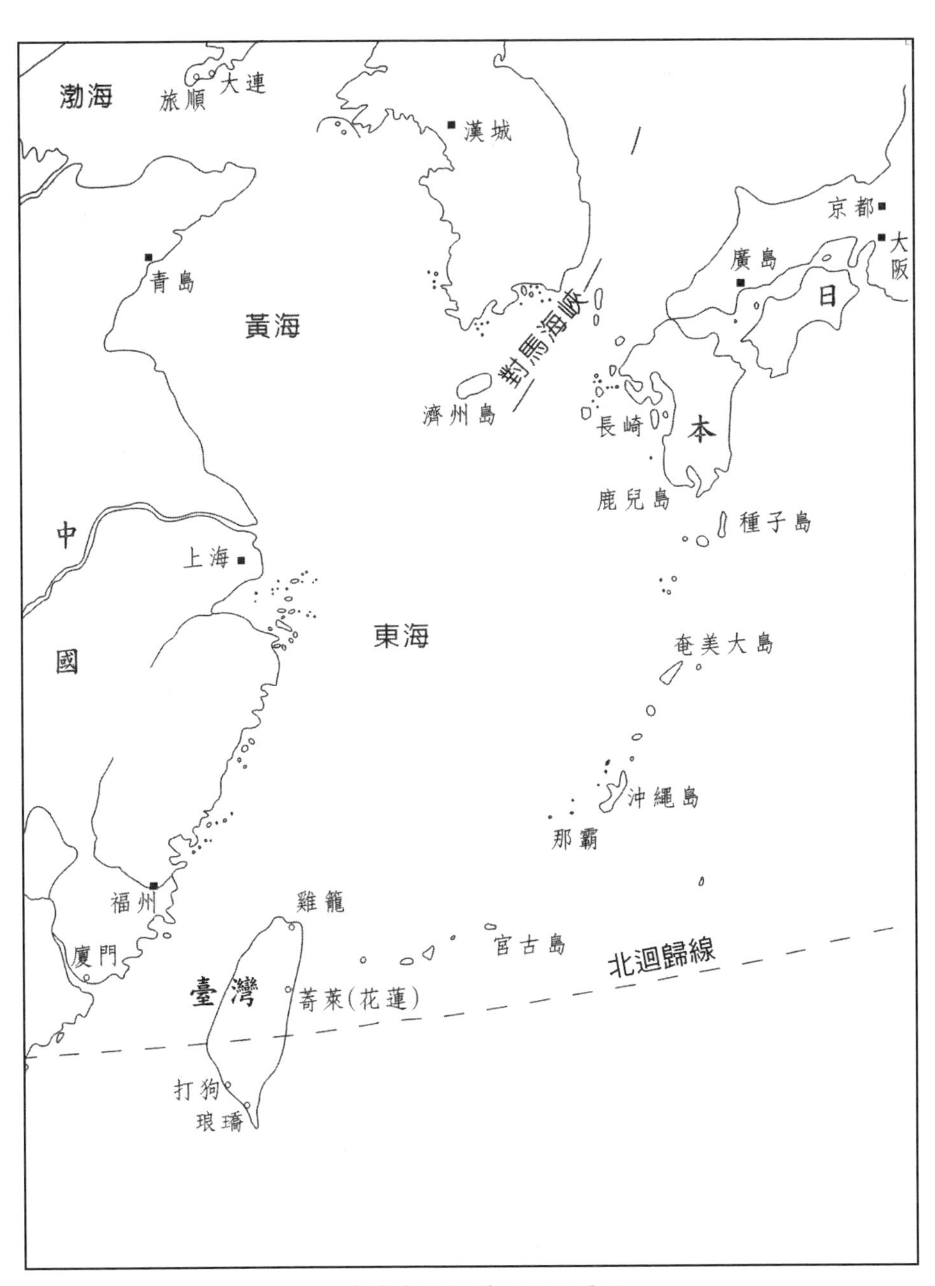

▲臺灣事件相關地區位置圖

竭盡最大的努力，想和加害水手的部落頭目聯繫，希望能達成如何避免往後類似的慘劇，但龜仔用社卻拒絕讓他登岸會談，而告失敗。[12]臺灣島西的大清官員辯稱對東岸「生番」沒有任何直接的統治關係，所以無力干預；[13]不過在北京的總理衙門向美國公使表達將對「生番」嚴加懲戒的處理措施，而使蒲安臣以為大清已承認將對臺灣島民的所有行為負起全責的錯誤解讀。同年6月，美國亞洲艦隊司令柏爾少將（H. H. Bell）奉華府訓令，率哈特佛號（the *Hartford*）、懷俄明號（the *Wyoming*）兩艦赴臺討伐原住民，但卻鎩羽而歸。[14]6月19日〔按：13日早上9點至9點半之間〕，181名美軍登陸龜仔用，與該社戰士發生一次短暫的遭遇戰，〔下午2點〕麥肯吉少校（A. S. Mackenzie）陣亡，促使美軍〔於下午4點〕倉皇撤退回船上。由於征討行動的困難度，遠遠超出最初的預期，柏爾只好放棄繼續再攻的嘗試〔，晚間9點離開南灣；14日抵打狗，將麥肯吉遺體暫安葬於英國打狗領事館花園，當晚6點30分由打狗開航，19日返抵上海〕。[15]這次失敗的行動導致後來美、日兩國政府在牡丹社之役最初蘊釀階段，有著共同的利益與合作關係；但後來美國受英國的影響而變卦，遂造成日本外交的尷尬與困境。

12. Le Gendre, 法裔美國人，南北戰爭（1861～1865）擔任北軍少將，左眼受傷退役，裝了一隻玻璃眼。1866年7月美政府任命他為駐廈門領事，12月抵華接任（1867年1月正式報備總署），初名李真得查厘（釐）、李真得，旋改名李禮讓；1872年12月離職，在日本受重用，改名李仙得。牡丹社之役後，據其孫女關屋敏子表示：明治天皇賜改成李善得（另有記載為李善德）。本書為求統一，全部使用李仙得稱之。他在1867年4月中下旬搭乘美砲船阿修羅號（*Ashuelot*）來臺，主要為處理羅妹號事件。
13. 臺灣總兵劉明燈、兵備道吳大廷4月19日接見李仙得時，出示照會表示：「查臺地生番，穴處猱居，不隸版圖，為王化所不及。」不過，內文強調將再派兵設法查辦，婉拒美國兵船會辦此案。
14. 柏爾這次行動並非美國務院的指示，而係受李仙得的慫恿。國務院的訓令在6月20日方發出，且僅是查明真相。但柏爾於6月7日即由上海出發，12日抵打狗，邀賈祿領事、「福爾摩沙通」必麒麟（W. A. Pickering）、打狗港洋商鐵樂（Taylor）同往。依據《清美天津條約》第9款，美船舶如被劫、被擄，美軍艦有追捕海盜權。李抱宏，《中美外交關係》，頁70、90；Robert Eskildsen, *op. cit.*, pp. 49-50, 258-259.
15. Robert Eskildsen, pp. 50-52；黃嘉謨，《美國與臺灣》，頁209。Belknap船長稱9點正登陸, Bell少將則記為9點半，前者可能為上登陸艇時間，後者指上岸。

▲山區邊界的腦寮〔A. Fischer (1889)；陳政三翻拍〕

柏爾少將及其他參與這次討伐行動的美國軍官，在遠征檢討報告中明確的指出：「唯一永久確保該地區及附近水域安全的方法為將原住民由海岸地帶驅離，並由一個強而有力的盟國進駐該地。大清帝國必須承擔此項責任。」但清廷方面似乎無意、也沒能力擔負這項任務，他們〔按：應指地方官僚〕不但完全否認對臺島東岸部落擁有合法的統治權，事實上，他們的地圖也明顯的標出官權不及的「番界線」。[16]由於國際上有這種普遍的認知與瞭解，加上北京當局一再承認他們無力鎮壓那些愈來愈多的船難暴行，所以7年後，日本終於下定決心，主動採取自力救濟行為，這項行動不但將確保其屬民的安全，也大大有助於世界性的人道援助立場。

在美國軍艦哈特佛號失敗任務後的第三個月，李仙得於1867年9月，在一支兵力不小的清軍伴隨下，向龜仔甪出發，二度造訪該地。他留下了一些對這個神秘黑暗的、完全不為外界知悉的地區的探險紀錄。[17]清兵的出動，顯然未

16. 當年4月23日，總理衙門（或稱總署）曾命閩省督撫迅速查辦，並告誡：「生番雖非法律能繩，其地究係中國地面，與該〔美〕國領事等辯論，不可露出非中國版圖之說，以致洋人生心。」不過，地方當局顢頇支飾、陽奉陰違，以致各國普通誤認臺灣東部後山，並非大清版圖。

17. 1871年美國政府出版李仙得1869年的年度報告*Report on Amoy and the Island of Formosa*——《臺灣番事物產與商務》。1874年8月，已改名為李仙得的他，由日本政府出資，在上海出版*Is Aboriginal Formosa a Part of the Chinese Empire*?（《〔臺灣〕蕃地所屬論》）。

▲同治六年（1867）臺灣總兵劉明燈「虎」字碑
〔國立臺灣博物館提供〕

如預期的對土著產生任何威嚇效果，他們的指揮官〔按：指臺灣鎮總兵劉明燈〕受到土著冷淡而近乎傲慢的對待。這種漠不相關的態度說明了一切，李仙得看在眼裡，決定出險招，而這個決定事後證明是明智的。他只帶著必要的通譯和嚮導，連他共6人〔按：7或8人〕赴約，[18]與帶著大批武裝隨扈的南方十八部落頭目聯盟舉行和談。會面氣氛平和，甚至可以用友好來形容。當時「琅嶠下十八社」（the eighteen tribes）公認的大股頭人〔總頭目〕卓杞篤（Tokitok），[19]以他自己的方式替龜仔甪社失控的殘酷行為辯護，說那是復仇計畫的延伸。「很久以前，」他朗聲道：「白人幾乎將龜仔甪社人殘殺殆盡，僅剩3人，以致世世挾怨報仇。由於沒有船可以追捕白人，他們只好對上岸的人進行報復。」他的說辭並非絕不可能的事，歷史文獻顯示17世紀荷蘭來臺，占有全島部分地區時，的確像他們在其它佔有的地區一樣，曾屠殺過土

18. 李仙得稱同行的有「臺灣通」必麒麟（William A. Pickering），英人Holmes〔按：何恩, James Horn之誤〕、法人Joseph Beranre、吳世忠等3名通事及當地嚮導1人，共7人，在10月10日與十八社頭目會面。會面地點「出火山」（Volcano），位於今恆春城東山腳里的赤牛嶺，二重溪橋下，目前仍有天然氣湧出。不過必麒麟稱同之王文棨也同行，如此似有8人。James Davidson, *The Island of Formosa, Past and Present*, p. 120; W.A. Pickering, *Pioneering in Formosa*, p. 197.

19. 李仙得曾使用Tooke-tok, Tau-ke-tok, Tauketok（1867）, Tauketok（1869, 1872）, Toketok, Tau-ke-tok（1871）稱呼卓杞篤；豪士、達飛聲（J. Davidson）用Tokitok。不管是何種，皆為「近似」的發音與譯音。James Davidson, *The Island of Formosa*, p. 119; Robert Eskildsen, pp. 119, 122, 140, 163, 166.

著。[20]

這次會議達成了十八「番社」根據一些合理的條件，承諾以後尊重漂到海岸來的所有歐美人的生命財產安全，這個承諾迄今仍被忠實的遵守。但卓杞篤不僅不願與清國將軍達成類似的協定，甚至拒絕與之會面。在清軍壓力下，他只派遣他的兩個女兒為使者，[21]向清方表示：由於哈特佛號及懷俄明號上美軍的英勇表現，十八社已服膺美國領事的要求——這種表白隱含十八社毫不考慮清方的締約要求。[22]

從那時起，在幾年當中，十八社族人以救助一些船難者的實際行動，證明了他們的誠信。他們並派人通知距離最近的清國駐軍，前來護送遭難的洋人，不過卓杞篤的權威畢竟有限，他能完全控制族人；但無法壓抑其它「番社」的野蠻衝動，許多「番社」經常為了本身的利益，完全否認他的權威。有些北方的「番社」，像牡丹社（Botans），逐漸脫離這個為了便利、權宜而存在的聯盟，於是又有幾件遭遇船難的水手被殺、被虐待的事件傳出。清國官方仍然袖手旁觀、束手無策，似乎從未正視過這些慘案；直到日本採取軍事行動，才被迫重視此事。

20. 豪士這種說法顯受李仙得影響。劉明燈奏摺稱「五十年前〔按：1817〕龜仔甪社遭洋人殺害，僅存樵者二人」。但部分學者，如林子侯認為不足採信，應以臺灣開港（1862）前後航行沿海的歐美人士所為較合理。不過即便五十年，有辦法使一個部落人丁再度興盛嗎？

21. 據《大隈文書》（1958）內載，李仙得向日本政府提出的第一號備忘錄上寫道：「卓杞篤派他的兩個女兒向清國表示絕不和詐欺萬端、不守信約的清國人締約，誓與清國人血戰到最後一人。」Davidson, *The Island of Formosa*, p. 121，也收錄李仙得上述報告。卓杞篤「為何不派兒子、而派女兒為代表呢？」這或許是解開迄今仍是謎團的卓杞篤死後，繼為十八社頭目的Vankim（潘萬金）, Minat, Tsui Lui（朱雷士結〔給〕）, Vunki（潘文杰）間的關係謎團的重大關鍵。詳本書「父子或翁婿」小欄。

22. 幾個因素促使下十八社願與李仙得和談：柏爾提督的砲船外交嚇壞了土著；農作物收成不好、瘟疫流行、海上捕魚遭水蛇為害，使迷信的原住民認為此乃「白人的詛咒」加上琅嶠平埔族的居中勸告，故同意進行和平交涉。

獨眼龍——李仙得將軍

陳政三

李仙得（Charles W. Le Gendre, 1830.8～1899.9），生於法國，21歲畢業於巴黎大學（University of Paris），1854年10月在布魯塞爾娶美國紐約小姐Clara Victoria Mulock為妻，遷居、入籍美國，生有一子。南北戰爭（1861～1865）時加入北軍，官至上校（colonel），多次作戰受傷，左眼失明，裝了玻璃義眼（a glass eye），因此於1864年10月退役，1865年3月獲授與榮譽銜准將（brigadier general）；他遵照醫師之勸擬赴清國修養，老長官、北軍統帥葛蘭特將軍（General Grant）特替他安排，於1866年7月13日獲任命為駐廈門領事，同年12月抵任。1867年1月（同治五年十二月十九日）美公使蒲安臣（Anson Burlingame, 任期1861～1867）照會總理衙門，「特派本國人姓李真得、名查厘實授廈門領事官」，他自此擔任廈門領事兼管淡水、基隆、安平、打狗等5個通商口岸，從此與臺灣結下了不解之緣。

▲「大日本琉球藩民五十四名墓」〔國立臺灣博物館提供〕

1867年「羅妹號事件」、1868年「樟腦戰爭事件」英船炮擊安平、各年的教案等，都看得到獨眼將軍的活躍身影，由於上自閩浙總督、下至臺灣地方官員，對臺灣原住民居住區域發生的事情皆採不承認有管轄權、所以清官方不應負任何責任的態度，受足苦頭的李仙得抓住了清官方「查臺地生番，穴處猱居，不隸版圖，為王化所不及」（臺灣道吳大廷語），於是自力救濟，曾於1867年10月10日、1869年2月28日，以及1872年3月4日，三度深入恆春半島，會晤當時「瑯嶠下十八社」名義上的總頭目卓杞篤，第一次會晤（1867）時，據李仙得之記載，只訂下口頭之約（雖有的書籍誤稱曾簽訂書面友好盟約）；第二次會晤（1869），依李仙得云，係卓杞篤甚通漢語的弟弟之建議，應以書面擬妥約定，以便遵循，李仙得乃以英文寫好兩份盟約，他與卓杞篤各得保留一份。1871年年底發生了琉球漂民屠殺案（「牡丹社事件」肇端），關心臺灣的李仙得又很雞婆的跑去會晤卓杞篤，於1872年3月4日第三度會晤，此行攜帶了數量龐大的禮物，計有各式各樣的鈕扣7批、各色絲綿24打、縫針20盒、圓形照鏡46面、紅布20幅、傚金鍊條2盒（共40條）、音樂箱2只、火藥24磅、鉛200磅。重點在打聽內情，以及可以讓美國佔領內山、後山的證據。經過此行，李仙得才瞭解，原來各「番社」間並不和睦，而卓杞篤的聯盟只是一個空有其名的鬆散組織。

李仙得對臺灣的強硬政策不見容於當時美駐清公使鏤斐迪（Frederick F. Low，任期1869～1873），因此被調回國，幸

▲ 琉球漂民墓碑背面文。
〔《臺灣史料集成》；陳政三翻拍〕

▲ 琉球漂民紀念碑
〔《臺灣寫真帖》（1908），陳政三翻拍〕

好戰時老長官格蘭特將軍已官至總統（任期1869～1877年），保薦他出駐阿根廷公使。但美國務院對李仙得之新職有意見，將之擱置，故而李仙得乃請假半年返美欲為新職奔走，1872年10月底路經日本，與日本外交部長副島種臣兩度會晤、相見恨晚，演出了「橫濱跳船」事件，同年12月12日向美國政府提出辭呈，從此加入日本政府，躋身高官，推動日本侵臺行動，也展開了他下半生另一段多采多姿的冒險生涯。他在1874年7月因協助日本有功，獲賞「二等朝日勳章」（Second Class of Merit, Order of the Rising Sun），是獲賞的首位外國人。1874年「臺灣事件」落幕後，辭掉官職，從1874～1890年成為大隈重信立憲改進黨的顧問。

李仙得至清國虛歲38，已婚，但後來又在「臺灣事件」（「牡丹社事件」）後，經副島種臣、大隈重信的介紹，娶了松平藩（福井縣）池田家的女兒。他自稱原配於1866年與他人產下一子，從此似未再見面，也未正式離婚。他可能在1873年底或1874年初再娶日本松平藩池田氏女時，1874年11月兒子錄太郎出生。他在61歲（1890）以後出任朝鮮政府的內政（Home Office）、王室（Household Department of the King of Korea）顧問，當時韓國已在日本的掌控之下，而於1899年9月1日因中風（apoplexy）死於漢城，結束了多采多姿的一生，享年70（滿69足歲）。

他留下不少著作，對瞭解早期臺灣，以及日本後來侵華政策，有很大的貢獻及影響：

㈠"First Visit to the Interior of Formosa"（1868）。

㈡*Reports on Amoy and the Island of Formosa*（Washington: Government Printing Office, 1871）。為1869年之年度報告，臺灣部分曾被不知名的譯者翻譯為《臺灣番事物產與商務》（1960，臺銀臺灣文叢第46種），以及周學普譯〈臺灣〉，收於《臺灣經濟史第九集》（1963，臺灣研究叢刊第76種）。

㈢*How to Deal with China*（Amoy: 1871）。

㈣*Is Aboriginal Formosa a Part of the Chinese Empire*？（Shanghai: Lane,

Crawford & Co., 1874），即著名的《〔臺灣〕蕃地所屬論》。

㈤美國國務院現存有24件李仙得向格蘭特總統之報告文件。

㈥美國國會圖書館藏有11箱李仙得向美政府的通信報告。

㈦李仙得於1872年底至1873年初，向日本政府提出的六件備忘錄（〈覺書〉），對往後5、60年，日本對華、對臺政策，影響尤大。金城正篤指出李仙得的覺書，對日本之佔領臺灣提出了三個合理化的理由：⑴臺灣東南部為清統治權未及之地，如被西方人先佔，將「妨害日本」；⑵日本乃山居之民，適合同屬性的臺灣山地之戰鬥與佔領；⑶就清國而言，由其他國佔有臺灣，不如由風俗相近之日人據有，來得便利。但就影響深遠而論，李仙得在第四號覺書提出了「東亞文明月彎」的概念，認為如果包括日、朝、琉、臺這個半月形地區，在日本領導下，將是亞洲現代化的重心，這個概念實與第二次世界大戰中，日本軍頭的「大東亞共榮圈」主張，有太多的疊同之處。日本政府編輯的《處蕃書類》中，收有李氏之〈覺書〉、〈臺灣紀行〉、〈李氏書翰〉等資料。

㈧*Progressive Japan, A Study of the Political and Social Needs of the Empire*（N. Y. & Yokohama: C. Levy, 1878）。本書同時在紐約、橫濱出版，主張美、日應共存共榮、互惠互利，並極力為日本的海外侵略政策辯護，主張臺灣應由日本保護，以取代無能的清國之統治，或併入日本疆域，更為妥當。

李仙得曾用過的漢名有：李真（真）得查厘（釐）、李真（真）得（初抵華）、李讓禮（在廈門領事任期內）、李仙得（投奔日政府後）、李善得或李善德（明治天皇賜名），另有李聖得、李贊達。參閱《臺灣對外關係史料》（臺銀文叢第290種），頁13-15；《清季中外使領年表》（北京：中華書局，1985），頁271。本書統用李仙得，以利行文之便。如果蓋棺論定，稱他為19世紀影響臺灣前途最大、最深的一位最富爭議性的西方人，似乎尚稱公允。

第二章　牡丹社慘案

1871年12月，[23]臺灣島東的宮古群島（islands of the Miyako group）所屬一艘漁、貨兩用船〔山原號〕，[24]在牡丹社佔領的海岸觸礁失事[25]——牡丹社（Botan）當時為卓杞篤（Tokitok）的聯盟成員，但常不服從他的領導。〔該船有3人溺死，〕上岸的水手中，54名被殺，其他12名倖存者逃生後，輾轉回到琉球（Riu Kiu），才將惡耗傳到琉球官方耳中。宮古島人和其他琉球人一樣，一向是個溫和、愛好和平的民族，這個事件絕對是空前的。[26]他們平常只在近岸活動，或與北方琉球各島往來，因此遭到如此大的災難後，立即向首都首里城（Shuri）〔按：琉球古都，在那霸市中心東方四公里處，現已與那霸合一〕的中山王府求援。但琉球王府卻無力處理此事，因為二個多世紀以來，在日本薩摩〔今鹿兒島〕領主控制下，琉球中山王已無獨力行使主權的力量了。[27]

23. 同治十年或明治四年農曆十一月六日（1871年陽曆12月中旬）上岸，十一月八日遇害。日本從明治六年（1873年）1月1日起，方從陰曆，改使用陽（西）曆。
24. 據琉球籍學者又吉盛清《日本殖民下的的臺灣與沖繩》，山原號上之人是宮古島赴琉球中山國朝貢的頭人及官員，為貴族階級及隨員。宮古群島位於琉球群島最南端，宜蘭東方海面，含宮古島、石垣島、西表島及附屬小島嶼。
25. 山原號失事、登陸地點為八（巴）瑤灣，在滿洲鄉北、佳樂水北方，為港口溪上游支流八瑤溪（今芭拉溪）出海處，屬八磘（瑤）社（Paliol）及內八磘社（Palioku）勢力範圍，兩者可能即豪士書中的Peigu, 地近高士佛社，並非牡丹社所控制。
26. 據湯熙勇的統計，清治臺灣時期，共有182件外籍船難的紀錄，其中以琉球船68件及英國船54件最多。以時間劃分，1842年之前，琉球船難數最多；1842年以後，英國船難居首。所以本次船難並非空前，只是受難者人數較多，且被日本當作出兵藉口而突顯了。
27. 1609年（明萬曆三十七年、日慶長十四年），薩摩藩島津家久征服琉球，從此琉球同時向中日兩國朝貢，形成兩屬之困境。

琉球人極可能是由日本移來的，自12世紀起，即受到日本很深的影響。[28]17世紀初〔1609年，明萬曆三十七年、日慶長十四年〕，他們獨立的一絲希望被薩摩大名（the daimio of Satsuma）島津家久打破了。薩摩派兵3,000征服了琉球，將其納為附庸。薩摩的要求並不苛刻，只要求某些商業利益，以及一年一次的朝貢，且允許琉球王維持世襲的名位——目前的琉球中山王即是當初琉球王室的後裔。由於琉球的風俗、習慣與日本極相近，所以這種政治變動並未引起社會的不安。甚至兩者語言也一樣——只是某些俗話、俚語，及部分特殊的發音不一樣而已。因此，從薩摩進佔，到1853年美國遠東特遣艦隊司令培理（Mathew C. Perry）打開日本門戶為止，[29]琉球在歷史是不存在的。[30]琉球只維持虛級存在的政府形式而已，琉球人經過數代的傳承、學習，漸漸的接受日本的風俗、習慣及文字，也培養出一些傑出的人才。

▲美國培理提督在橫濱會晤天皇代表〔F. Hawks,《Expedition to lappan》(1856)；陳政三翻拍〕

〔1872年6月7日〕山原號漂民受難殘存者返回那霸後，向琉球當局報告事件經過，琉球王府無力處理，乃向薩摩藩求援。由於數月前薩摩大名的封建權力

28. 琉球人應是來自南島民族，即如早期九州的隼人、熊襲人，也較近南島民族。琉球人早期有在身體、手足刺青的習俗，很接近排灣族。排灣族巴武馬群瑪家社甚至有日神生蛋，其中一枚孵出男子，男子長大後下到平地成為日本人之祖先；另枚蛋生出女子、女子與蛇相婚，所生男子長大後為平埔族之祖，所生二女則為排灣之祖的傳說。鄒族則認為日本人為其分出的Maya後裔，森丑之助即曾被指為是同宗的馬雅後裔。至於12世紀起琉日關係也僅止於貿易、漁船遭風難之非正式來往而已；兩者比較常「往來」，恐怕要到14世紀後期以後，倭寇洗劫琉球各島吧！

29. 有名的「黑船事件」。1854年，培理再度率艦進入江戶灣，逼迫幕府簽訂了《神奈川條約》，為日本不平等條約的嚆矢。

30. House對日本、中國、琉球間的關係並不瞭解，對於他的陳述，譯註者在第三十六章相關註釋及大事記中略有陳述琉球兩屬（日、清）地位。

▲美國培理提督（Perry）〔W. Heine畫（1854）；取自W. Blakeney,《On the Coast of Cathay & Cipango Forty years Ago》(1902)；陳政三翻拍〕

已交還中央政府，[31]薩摩藩已無權處理此事，乃建議琉球派遣使者赴東京（江戶）（Tokio-Yedo），[32]除了反映這件船難屠殺案，也兼向新成立的天皇體制政府商議琉球歸屬問題。

1872年夏季〔陰曆九月十四日，陽曆10月15日〕，琉球伊江王子尚健率王室成員赴東京祝賀明治天皇親政，[33]受到極大的禮遇。琉球王尚泰被冊封為華族（Kuazoku），自此，日本成為琉球的保護國，琉球成為日本帝國的屬地。瞭解日本近代政治的人都知道，這是1869年〔明治二年〕「版籍奉還」、1871年「廢藩置縣」政策——日本全國273個藩主將土地、人民歸還天皇，並撤藩改設72縣——以來，唯一的例外。

對於福爾摩沙原住民族（Formosans）的暴行，日本當時即有意立即採取報復行動，但首先須考慮是否有任何國家聲稱擁有或實際執行那些野蠻部落的主權。由於臺灣島西半部居民大部分為漢人，所以清國有可能聲稱主權及於東岸。這個可能性被列入出兵與否的重要考量。因此，日本特派使者〔柳原前光〕率一個代表團赴清國接洽此案。[34]正巧那個時候，一艘秘魯籍貨船「瑪利亞・魯斯號」（*Maria Luz*）上的

31. 1871年7月，行「廢藩置縣」，薩摩藩改為鹿兒島縣，官員由中央派遣，琉球也因此併入鹿兒島縣。

32. 1869年，明治二年，改江戶為東京。早期東京之英譯名尚未訂為Tokyo, House在本書皆使用Tokio.

33. 明治天皇，1852年生，1912年卒，1868年即位時僅虛歲17，在位前後45年，將日本推向世界強國。

34. 柳原於1872年3月奉派赴清國主要是與李鴻章談判修約，他於陰曆四月十三日（陽曆5月中下旬）方知琉球漂民屠殺案，急電回日。

華籍苦力〔跳海逃亡〕向日本政府投訴被誘拐上船、横遭虐待情事，日政府開臨時法庭審理，扣留該船，將華工送回故鄉，北京官員為此表達感激之意。[35]當時的氣氛似乎有利於交涉屠殺琉球漂民案，但稍後清方卻清楚的表達他們與該案毫不相干，甚至指著臺灣地圖上的番漢界線，宣稱超過那條界線，清國即無法對發生的任何劫掠、兇殺案施予懲罰；也無法防範類似情事再發生。

▲從國王降級為藩侯的琉球王尚泰〔取材自《沖繩一千年史》；陳政三翻拍〕

就在此時，比任何其他洋人更熟悉東部福爾摩沙島的「臺灣通」——李仙得正巧於返美途中路經日本，他延緩返國行程，提供有關牡丹社屠殺琉球漂民事件的內幕情報。[36]原來，該案發生後，李仙得聞訊，曾第三度探訪卓杞篤〔按：1872年3月4日〕，得知54名琉球人被誤認為漢人，而遭殺害，這是1867年羅妹號事件後唯一一件漂民被殺案，導因於臺灣原住民對漢人永無止息的仇恨；據說該地某些漢人也加入屠殺的行列。[37]但大清官方面對充滿敵意的原住民暴行，卻毫無動用武力懲兇的意圖，所以日本某些官員遂興起自行解決事端的念頭。除此之外，似乎沒有更好的替代方案了，重點只在應該採取何種方式解決而已。

35. 1872年8月發生，又稱「秘魯華工船事件」或「秘魯商船捌案」，船上載有從澳門募集的華工231名，案發後由江南委員陳福勳赴日帶回。李鴻章曾於奏摺中提及此案，並強調：「中國似應加強籠絡〔日本〕，以固近交。」秘魯提出抗議，該案由沙皇介入調停，1875年5月29日提出支持日本立場的結果。

36. 李仙得與當時美駐華公使鏤斐迪（F. F. Low）因處理臺灣原住民案意見相左，於1872年10月被調離駐廈門領事乙職，他的老戰友格蘭特已高居總統，乃派他為阿根廷公使，但國務院有意見。返美試圖奔走、遊說途中，被美駐日公使德朗（C. E. De Long）推薦給日外務卿（外交部長）副島種臣，兩人於該年10月25日、27日（陰曆九月二十四、二十六）兩度深談後，相見恨晚，開啓了李仙得再度涉入臺灣的機會，也加強日本出兵臺灣的必然性。

37. 據倖存的琉球漂民之供詞，以及事後各項調查，皆無證據顯示漢人有加入屠殺。

▲水野遵

▲柳原前光

〔《臺灣史與樺山大將》；陳政三翻拍〕

當日本內閣大部分成員還在討論如何對牡丹社施予人道懲罰時，副島種臣（Soyezima Taneomi〔按：Soejima Taneomi〕）[38]這位充滿活力、膽子特大的外務卿〔外交部長〕已盤算好解決此事的最佳辦法，而如果成功，將使他的豐功偉業永垂青史。他不厭其煩的從歷史殘簡中找出日本不但曾佔領過臺灣東部，而且曾佔有過臺灣西岸部分土地的資料。古代日本人是偉大的探險家、殖民者，足跡遠至菲律賓群島，目前仍有後裔住在菲島部分地區。臺灣附近的幾個島嶼也有日本人的足跡，有充分資料顯示日本移民曾在2、3世紀前住過臺灣的紀錄。天主教耶穌會（Jesuits）駐馬尼拉的薩拉札主教（Charlevoix）[39]及其他教士留下來的資料顯示——荷蘭人曾獲得日本幕府的許可，殖民臺灣；並且曾派人至京都向幕府大將軍進貢。[40]副島種臣和贊同他的意見的人認為，17世紀初日本仍主控著臺灣，如果再重佔此島，也不過是收回暫讓渡予他國的故有領土而已，況且，如果日本取代「野蠻生番」，統治了臺灣東岸地區，不但對全世界有利，且將為各國所接受。副島種臣等人堅持臺灣的海岸如果沒有一個足以負起責任的政

38. 副島種臣正確的拼法應為Soejima Taneomi。參閱James Davidson, *The Island of Formosa*, p. 137; Janet Hunter, *The Emergence of Modern Japan*, p. 354; Robert Eskildsen, p. 298.

39. 薩拉札主教留下的資料顯示，16世紀末，已有不少的日本人、華人至菲律賓經商、定居。他很看不慣西班牙人苛待華人，1583年曾上書西班牙國王，揭露駐馬尼拉官員貪污、虐殺華僑的慘況。

40. 指1628年6月底、7月初的「濱田彌兵衛事件」，導致日本杯葛荷蘭對日貿易，迫使荷蘭將肇事的原駐臺灣長官訥茨（Pieter Nuyts）解到日本監禁了4年（1632年9月～1636年9月），並送厚禮，才解決此事。

權來統治，將無法維持海船通行的安全。這種結論，實與之前美國遠東艦隊司令柏爾少將的主張完全一致。

副島種臣的大計畫須在此冗述，因為其他內閣成員皆不贊成這個須花龐大費用，但收穫卻不成比例的行動。但副島種臣是位精力充沛、意志剛強、有影響力的人，無視反對聲浪，仍默默的佈局。

1873年春，他以外務卿兼特命全權大使名義赴北京，進行他的大計畫，[41]但這次原被視為其個人傑出外交成就的出使，最後卻變成聲名狼籍的事件。出使內幕迄未公佈，雖然副島成功的〔派副使柳原前光〕以私下磋商方式，獲得清國大官口頭上不對「生番」負責、同意日本單獨派人赴臺灣口頭詰問原住民；但不幸的是，卻無法取得深諳官場技巧的清方大臣的書面同意。[42]缺了這份要命的書面文件，成了後來「臺灣出兵」最不利日本的缺憾。而副島等人之所以未設法取得書面同意資料，是基於很單純的理由：清國既不行使、也未聲稱對「生番」地區有控制權，是廣為國際周知之事，故日方不認為有必要取得任何形諸文字的承諾。況且清國的地圖界定其控制的疆域僅為「被後山環圍之地」，已將原住民居住區排除在外。其他國家的調查也有同樣的結論，譬如曾任美國駐清公使的蒲安臣（Anson Burlingame）在「羅妹號事件調查報告」上寫道：「『生番』不是漢人，是另一個不守法紀的種族，自古以來即是船難漂民的掠奪者。」[43]故而當時如要求清國出具書面文件同意日本出兵，顯然是沒有必要，而且不明智的。而之所以現在成了列強質疑的標的，再三追問日本遠征

41. 副島出使目的表面為換約，賀同治帝親政（1873年2月23日同治親政）為名，私下在探詢清國對澳門、朝鮮、琉球、臺灣「蕃地」之立場。而他居然有辦法以頭班、單獨晉見同治帝，且不行跪拜禮，此不得不佩服他的手段。清國似乎把副島當作首任駐華公使，任期陽曆6月17日至6月28日；與日方的說法不同。《清季中外使領年表》，頁67；藤井志津枝，《近代中日關係史源起：1871-74年臺灣事件》，頁65-68。

42. 接見柳原的毛昶熙、董恂曾表示：「有福建總督救難的奏報等文件，請等檢查後再答覆」，但柳原知道清方不可能在書面資料中有任何漏洞，故以「大使之歸心似箭」，表示不需要書面文件，僅抓到毛、董2人之「殺人者皆生番，故且置之化外，未便窮治」的言質，做為征臺藉口。

43. 這份資料應該是以外務省二等出仕官位、日使節團顧問之身分，隨副島出使清國的李仙得所提供。

行動可曾獲得清國的正式同意，顯然是出於食言背信的清國大臣和他們的外籍顧問的陰謀。

副島出使北京期間，傳來另一件日本漂民在臺灣被虐待事件，雖然沒有人被殺，但漂民為九州人民，在日本引起更大的反彈——〔1873年3月〕九州小田縣備中淺江郡柏島村一艘小船在臺灣東南海岸〔馬武窟——今臺東縣東河鄉東河村〕觸礁，上岸後立刻被原住民劫掠，雖然最後保全了性命、安返日本，但該案增強日政府出兵懲伐肇禍原住民的決心。[44]〔1873年7月26日〕副島種臣結束出使任務、返抵東京，加緊鼓吹征臺事宜。但赴美歐考察近2年的岩倉考察團（the Iwakura Mission）返國後數週，卻完全改變了副島的大計畫。[45]右大臣〔副首相〕岩倉具視（Iwakura Tomomi）憑著豐富的外交經驗及貴族出生的地位，干預此事，成功的阻攔副島種臣的野心，導致副島派許多閣員辭職下臺。[46]新內閣成立，派兵懲戒臺灣原住民的論調暫告終止。

▲1860年，首批日本駐美人員抵華府。11年後的岩倉具視考察訪美，想必也是如此打扮〔美國National Archives館藏；陳政三翻拍〕

44. 佐藤利八等4位日本船民上岸後，被卑南族頭目陳安生收容3個多月，並由陳及番割商人李成忠護送到臺灣府。經轉送至上海交日本領事送回日本。臺灣府曾賞陳安生銀牌乙塊、賞李成忠六品功牌頂戴。

45. 「岩倉考察團」於1871年11月出發，成員包含三分之一重要閣員如岩倉具視、木户孝允、大久保利通、伊藤博文等人，另有100多名赴美留學生跟團，主要目的在赴各國交涉1872年到期的不平等條約，但到了美國卻不知有「全權委任狀」，碰了一鼻子灰，自此乃改為考察各國典章制度，至1873年9月返日，共出國近2年。豪士寫為「1年多」，更正為「近2年」。

46. 當時主要的留守閣員西鄉隆盛、副島種臣、後藤象二郎、板桓退助、後藤新平等皆為「征韓派」（又稱為「武斷派」、「大陸派」）；出國考察的皆為「內政派」（「內治派」）。而政潮乃是兩派對日本未來路線的爭議。征臺論當時不是主流意見。

第三章　啟航征臺

直到1874年春季，外界才確切的知悉日本政府並未放棄征臺的企圖。事實上，各項出兵準備從未間斷，只是速度放慢而已；加上國內政治局勢的變化，與外國公使的干預，使得所有準備都只能秘密的進行。

雖然外國公使的干預不必然全都帶有敵意，但根據以往幾年的經驗，日本當局可說是吃足了苦頭，不請自來的外國勢力之干涉，常使他們的努力最後付諸流水。對像我這樣漫不經心的旁觀者而言，外國駐日使節團的經常性插手干擾，或許只是帶著娛樂色彩的茶餘飯後閒嗑牙的材料；但對飽受折磨的日本，卻是無止境的悲哀與侮辱。因此，日本有關當局決定嚴守遠征計畫的秘密，直到付諸行動那一刻。

日本無畏的推動這件不但有利本國的遠征，如果成功，且對全球航海界有益的艱鉅任務，他們深信最後會受到全世界認同。因為廣義而言，遠征如果順利，將解除全球海商20年來的威脅；就狹義來看，似乎也找不出任何足以反對這項行動的充分理由。

更早之前，美國曾〔於1867年〕對福爾摩沙南端原住民，進行了一次武力強攻、一次和平之旅；日本現在也是做相同的事，只不過順序相反而已——先求和平外交解決不果，只好出兵征討。起初雖然以為列強不至於反對，但為防萬一，仍嚴守秘密，只讓少數參與決策的高級官員知道。

已被留聘、重用的李仙得將軍建議聘用美國軍官出任軍事顧問，[47]鑒於對李將軍的尊重，以及美國因羅妹號事件轉而同情日本有意出兵的立場，日本政

47. 1874年4月8日，李仙得由外務省轉任「臺灣蕃地事務局」准二等出仕。4月13日他接到日本政府給他的第一件公文，上載明其地位僅次於都督，與特派全權公使同等。

▲ 大隈重信
〔陳政三翻拍〕

府接受建議，聘請美國現役海軍少校克沙勒（Lieutenant Commander Douglas Cassel），被授予海軍准將階（Commodore），負責一項秘密的任務；[48]任職蝦夷（Yezo）殖民部門的前美國工兵中尉瓦生（Lieutenant James R. Wasson）獲聘為日本陸軍上校階，負責陣地建構工作。[49]由於克沙勒少校是派駐橫濱的現職軍官，因此必須取得美國海軍部同意以休長假的方式參與此事，在進行此步驟之前，又須先得到新任美國駐日公使平安（John A. Bingham）的首肯。[50]日本政府將遠征臺灣的初步構想告知平安公使，公使欣然同意，立即發電文至華府，他在電文中強調「此事於兩國均有利」，美國政

48. Douglas Cassel, 日本文獻寫為克沙勒或哥塞兒；清文獻《甲戌公牘鈔存》，載有克沙勒、克些耳、克斯爾、日格塞爾、機慎之名。據《處蕃類纂》7卷，日本政府授其上校階，年俸9千日圓。他原為美國現役海軍少校，1874年春到隔年春，暫時「技術性」離職，加入日本海軍，但在臺灣染上瘧疾，1874年10月8日（陰曆八月二十八日）離臺；1875年卒於美國。藤井志津枝，《近代中日關係史源起：1871-74年臺灣事件》，頁105引《處蕃類纂》；羅大春，《臺灣海防並開山日記》，頁25；依田學海〈征番紀勳〉，《臺灣海防並開山日記》，頁80；《甲戌公牘鈔存》，頁31、51、79、120、147；Robert Eskildsen, edited, *Foreign Adventure and the Aborigines of Southern Taiwan, 1867-1874*, p. 199.

49. Yezo（蝦夷），今北海道。Lieutenant 指陸軍中尉或海軍上尉，瓦生屬陸軍工兵軍種，故應為中尉階。據《處蕃類纂》，日授其中校階，年俸8千日圓；Wasson日文獻作「瓦生」，《甲戌公牘鈔存》（頁79）另載「活生」之名，應為閩南語音；他在8月中旬離臺返日治病，未能再來臺。工部省英籍雇員布朗（Brown），原授少校階，擔任臺灣沿海測量及建設燈塔工作，後因英國公使反對而退出；另名叫A. B. Brown的蘇格蘭裔船長受僱。Eskildsen, pp. 212, 256；藤井志津枝，前引書，頁105。

50. 平安於1873年9月27日接替原任德朗，出任美駐日公使乙職。豪士形容德朗「說話不清，寫字不通；支持秘魯華工苦力交易，漠視人道；與駐在國日本政府大唱反調」，因此不適任公使。豪士應日本外交部密託，1873年3月返美半年，搞垮了德朗。征臺期間，豪士雖然對平安多所抨擊，但1897年他將平安列為2名夠格的美國駐日公使。James Huffman, *A Yankee in Meiji Japan: The Crusading Journalist Edward H. House*, pp. 12, 62, 71-72, 252.

府迅即同意借調。[51]整個遠征的組織架構由〔參議兼〕大藏卿（財政部長）大隈重信（Okuma Sigenobu〔按：Ōkuma Shigenobu〕）出任「臺灣蕃地事務局」長官〔，又稱為東京殖民局「總裁」〕，統轄征臺事務，[52]李仙得為其助手。西鄉從道中將（General Saigo〔按：Saigō Tsugumichi〕）出任「蕃地事務都督」，[53]克沙勒與瓦生為外籍幫辦。[54]

▲板垣退助〔陳政三翻拍〕

上述安排都是在1874年4月初確定，[55]約為原預定出兵日期的前一個月。剩下的是作最後的準備了，尤其載兵所需的船舶，更須向外國公司租用。原先鎖定英國汽輪「約克夏號」（*Yorkshire*）及美國太平洋郵輪公司的「紐約號（*New York*）」為租用船舶，但日本一直懷疑英國駐日公使巴

51. 平安公使與李仙得同時於3月15日，分別致電美政府。

52. 日本各部會（省）之首長於1885年12月之前稱為「卿」；之後廢止太政官制，改稱首相，建立內閣制，各省的「卿」改稱「大臣」。第一任首相為伊藤博文（1841～1909，一生共組閣4次）。大隈重信（1838～1922）是肥前藩（今九州長崎縣）藩士，年輕時在長崎學蘭學、英文，久任大藏卿，1881年「明治十四年之變」，大隈提憲法意見書，建議成立國會、制定憲法，被長州派伊藤博文逼下臺。大隈下野後，轉而興學，創早稻田大學之前身「東京專門學校」；1882年3月成立立憲改進黨；1888年～1889年出任外務大臣，被暗殺暫時退出政壇；1896年再任外務大臣。1898年6月～11月及1914年4月～1916年10月兩次組閣。他對日本自由民權、憲政、學術的推動，功不可沒。他與豪士交情頗深，目前名字普遍翻譯為Ōkuma Shigenobu。Janet Hunter, *The Emergence of Modern Japan*, p. 352; Eskildsen, p.297.

53. 原文（p. 17）載General Saigo; 目前通用Saigō.

54. 據《處蕃類纂》記載，豪士身兼李仙得的秘書。《處蕃類纂》為舊臺灣總督府公文書，現蒐藏於國立臺灣圖書館，可信度極高。另據存於美國會李仙得檔案，事件期間他聘豪士為秘書，每月後者從日本政府支領225美元薪津。所以《征臺紀事》基本上是反映日本及李仙得的看法，讀者不可不查；但他隨軍採訪，在某些方面又可以提供第一手見證，讓我們得以在比對各方資料後，重建百多年前較接近事實的歷史原貌。Huffman, *op. cit.*, pp. 90, 104.

55. 原文為3月，譯註者據史實改為4月初。

夏禮（Harry S. Parkes）會用某種藉口，反對「約克夏號」的出租案[56]但對「紐約號」的取得，則認為十拿九穩。「紐約號」噸位龐大，載量可觀，對遠征的成敗，極為重要。最初無人懷疑友善的美國公使會變卦，平安公使曾被告知租用該船之事，他一向支持日本獨立行動的立場，未受到其他外國公使的影響；但後來他顯然未能抗拒來自外國使節團的集體壓力。

▲（左上）西鄉從道；（右上）副島種臣；（左下）水野遵；（右下）柳原前光〔陳政三翻拍〕

第一批遠征艦隊，於4月的第二個禮拜，從東京灣品川港（Sinagawa）出發。[57]尚未啟航，謠言早已四起，橫濱──這個向以批評時政著稱的港都裡的洋人社區、外國媒體圈，各種揣測更是甚囂塵上。他們尚不確知日本政府的意圖，但卻無所不用其極的渲染，甚至自以為是的胡亂猜測，將出兵行動當作笑柄在看。連俄國代辦公使也發佈一項禁止該國船舶受租參與遠征的聲明；儘管當時無俄籍船隻在橫濱，且全日本只有6位俄國人。這樣的

56. 巴夏禮（1828～1885），1851年任職廈門領事館期間，曾來臺調查英船*Larpent*船難事件；1854年8月任駐廈門領事，1856～1858年間署廣州領事，1858年12月～65年3月間任上海領事。作風十分強悍，在亞羅船事件（1856）、兩次英法聯軍事件對清政策主張「帶甲掌頭」武力解決政策，曾被清大將僧格林沁逮捕，誤當作聯軍統帥解到北京報功，差點被砍頭。大難不死、加上表現傑出，獲派往日本出任英公使（1865～1883）。適逢明治維新及臺灣事件（牡丹社事件），可想而知，他仍用強硬的外交手段對待日本，讓日本吃足苦頭。1883年9月28日接任駐清公使，1885年3月22日死於北京任內。《清季使領年表》，頁93、97、100；《近代來華外國人辭典》，頁375；黎東方，《細説清朝》，頁474-494。

57. 西鄉從道於4月9日率日進號、孟春號等軍艦，由品川港往長崎港出發。

聲明顯然毫無必要，就好像「想在冰島找到蛇」（Snakes in Iceland）那麼不可能；但無疑地對日本政府產生了困擾。於是日本政府在4月中旬向外國使節團做了一場遠征行動的簡報，自認效果良好，列強當不至於有進一步干涉行動。[58]

上載克沙勒和瓦生的「北海丸」（*Hoku Kai Maru*），[59]原定4月15日從品川港開赴長崎，卻因故延緩數日。4月20日，北海丸出發的前一刻，信差帶來美國公使的信函，警告克沙勒、瓦生不得參與出兵行動。由於出發在即，且平安公使未於信中說明政策改變的理由，所以克、瓦兩人置之不理未覆信。[60]緊接著日本太政大臣〔首相職〕三條實美派員傳來令人吃驚的訊息：美國公使要求日本在未取得清國同意其遠征行動前，不得僱用美國人、船。但日本政府仍指示「北海丸」先開到長崎，等候進一步指示。「北海丸」依命令。於25日航抵長崎待命，但無疑的，整個原訂的出兵步驟已整個被打亂了。

李仙得是在4月25日獲悉平安公使禁止美國人參與遠征行動，以及命令美國太平洋郵輪公司（the Pacific Mail Steamship Company）不得出租「紐約號」的訊息。兩項惡耗一起傳來，令他頭疼，尤以禁租「紐約號」更是致命的一擊，因為英輪「約克夏號」只被禁止停靠任一清國的開放港口岸；但「紐約號」卻完全不得租予日本軍方使用。「紐約號」的代理商還被要求不得洩露消息。屋漏偏逢連夜雨，「北海丸」在赴長崎途中遭遇暴風雨，居然於緊要關頭在長崎港內拋錨了，於是整個行動為之癱瘓。東京政壇也暗潮洶湧，使整個行動幾乎

58. 英駐日公使巴夏禮在4月9日、13日、16日連續三度向外務卿寺島宗則提出照會，警告日本不得出兵；並於13日聲明英國局外中立，促使日本正視列強之干預。

59. 「北海丸」正確拼法為*Hokkai maru*。Eskildsen, edited, *op. cit.*, p. 217.

60. 巴夏禮透過英使館口舌*Japan Daily Herald*（《日本每日前鋒報》），於4月17日批評平安公使「獨斷地反對其同僚，不但未嚴守中立，且默認或明許美船被日本僱用」。4月18日接受日本政府補助的*Japan Mail*（日本郵報）卻再度抨擊美公使，促使平安於當天表明局外中立，並禁止美國人、船參加征臺。另根據英國船長巴克斯（Bonham W. Bax）在《東方海域》（*The Eastern Seas*）p. 248，記載日軍出發前後，江户（東京）—長崎間的電報線突然「暫時失靈」，當係日方搞的鬼，用意在使西方公使團無法阻止日軍出發；等日軍生米煮成熟飯，電報線迅即修復。

陷入無法補救的狀態。[61]

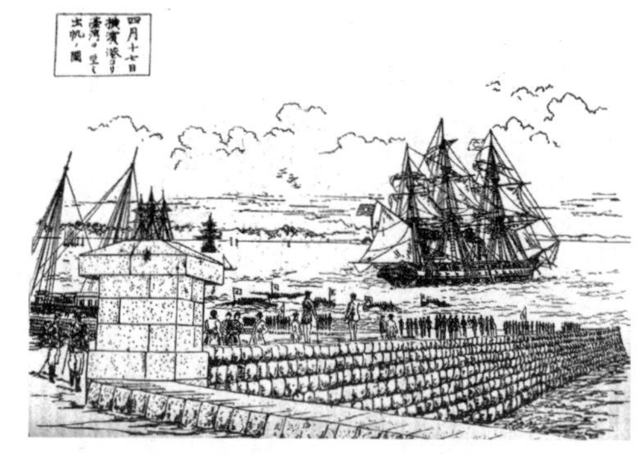

▲從橫濱出發的日本遠征軍
〔Imbault-Huart書；陳政三翻拍〕

幸運的是，西鄉從道等領導官員為了國家的榮譽，仍以堅定無比的決心推動遠征各項事務。3位美國人宣稱除非禁令來自華府，否則絕不退縮，他們不容許神聖的任務被不為其尊敬的傲慢政客之無情干預所破壞。於是迅速決定克沙勒、瓦生兩人應立即隨先頭部隊出發。[62]在這個緊要關頭，日本不得不租用一艘彆腳的小汽船——「有功丸」（*Yuko Maru*），[63]運載遠征軍先頭部隊，於4月27日從長崎出發。

「有功丸」原只能容納100人，但卻擠上250多人，加上滿載的軍需、彈藥，擁擠不堪，污穢髒亂可想而知。這艘小船原非設計用來航渡大海之用，安全更是堪虞。有好一陣子我甚至懷疑那些站得死挺挺、互擠成像罐頭中沙丁魚般的士兵，似乎已經陷入昏眩垂死的邊緣。〔加上引擎汽缸冒出問題，在海上漂流了一整天，〕[64]幸好老天有眼，由長崎到廈門總算一路風平浪靜，使得隨時可能發生的大災難沒有降臨。

針對平安公使由原持贊成、後遽轉為反對的出爾反爾的態度，李仙得、克

61. 明治維新三傑之一的文部卿木戶孝允反對出兵，於4月14日提辭呈，日政府勸阻不成5月13日接受辭呈。陸軍卿山縣有朋一度提出辭呈；工務卿伊藤博文則消極應付。這牽涉到上述長州派與當權的薩摩派大久保利通、大隈重信、西鄉從道等人之權力矛盾、鬥爭。

62. 4月26日，西鄉從道、李仙得、克沙勒於長崎會商，決定後者與瓦生於27日乘「有功丸」先行出發。

63. 「有功丸」原名*Nepaul*, 可能購自外國，正確拼法為*Yūkō maru*。Eskildsen, edited, *op. cit.*, pp. 203, 219.

64. 根據瓦生（Wasson）於1875年提交的報告。Eskildsen, p. 219.

沙勒、瓦生發表了共同宣言：[65]

㈠平安公使早在本年3月即已獲日本政府知會本案。

㈡平安公使在3月15日致電美國政府，力促當局贊成克沙勒少校以休假方式參與遠征行動。

㈢不管平安公使基於何種理由不贊成，但他在行動正式展開後才突然表示反對，已使他們3人無法及時循正常管道向美國政府表達異議，也使整個行動遭到近乎不可挽救的延遲，迫使日方蒙受龐大的額外財政支出與政治困擾。

㈣「紐約輪」從東京出發時，平安公使並未阻攔；但卻在該船將由長崎開航時伸出黑手，造成2位美國軍官與近300名日本軍、士官極大的不便。

儘管有這些枝節橫生，但各項工作並未停止。日本立即價購數艘輪船，以代替「紐約號」、「約克夏號」。[66]由於反對勢力正在東京興風作浪，李仙得將軍不得不放棄隨軍出發的打算，趕回首都，與充滿敵意的外交使節團周旋。外國公使團已認定日本在未先獲得清國書面許可，即任性的出兵是侵略行動，無疑已隱含對大清帝國宣戰的意味，故而大加反對。類似的論調雖沒能成功的阻止日本的遠征行動，但已造成極大的不便與羞辱。

身為隨軍記者的我，幸運的未處於外交使節團興風作浪的暴風圈裡，此刻正身處大海中的小破船，參與更具意義的實際行動；對於外交使節團試圖迫使日本屈服於他們自私或莫名其妙的善變之行為，只能深表遺憾了！

65. 李仙得於4月27日先將美公使的禁令出示了克沙勒和瓦生，又把西鄉都督的出發令交予克沙勒。等克、瓦兩人各自提出反駁平安之聲明後，李仙得又從克沙勒手中收回西鄉的出發令。李仙得事後辯解當他與西鄉還在討論如何處理平安公使的異議時，有功丸早已出發，故來不及阻攔。這是李仙得耍的小詭計。

66. 日本總共以150萬6千8百美元（當時約410萬日圓）購入七艘船、雇用日船四艘，僱英、法船各一艘，共十三艘。買入的七艘中，有艘美船*Shaftesbury*號值6萬美元，改稱「社寮丸」（*Sharyō muru*）；另艘英船「三角洲號」（*Delta*），以10萬美元買下，改名「高砂丸」（*Takasago maru*）。參閱1874年5月24日，克沙勒致李仙得函。Eskildsen, edited, *op. cit.*, p. 203.

四度「進出」臺灣——樺山資紀

▲樺山資紀
〔取自《臺灣史與樺山大將》；陳政三翻拍〕

陳政三

樺山資紀（Kabayama Sukenori, 1837～1922），九州鹿兒島（薩摩）人，生父橋口與三郎為薩摩藩士，幼名覺之助，號華山。1863年被樺山四郎左衛門收為養嗣子，遂改姓樺山，同年加入擊退英艦入侵鹿兒島之戰。1868年加入西鄉隆盛倒幕之伏見、淀等之戰；1871年升陸軍少佐（少校），派駐鎮西熊本鎮臺，營設鹿兒島。1872年奉派為「大貳心得」，即代理大佐（上校）司令官。琉球漂民事件發生後，恰為其轄區，樺山遂於1872年8月赴東京，向同鄉大老西鄉兄弟及副島種臣遊說發動「征臺」建議，並向陸軍省提供「探險臺灣生蕃意見書」、向外務省提「琉球民為臺灣蕃民殺害調查書」。

▲1895年日本接管臺灣，樺山資紀在劉永福陣營宣傳畫中，竟然「被俘」。
〔取自J. Davidson書；陳政三翻拍〕

由於他的積極奔走，使他爭取到於1873年隨副島種臣、柳原前光使節團派赴清國的機會，也使他有機會展開四次來臺調查、參與戰爭、進而出任首任日本駐臺總督的生涯：

第一次來臺，1873年8月23日抵淡水至同年12月10日由打狗赴香港。他這次來臺主要是在探勘東臺灣，並接應與副島種臣約定的10月末日軍可能征臺之計畫。樺山於該年9月5日由淡水出發，迄10月16日返回淡水，在這42天的日記中，記載了很詳盡、寶貴的資料，讓後人可藉此瞭解當時東部南澳、烏石港、噶瑪蘭市街（宜蘭市）、蘇澳港等地之風土、人情，以及原住民（泰雅、噶瑪蘭、猴猴等族）彼此之間，漢、原之間的相處情形。樺山擬定了佔領南澳之拓墾計畫，但因日本局勢變化，征臺暫罷議，樺山抗命不回國，轉往大陸偵察沿海。

▲臺灣總督府首任民政局長水野遵〔國立臺灣博物館提供〕

第二次來臺，1874年3月9日抵打狗，進而與水野遵（Mizuno Jun）探勘恆春半島，再由西海岸各地北上至淡水，本擬至奇萊（花蓮）平原策劃佔領事宜，因風浪在基隆候風，恰遇日本攻臺軍艦，得悉日軍已發動征臺之役。樺山未及登上日進號艦（上有谷干城、赤松則良），該船因風浪過大，突拔錨出港。樺山只得自行趕路，至5月7日抵社（射）寮，方加入他夢寐以求的戰爭。6月14日，戰事底定，他與谷干城搭船返日傳遞捷報。同年11月中旬，隨大久保利通來臺，為其第三度進出臺灣。

▲谷干城〔陳政三翻拍〕

1874年，當時已虛歲38的樺山才幹到少佐，戰後當年年底升為中佐，而他的頂頭上司西鄉從道32歲，已官拜中將都督。真的是「朝廷無人莫作官」。1878年升大佐，1883年升為陸軍少將，幸得從道拉拔同鄉，樺山得能於同年轉任海軍少將，出任海軍大輔（次長）。1890年接任海軍大臣（部長），大力擴充海軍。1891年12月，因國會刪減其預算，樺山在國會議壇上大力抨擊議員不尊重建立明治政權的「薩長政府」，被議長兩度鳴鈴制止，議員也大力攻擊，此為「樺山海相擁護藩閥演說事件」。甲午戰爭擔任海軍軍令部長，1895年5月10日，升為海軍上將，並發表為首任臺灣總督，任期至1896年6月2日，開啟他第四度來臺。

第四次來臺，1895年6月2日先與李經方在基隆外海交割臺灣，至1896年6月2日卸任。樺山擔任臺灣總督共13個月，而在臺執政實際恰為一年。這次來臺，6月6日於基隆上岸，至同年10月20日趕走臺南的劉永福，樺山共消滅了兩個一北、一南的臺灣民主國。之後又有北部簡大獅、林李成、陳秋菊、詹振；中部簡義、柯鐵；南部林少貓、鄭吉生、黃國鎮等人之抗日遊擊戰，可謂席不暇暖，不過他也建立了委任立法制度（即《六三法》），規定臺灣總督有權發佈具法律效力之命令，影響臺灣人民致鉅。他並建立法院三級審判制度、警察制度、阿（鴉）片公賣、設立公醫院、臺日定期航線……等。

離任後，樺山曾任樞密顧問官、內相、文相，官運亨通，還活到虛歲86才過世。以一個沒落小士族、養子的身分，獨力奮鬥、攀爬至如此高位，算是一號人物。而臺灣之所以在甲午戰後被割讓予日本，據說也是因為擁有「臺灣經驗」的西鄉從道、樺山資紀等薩摩派的建議與堅持，而促成的。

第四章　廈門風雲

▲萬巴德醫生
〔陳政三翻拍〕

1874年5月3日晨，有功丸駛進廈門港。日本軍官馬上發現由於東京外國公使團的干預，延緩了預定行程，使得原已在廈門安排好之事有了變化，產生新困擾。新阻力來自英國駐清國外交單位，尤其是英駐廈門領事館。

原聘僱的英籍萬巴德醫師（Dr. Patrick Manson）熟悉臺灣南部地區，能說數種部落的方言，本奉指示在4月15日前，備妥牛隻、小船等物品，以備日軍先頭部隊使用；[67]但迄4月15日當天，日軍因故延緩出發；而東京與北京的外國使節團已頻頻交換密電，各種扭曲、未獲證實的消息也相繼傳到北京當局耳中。[68]清方不知向英駐北京公使〔威妥瑪（Thomas Wade）〕[69]施加了什麼

67. 1866年萬巴德醫生（1844～1922）應英商洋行聘請來臺，於打狗開設醫院，在臺5年，是最早發現瘧蚊者之一，曾因寄生物學的成就，被封為騎士銜，並被尊稱為「熱帶醫學之父」，1898年在倫敦開設倫敦熱帶醫藥學校（the London School of Tropical Medicine）。在臺期間與馬雅各醫生（James A. Maxwell）從廈門帶來的助手黃嘉智合作，黃氏因此成為臺灣首位華籍西醫。李仙得與萬醫生熟稔，故於1874年3月20日聘他為原住民翻譯，原希其於4月28日之前至恆春半島效命。

68. 最早為英駐清公使館於4月18日遣人告知總理衙門，緊接著法國翻譯官德微里亞（Gadriel Deveria）、西班牙駐清公使丁美霞（F. Otin Meveria）、清海關總稅務司赫德（Robert Hart）相繼告知日本出兵攻臺消息。

69. 威妥瑪（1818～1895）於1858～1860年兩次英法聯軍期間，出任英軍翻譯官，還曾代表聯軍統帥，以區區小官面斥清欽差大臣大學士桂良、吏部尚書花沙納。威氏後升任英駐清公使（1869～1887），促成清日對臺灣事件（牡丹社事件）之和約；1887年

壓力，萬醫師突然接到英駐廈門領事〔阿赫伯（Herbert J. Allen）〕的警告函，要求他立即放棄日本委派的工作、火速返英國。萬醫師被嚇壞了，在4月19日留下一封信，即匆忙離境。他在信中寫到：「清日兩國已宣戰，讓我陷入可能被指控涉入挑起戰火的危機。我接到半官方來的警告，不得不走。」他誤信英國領事的話，以為清日兩國已開戰，這個誤會顯係英國官方為逼他走而捏造出來的。

▲跟隨老馬雅各醫生來臺，後成為臺灣第一位西醫的黃嘉智〔陳政三翻拍〕

有功丸泊港的2天裡，清國廈門地方當局並無任何查詢行為，日本軍官與地方官署往來如常，士兵也被允許上岸自由行動，三三兩兩在廈門如迷宮的大街小巷閒逛。不過廈門英僑強烈的暗示我們，表示清國大官聞訊盛怒，正準備派遣一支艦隊到臺灣攔阻日軍的遠征。這種無稽之談雖不值一哂，但對萬醫生而言，卻是夠沈重的。他央人代售所有已準備好的牛、馬、軍需品，逃命似的飛奔回英國，留下一堆毫無交待的爛攤子。據瞭解，英國駐亞洲的領事館對英僑民有很大的影響力，且英僑都十分服從所在地英領館官員的訓示，而且毫不懷疑的接受。這樣的服從性，要不是我親眼目睹，還真難以相信。

第二個案例，足以再次印證這種奇特的服從性。一名精通土語、且熟悉臺灣各港口的英籍領港員〔巴大蓀（J. W. Patersson）〕，[70]他毛遂自薦表示很想加入日軍當傭兵，但在日方尚來不及考慮答應與否，他即接到英國領事「如果加入日軍，將判刑2年」的警告。當然，他退縮了。

退休返英，任教漢文於劍橋大學。他留下一套使用英文拼寫漢字的「威氏拼寫法」（The Wade System），至今仍通用。

70. J. W. Patersson在1880年或更早曾任職於大清海關，〈1880年淡水海關年報〉（pp. 196-197）引述他對漢人開發森林的看法，〈1881年淡水海關年報〉（p. 11）附有他畫的北臺地圖；顯然他早已在臺灣混了很長一段時間。

有功丸上的軍官放棄另行採買牛、馬等曠日費時的工作，決定立即購買登陸用的平底小船，並透過美國駐廈門領事館一位華籍館員的協助[71]，僱用了幾位翻譯。[72]值得一提的是，當時美國駐廈門領事館官員對日本的遠征行動，尚未抱持任何敵意，美駐廈門領事恒德森（J. J. Henderson）表示他充分瞭解此事，善意的表達他的認同，而且認為如果遠征成功，將有利全球航運。此時此景，與後來〔按：8月6日，詳第三十二章〕他下令逮捕李仙得將軍，兩相對照，實在令人費解。美國軍艦莫諾卡西號（*Monocacy*）上的官兵當然深知7年前的羅妹號慘案，因此對日本的遠征表達了毫不保留的同情。

5月5日晚上6時30分，有功丸駛離廈門，趁著夜色橫渡臺灣海峽，在海上搖晃的不舒服感，實不亞於長崎到廈門的那一段航程；幸好天氣很好，惡名昭彰的黑水溝此刻倒是風平浪靜，讓大家寬心不少。5月6日大部分白天時間，都無法看到臺灣海岸，只偶而隱約可以見到高聳入雲的山脈。6日晚間9時，船抵琅嶠灣（Liang-Kiau Bay），[73]花了一個鐘頭才找到適合下錨停泊的水域。晚間10時，有功丸終於停泊妥當，天色很黑，陌生的異鄉水域、岸邊埋伏的「生番」可能隨時而來的威脅，有功丸因此徹夜戒備森嚴，各處舷梯佈滿哨兵。一哩外的岸邊小村有火把來回移動，喧嘩聲不時陣陣傳來，村民諒必已知道我們的到來了。當時尚不知道該村居民並非兇猛的原住民，故士兵很少人睡得著，大部分菜鳥既緊張、又興奮，期待清晨來臨，好大顯身手；只有老兵一如往常，早就呼呼大睡了。

71. 這個人可能是李仙得的老部下，美駐廈門領事館翻譯官兼辦全臺翻譯事務薛明谷，據福州將軍文煜於同治十年（1871）六月呈總署（即總理衙門）的公文稱：「薛明谷……據稱現年二十七歲，原籍廣東廣州府番禺縣人；於咸豐八年〔1858〕飄洋遭風，到美國讀書，習得美國音語洋字；至同治三年回廣東洋關辦事，七年調在上海洋關，九年來廈在李領事公署充當通事……。」他也有可能與化名James Johnson（漢名詹漢生）的日軍通譯為同一人（詳第五章）。

72. 據《甲戌公牘鈔存》第61、62頁，日軍另有華人通譯黃慶（浙江金華東陽縣人，移民日本）、寬來（廈門人，曾為花旂通事）。

73. 琅嶠灣，排灣人稱車城沿海一帶之地為龜壁灣，昔日漢人稱之為魚房港，又稱車城灣，西洋人稱之為Expedition Bay, 約略位於北方鼻仔頭與南方龜山之間今射寮、後灣兩村的海灣。

第五章　初抵琅嶠

5月7日清晨，華籍翻譯詹漢生（James Johnson）奉派上岸，根據東京指揮總部預先擬妥的指示，尋找村中某些特定人士到船上開會。[74]這樣的執行指令，在東京即已規範妥善，清楚且明確的訂好行動步驟及注意事項，用意在避免引起不必要的衝突——除非在不得以的情況下。

▲穿漢服的琅嶠平埔族〔Davidson書；陳政三翻拍〕

詹漢生是我曾見過的所有漢人中，最不像他的同胞的人。首先，他沒有豬尾巴（tails），[75]在漢人中很少如此。其次，他沒有漢人膽子小的特性。他曾遍遊世界，旅居美國多年，歸化成美國人，南北戰爭期間〔按：1861～1865年〕加入北軍的紐澤西兵團（New Jersey regiment）。他的英文尚稱標準，又經常來臺灣公幹，與福爾摩沙各地的漢人、原住民關係良好，視他們為老朋友、老夥伴。[76]

74. 這些人都是李仙得的舊識，如《甲戌公牘鈔存》頁59提到的車城董煥瓊、新街張光清、統領埔林阿九、保力莊楊阿古（或楊阿告）、田中莊林明國。平埔族則有社寮的綿仔及猴洞（今恆春）的陳阿三。

75. 洋人當時以tails或Pigtails（豬尾巴）形容男人留髮辮。

76. 詹漢生的經歷與第四章提到的薛明谷很像；只是省文獻會《重修臺灣省通志・政治志外事篇》（1998）稱詹原籍廈門，不知所本為何？籍貫、姓名都是可捏造的。但假如非同一人，那麼至少必麒麟在他的探險自傳*Pioneering in Formosa*書中提到1868年（同治七年）樟腦事件之後，他又遭臺灣道臺迫害，乃將後龍的樟腦倉庫交給一位自詡為

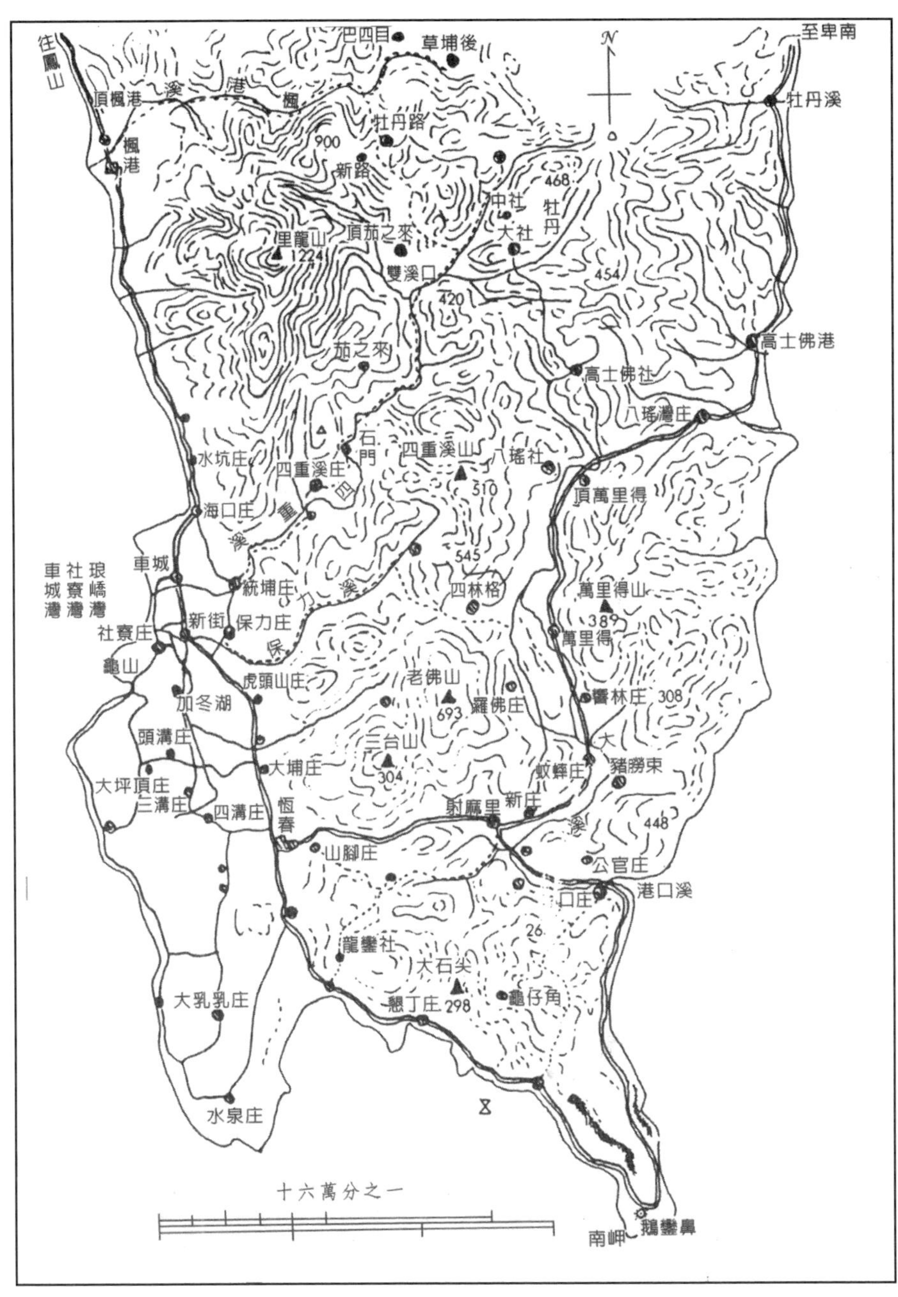

▲1874年臺灣南端要地示意圖

詹漢生上岸後，我趁機端睨周遭的環境。琅嶠灣只是海岸凹進的一個大缺口，稱不上是個海港，可避開東北風、東風、東南風的吹襲；但西邊、北邊無山的屏障，海風就由那個方向直吹向岸邊。座標為北緯22度6分、東經120度42分，最近才被標入地圖。[77]從船上甲板眺望，兩條小溪出海口隱約可見。[78]低平的沙岸蔓延數哩，南北兩端隆起，形成沙地斷崖。[79]接近海岸之地起伏不定，不大的溪谷地由數千呎高之群山山嶽環圍，雖然地質貧瘠，但當地土人仍費心拓墾，種植一些長得不太顯眼，不太豐饒的農作物。[80]

上午6時許，詹漢生回到船上。這位親美國共和黨的翻譯，我曾聽人喊過他

勇士的漢人照料——他曾在美國陸軍擔任過士官職，參加過美國內戰。必氏雖未提及那位漢人的姓名，但他應即為詹漢生。而同治七年，薛明谷正在洋關（大清海關）為雇員，也經常往來臺灣，他應精通閩南語，所以才可能於同治九年獲李仙得聘為廈門美領事館翻譯，又於同治十年被實授中外通商翻譯官，兼辦全臺翻譯事務。因此，薛明谷自稱為廣州番禺縣人，有可能是捏造的。1872年3月初，詹曾陪李仙得往訪卓杞篤。

77. 應是樺山資紀與水野遵於1874年3月27日至4月4日在恆春半島勘察的結果：《日本殖民下的台灣與沖繩》（頁374）稱，當時日軍使用的地圖有「掌中臺灣全圖」。枋寮巡檢王懋功曾呈報水野遵等人遊歷、繪地圖情節：「卑職又看其所繪圖內沿海一帶，似覺詳細。水野遵並帶有李讓禮上年所繪舊圖一紙，沿途查對」。但據樺山的日記記載，王懋功持有上畫琅嶠一帶地圖之扇，樺山乃請水野遵借扇謄扇騰寫。毫無敵情觀念的王懋功居然答應了。原文「東經」誤植為W.（West之簡字），應為E.（East）之誤，譯文已更正。

78. 日軍最初登陸點為保力溪口的「射寮」港。稍後，改在「後灣龜山下穀寮」登陸（《恆春縣志》，頁263及266）。後灣仔沙灘北、南各有一小溪溝流注入海。社寮，《恆春縣志》載為「射寮」；《甲戌公牘鈔存》用「社寮」（如頁22、30、45）。本書初版用「射寮」，修訂版改用「社」（今車城鄉射寮村）。

79. 保力溪口、車城以北為大片沙灘，以南為珊瑚、貝殼碎屑顆粒構成的沙灘。因風勢關係，溪口、海岸南北端形成沙堆式斷崖。如李仙得在《臺灣番事物產與商務》（頁6）所稱的車城「西南荒崖」。

80. 據李仙得在琅嶠山谷地看到的作物有：米、花生、金薯（指蕃薯sweet potatoes）、甘蔗、麻（hemp）、柑橘、芭蕉、野黃梨。1 foot =1呎=1英尺。「英『尺』」或單寫「呎」為正確寫法；雖然有的英文字典誤植為「英『呎』」。同樣，1 mile =1哩=1英里；1 inch =1吋=1英寸。

的中文名字，但不是那麼容易記住，幸而他有好記的洋名。[81]跟他一齊同行的有社寮村（Sialiao, 今車城鄉射寮村）[82]頭人（head man）的兒子綿仔（Miya）〔建仔（Kien）〕及綿仔的近親家屬，他們在1872年李仙得來臺查探琉球人屠殺案時，曾當過嚮導。[83]克沙勒少校馬上出面接見，並和最年長、領頭的綿仔暢談。克沙勒把在東京事先準備好的說辭，轉達給射寮村的代表：

「日本政府決定派遣遠征軍到臺灣『生番』地區，懲罰1871年12月間殺害日本屬民的牡丹社。起初日本天皇曾因琅嶠峽谷地區之住民對肇禍者，未按照1867年與美國領事所訂之條例約束，對加害類似美國漂民者須加以懲罰的規定辦理，而大為震怒。嗣後調查，明白射寮人並未對遭難之琉球漂民的生死漠不關心，曾協助李仙得將軍調查。因此，天皇命令日本軍隊應保護社寮百姓，使其免於困擾。2萬5千日軍已準備妥當，若有必要可在最短時間內啟程來臺；但假如能取得射寮百姓及卓杞篤的部落的合作，則只派數千先鋒部隊即可。」

綿仔等人聽了後，表示將提供日軍登陸、紮營所需之物料，以及其他協助；不過他們不能代表內陸的部落承諾任何事情。綿仔等人透露最近老卓杞篤剛死，[84]其長子（eldest son）繼承領導權；至於各部落間的相互關係，則無法

81. 豪士這些文章皆為即將刊載於《紐約前鋒報》之報導，所以似乎有意省略一些較敏感的人物之本名，在很多地方可以看到類似的手法。

82. 當時廣義的社寮（大字名）包括今車城鄉射寮、後灣、埔墘等三村，狹義者（小字名）為今射寮村。

83. 一般史書稱綿仔為平埔族社寮的頭人，但據豪士報導，真正的頭人為綿仔之父。綿仔另曾在1867、1869、1872年當過李仙得的嚮導，前後3次導引李仙得往晤卓杞篤。李仙得在1869年2月28日會晤卓杞篤後，送了一把Enfield槍給綿仔。根據李仙得稱，綿仔的父親與老卓家族有通婚關係，綿仔有漢名Yeu Tick-tchien or Yen Ticktchien；如依據當地楊家每年陰曆九月初九都舉行平埔「跳戲」，而有「社寮熱鬧龜山腳」俗諺流傳來看，綿仔漢名可能為「楊德（竹）清」；綿仔是俗名，根據《同治甲戌日兵侵臺始末》，「大久保面遞福島領事與番地土人筆談」（頁142）載綿仔名字。1872年3月，李仙得曾表示，將建請有關當局聘綿仔為恆春洋務顧問，後來沒下文。據Wasson稱Kien是Mia的兄弟。Robert Eskildsen, ed., pp. 165, 172, 204, 220.

84. 1867年李仙得第一次會晤卓杞篤，稱卓「約50歲左右」，所以有人將卓之生年推斷為1819年；如據豪士此處所載，卓似乎死於1873年底或1874年初。不過，額勒格里（WM.Gregory）寫於1873年6月25日的（1872年英駐打狗署領事貿易報告）內載「約

提供更進一步的資訊。最後決定由綿仔與另一族人擔任與日軍之溝通管道；後來，他們也擔任了與內山原住民聯絡工作。

會議圓滿結束了。對社寮人而言，似乎沒有更好的選擇，日方給他們的報酬不但極慷慨，而且遠超過他們敢想像的程度。日本主事軍官未向我透露買通社寮土民的金額數，所以是否打破之前外國人提供土民報酬的慣例，就不得而知了。

日軍允許綿仔等人在下船前參觀有功丸，他們充滿好奇的爬上爬下、四處

▲盛裝的西拉雅平埔女
〔Thomson (1871)；陳政三翻拍〕

▲西拉雅平埔男子
〔Berthault攝；陳政三翻拍〕

6個月前〔按：1873年初〕，卓杞篤病卒」。可見老卓應卒於1872年底或1873年初。不過1869年底見過老卓的許妥瑪（Thomas Hughes）稱他年約60。

躕躂；我們也好奇的打量這群社寮酋長的家人。他們的打扮正像廈門低階層百姓一樣——一件寬鬆的短上衣、長及膝下的寬短褲、頭纏淺色頭巾（turbans）、長辮纏繞紅繩，腕戴粗銀鐲。他們的嘴巴不停地張合，倒不是口若懸河，而是嚼著檳榔（Betel nut），不斷地往嘴裡塞檳榔，雙頰鼓起，大到令人不敢想像的地步，長期嚼食檳榔的習慣，使他們的嘴巴、牙齒呈現不雅觀的粉紅色澤。[85]有時一次塞進過多的檳榔，臉部隨著不同角度的嚼動，現出各種既可怕、又可笑的怪狀，紅色汁液不斷的由嘴角流了出來。除了這個特殊嗜好，否則很難由外表看出他們與廈門人有何不同。即使語言也很接近。但他們率直，獨立的個性卻是漢人所沒有的，他們抗拒官方的壓

▲早期腦丁煉製樟腦
〔A. Fischer (1889)；陳政三翻拍〕

▶百多年前深山林內的樟腦樹，今已砍伐殆盡〔Fischer；陳政三翻拍〕

85. 俗稱「恆春三怪」：年年落山風、老少食檳榔、民謠思相枝。《恆春縣志》上載檳榔：「產於番社者多，形如黑棗，裹以荖葉、石灰，男婦皆喜啖之，不絕於口。婚期大事，及平時客至，皆以檳榔為禮。」據水野遵的觀察，恆春老少皆喜吃食檳榔，以致舌頭皆呈黑色。時至今日恆春人仍有句俚語：「有成嘸成，檳榔菸走在前。」平埔族稱檳榔為「楺楺」，稱香煙即是Tabacco.

迫，過著獨立自主的生活方式。[86]綿仔是來訪族人中年紀最大者，氣勢非凡，有領袖氣質；他那位才20歲的年輕姪子，面貌英俊，身材高瘦，口才便給，是從事聯絡工作的好人才，只除了那口因嗜吃檳榔而略顯美中不足、令人遺憾的唇齒之外。最後，他們終於滿足探視有功丸各種設備的好奇心，返回村社，打點日軍即將登岸的造訪。

此時日軍先遣部隊的紀律有很明顯的變化。跨海航行期間，士兵的舉止隨性得很，實在看不出是一支有嚴格軍紀的部隊。[87]他們初抵廈門港時，極力要求登岸，無人可以管束他們表現出不耐煩、火爆的各項粗暴的要求，事實上，在沒有任務的時候，可說毫無軍紀；但甫抵達琅嶠，[88]不待上級命令，立即自動遵守紀律。所以當上級下達「須等候適當時機再行登陸」的命令，每個士兵都聽令行事，不敢造次。由此可見，當重要行動來臨，日軍之軍紀的確嚴明；但無任務時，大家就隨性所至，大錯不犯，小錯不斷。幸好，還不至於隨便到須要上級出面，嚴加約束的地步。

86. 屏東平原之平埔族屬於西拉雅族亞系馬卡道系平埔族，原住臺南、高雄平原，於17世紀初受海盜劫掠，受到1634年4月初及12月「聖誕節之役」兩次荷蘭的討伐，逐漸向屏東遷移；有些平埔族受到愈來愈多的漢人移入的壓迫，甚至整族東遷至臺東海岸定居。射（社）寮之平埔人，如綿仔家族也是其中一支留在屏東海岸的馬卡道系平埔族，他們隔著保力溪，與對河新街的漢人分村而居。樺山資紀在1874年3月底探勘恆春半島時記載：「到達射藔後投宿於頭人張光清處〔按：新街〕，南隔一河為另一部落，聞人口有5千，其性較車城剽悍，皆為熟番」。他筆下的「熟番」部落，即綿仔之住處，但人口不到5千。

87. 日軍除常備兵外，另有很多臨時由鹿兒島徵募的殖民兵，以及500名各行各業工匠，甚至有隨軍和尚，可說是七拼八湊的烏合之眾。直到後期，因疾病流行，才漸由常備軍入替。

88. 「琅嶠」源出排灣族稱西海岸車城一帶之名稱，荷蘭音譯為Longkiaw；明鄭時寫為朗嬌、瑯嶠或琅玊璠；至1875年設恆春縣城，琅嶠地名才由車城一帶轉至原稱猴洞的恆春。至於它的原意有幾種說法：⑴一種蘭科植物。⑵鳥居龍藏稱其老地名Bujabujau，為鯊魚（Buja）出沒之處。這與卑南族稱恆春城為「多魚之處」（Vazia Vaziao）相吻合。⑶Riess認為係琉球一詞的音轉。早期客家人則稱之為「壟勾」。不論何種稱呼，皆為排灣語之音譯。《重修鳳山縣志》（1764）用「瑯嶠」；《甲戌公牘鈔存》全用「琅璠」；《恆春縣志》有用「琅嶠」或「琅璠」。「璠」為難字，本書初版用之，修訂版全改為「嶠」。

第六章　初探社寮

5月7日上午8時整，〔福島九成等〕幾位日本高階〔按：中階〕軍官偕同美國軍官上岸，探勘一處能夠容納3千人的營地。[89]克沙勒少校嚴格執行東京總部預擬的每一步驟：㈠如果發現社寮駐紮清國軍隊，或遭地方官員抗議，先遣部隊不得使用武力，必須移往南邊幾哩外、預先選定的第二個停泊地點。㈡萬一第二個地點也遭反對而無法登陸，則須向更南方，尋找清國管轄勢力範圍外的第三個停泊處，以免造成交涉的困擾。㈢第三處地點選定後，即使遭到抵抗，也須強行登陸，並堅守灘頭堡，直到後援部隊抵達。幸運的是，在如此鉅細靡遺的規劃下，第一批先遣部隊沒有遭到任何抵抗，順利的在第一個選定的地點紮營。[90]

上岸探勘的軍官搭船進入一條漲潮時才能安全航駛的小河，[91]河口沙洲橫陳數十公尺，蜿蜒至社寮綿仔家族居住的小村落。首先上岸的是特遣隊指揮官福島九成少校（Major Fukusima〔Kunari〕）[92]，其他軍官魚貫隨行，走進有12座房屋的小村。房屋樣式在這片荒野顯得突兀，有些不搭調，都是以水泥、石

89. 據枋寮王懋功、千總郭占鰲之探報，有20多名「洋人」上岸，至清港浦地方，相離車城2里觀看營地。清港埔在車城之南、射寮之北，四重溪下游車城溪之出海口河段，當地人通稱為清港或大清港；河岸邊地為清港埔。河南為日軍首次紮營地。
90. 日軍選定清港浦八仙灣的近海處，介於北邊車城溪與南邊保力溪之間紮營。
91. 小河為保力溪，社寮就在河口南岸。保力溪出海口在冬季時（每年10月～隔年3月），因東北季風形成的落山風常使砂嘴由北往南延伸，形成沒口溪。乾旱季節也常有沙洲橫堵溪口。
92. 福島身兼先頭部隊指揮官、臺灣蕃地事務局參謀、日本駐廈門首任領事，在征臺期間來往日、中、臺三地，十分活躍。他出身九州長崎，曾留學天津，1873年6月間偽裝畫家遊歷臺灣，同年9月返日本，提出「臺灣偵察報告書」，建議可輕而易舉地征臺，取得臺灣為領土。克沙勒稱福島官腔官調，很難共事。Eskildsen, ed., pp. 203-204.

塊、紅磚砌成的平房，屋頂覆蓋密實的瓦片，脊緣以線條單純的淺浮雕裝飾。屋內構造堅實，尚稱乾淨，似乎比中國大陸沿海城市的房子還更適合人居住。至少我在廈門就未發現不論在建築結構、便利整潔方面，可與此地相媲美的房屋。[93]

社寮的房子為前後相連的雙併式建物，每棟面積25平方呎〔約7.62平方公尺〕，中間由同樣面積的天井隔開，旁有兩條走廊相連。[94]後棟房屋的後面，另有一間廚房。屋內及天井的地面鋪了四方形大磚及石塊。客廳的太師椅（arm-chair）即使擺在新英格蘭（New England）[95]的農舍內，也不至於丟主人面子。桌子很多，式樣簡單樸素。床舖像棚子，擺置於牆角凹處，有一、二個眠床雕飾得富麗堂皇。牆壁上的窗格雕刻中國式略嫌粗糙的藝術造型，顯示雖然清國的政治威權不被土民承認，但其藝術造型的影響卻已悄悄的滲入此地。

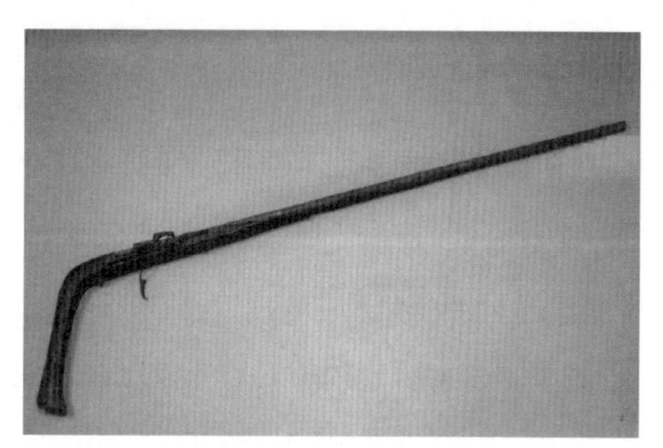

▲火繩槍〔國立臺灣博物館提供〕

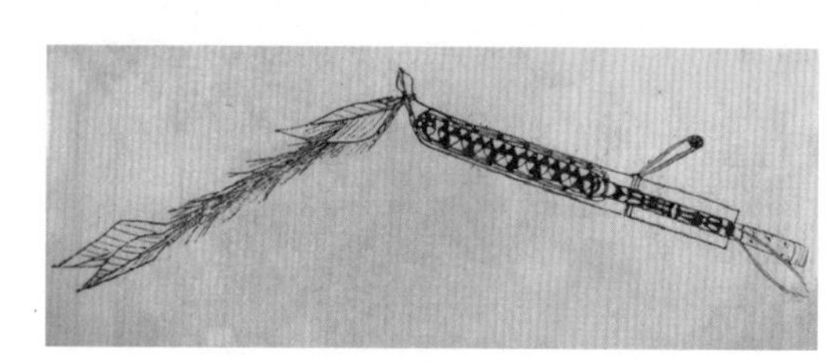

▲排灣族的「番刀」〔Fischer書；陳政三翻拍〕

每座房子的後棟，屋內供奉神龕、神像、神桌。最特別的是每家都有木製武器架，上面插滿擦得閃亮的舊式火繩槍（matchlock

93. 豪士犯了以偏概全的錯誤，他不該拿廈門碼頭附近的破房子，就全盤否定廈門富豪住宅區的華廈。

94. 這種建築為閩南長屋形結構。淡水現仍存有少數此類建物。

95. 新英格蘭指美國東北各州。英國、愛爾蘭人最早移民美國之落腳處，房屋結構類似英格蘭，故稱之。豪士即是出生在波士頓近郊的新市（Newtonville）小鎮。

guns）、單邊包鞘的短刀、[96]長弓、鐵鏃箭、長矛、標槍等武器。這些隨時可取用的武器意含即使並非有備戰的意向，也表示隨時有戰鬥的準備及可能。5月7日這一天，沒有土民主動走進我們視力範圍內，或許是還沒作好備戰準備吧？房子四周，圈養很多豬、雞，另堆放儲存魚、米、蛋、粟、大麥、番薯等，都是土民主要的食物來源。[97]幾條小街到處可以見到膚色淺灰、雙角內彎的水牛，鼻子穿上繩索的水牛是土民用在乾旱地耘田、拉車的好幫手，但不像西方人騎馬似的被用來當馱獸。村子周圍有幾條小溪流過，溪邊擠滿呱呱作響的鴨子，到處可見到牠們產下的鴨蛋。

我們首先簡短的拜訪村內長老，好奇的土人全都聚攏圍觀，直率的比手劃腳，七嘴八舌的討論我們與他們的差異性。有錢人的衣著類似綿仔，我在第五章已描述過。低階層之衣飾，僅以短布纏腰，雖簡單但又不失端莊。婦女的服飾大致與頭人階層（headmen）相似，雙腕戴著銀手鐲，頭髮結成長辮，用白線纏繞，有的還插上人造假花。兩位從山區嫁到此地的婦女，各抱一個長得很漂亮的小孩，耳戴大型金耳環及閃閃發亮的小

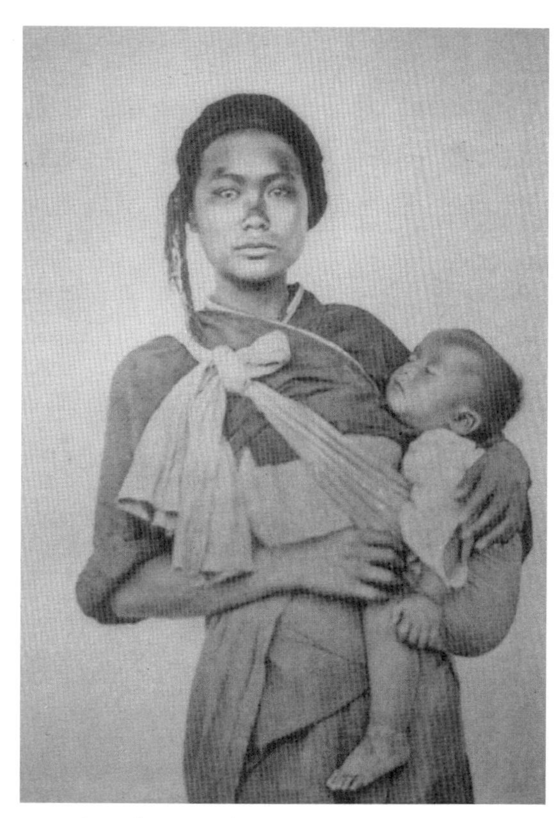

▲以兜布攜子的西拉雅平埔婦女
〔John Thomson攝於1871年；陳政三翻拍〕

96. 火繩槍為前填鉛彈、鐵片、圓石，以引火線點燃藥室內火藥，藉以引爆擊發之舊式火槍，為當時原住民及漢人之主要武器。原住民之「番刀」之刀鞘大都一邊以皮革或木框包住，另邊用鐵線、樹藤纏綁。

97. 其中雞、米都是山區原住民禁養（種）、禁食之物。平埔族則無此禁忌。

寶石。[98]她們長像可人，但嗜吃檳榔把嘴唇都染紅，破壞了美感。小孩子很多，可能太多的關係，以至於來不及供應衣物，7、8歲以下的小孩都赤身裸體。村內只有2位漢族女人，髮覆膠水，梳成誇張的波浪狀；小巧、變形的腳，似乎只有4吋長。[99]

為了居高臨下，俯視附近地形，以便找出最適宜紮營之地，先遣軍官相中一座靠近海岸、約300呎高的龜山（Ku San, Tortoise Hill）。[100]於是我們朝那座山前進，山腳下的小徑蜿蜒

▲綁小腳的女子〔陳政三翻拍〕

98. 由大耳環可判斷這兩位婦女為排灣族，嫁到海邊平埔族家庭。不過平埔族婦女也有鑽耳孔、掛耳飾之俗；平埔男人則只在婚前為之，婚後便除去耳飾。

99. 這兩位嫁平埔貴族、綁三吋金蓮（小腳）的婦女應為閩南籍，可見當時這種嫁娶型態也存在。李仙得在《臺灣番事物產與商務》（頁5）寫道：「瑯𤩝務〔社寮〕城有五百民居，民有番、漢兩種什居。男貌近漢，頗美，格局亦好；女多粗肥，不知禮貌。以兩種合計之，大約土人之種類較多。倘再傳兩代，將漢人悉化為土人矣。」不過，綿仔家顯係為保力溪南之散村；而非溪北、李仙得稱為社寮之新街一帶。李仙得憂慮「倘再傳兩代，將漢人悉化為土人矣」；事實恰相反。

100. 300呎=91.44公尺，但龜山目前海拔約72公尺高，外形似龜背，頂部稍平如印之獨立小丘，北臨保力溪溪口，由隆起珊瑚礁岩組成，座落今射寮村內，西與後灣村交界。豪士用Ku San閩南語音，可見當時平埔族語言已漸漸閩南語化了。龜山西麓後灣村「龜山後」，已被徵收為國立海洋生物博物館用地。

於大麥（barley）、[101]甘薯田間，沿途二、三間以泥土蓋成的茅屋〔土墒厝〕，坐落於粗耕過的田中；大片土地仍未開墾，土質貧瘠呈沙狀，山艾樹（Sage-brush）處處可見，灌木（Shrubbery）則稀稀落落。矮棕櫚樹、仙人刷叢聚繁生，幾乎令人寸步難行。如此惡劣的環境，1867年美國哈得佛號軍艦遠征行動會失敗，也就不足為奇了。

彎曲的羊腸小徑提供最佳的伏擊地點，要是不熟悉當地地理環境，再多的兵力，也無法順利攻克此地。山邊小徑狹小、險峭，如蛇狀在峽谷及銳利的珊瑚礁巖石中、彎彎曲曲，上下起伏。天氣十分燠熱，[102]日本軍官仍穿著離開東京時的皮邊夾克，熱得快昏倒了；幾位美國人穿著輕便，顯然比日本軍官承受較少的煎熬，但處於如此惡劣的氣候下，仍然一點也不好受。

終於爬到山頂，放眼四看，整個射寮或琅嶠峽谷方圓約15平方哩之地盡入眼簾。琅嶠山谷周圍環繞一座平均約2,000呎的山脈，[103]像極小型的美國猶他州的鹽湖山谷（Salt Lake Valley）。正當我們極目四望，找尋適當營地地點時，山下傳來一聲槍響，吸引了我們的注意力。一列約20到30名男女夾雜的隊伍，由遠端山區缺口走進峽谷平原，武器映照陽光、閃閃發亮，領頭者高舉紅旗，[104]緊接著又傳來三聲槍響，我們這群菜鳥看到隊伍高舉他們曾與李仙得將軍約定、代表和平、善意的紅旗，起初以為是來自野蠻部落的親善代表團，但派人查探後方知只是一列迎親、嫁娶隊伍，原來社寮村正在辦一場喜宴呢。

101.《恆春縣志》有載當地出產大麥。

102. James Davidson在*The Island of Formosa,Past and Present*（1903）書中，引述臺灣總督府測量之資料，恆春每年最高溫在5月～9月間，平均溫度均在華氏90度以上，而5月均溫則為91.9度（約攝氏33.3度），D氏云恆春的溫度與古巴的哈瓦那相同。再據1897～1994恆春氣象站之測量，近百年恆春在5月之均溫為攝氏31.1度，高於臺北、臺中、高雄；但6～8月分別為29.1、31.4、31.1度，比臺北、臺中、高雄等地，低上2度左右。恆春有史以來最高溫出現於1943年（日昭和十八年）5月29日，當天為攝氏37.1度。

103. 這座山脈為中央山脈最南段，可以推想在豪士的視力範圍內，他由北到南可看到高士佛山（514公尺）、五重溪山（391公尺）、四林格山（592公尺）、虎頭山（411公尺）、老佛山（674公尺）、三臺山（530公尺）。

104. 1867年10月10日，李仙得首次與卓杞篤晤面、訂約，卓杞篤提出以紅旗代表和平、友善的旗幟，而非西方傳統之白旗，這可能是排灣族視「紅色」象徵和平、止戰。

第七章　邂逅「番婦」

近中午時分，由龜山回到了社寮，天氣十分燠熱，村民都躲到屋內，整座村子寂靜如死村。綿仔提議宰殺一條豬為我們接風，雖然我們不想吃豬肉，也不想聽到豬仔的哀號聲，但又無意拒絕這位出自善意、好客的主人之提議——如果拒絕，顯然有潑他冷水的意涵。稍後，我們發現這種顧慮真的是多餘的。因為綿仔雖表現得很好客，卻又有點捨不得。所以，在那場盛宴之後，我們扭扭捏捏的作勢欲付錢時，他毫不猶豫的欣然接受。

村人就在我們這些貴賓面前屠宰豬仔，並用弓箭射殺了幾隻雞，準備一場盛宴。附近的村民不論是否受到邀請。全都快樂且喧嘩的聚攏過來，像是自家在辦喜事一樣，熱絡得招呼來、招呼去，搞得我們分不清誰才是真正的主人。熱騰騰的大鍋水煮開了，負責調理的婦女正想將食物丟入烹煮，幾位搞不清楚狀況、愛好洗澡的低階軍官情不自禁的寬衣解帶，下體只著一條「渾兜西」，[105]在目瞪口呆的村人面前，公然享受泡澡的樂趣。綿仔家族對日本軍官當眾赤身裸體，深感突兀、震驚，立刻派一名翻譯，要求正準備洗澡的軍官停止這種會引起全村半數婦女厭惡的舉止。從綿仔深深不以為然的表情，可看出射寮人與漢人有很強的種族關聯性。[106]據說一般漢人從搖籃到墳墓一生中，從不曾好好的泡過澡；但日本人則不然，一天內如未泡個熱水澡或冷水浴，則會渾身不舒服。

105. Fundoshi為日本男人傳統的內褲，只以一長條白布纏繞下體，或稱「包布」。豪士文中並無Fundoshi,他只寫「脱去大部分的衣物」；譯註者加入「渾兜西」，使字句更明確。

106. 這裡指的可能是暗示當地的平埔人不愛洗澡。或更正確的講，平埔人與漢人沒有「泡澡」的習慣。西鄉從道曾在致大隈重信的私函中指稱社藔（射寮）附近的人為「熟蕃」；所以綿仔家族為平埔人，是無庸置疑的，但因通婚、同化關係，顯已漸漢化。

日本軍官把綿仔的抗議視為一種展示權威的無知舉動。事實上，十個男性成年村民中有九個，只在腰上圍著六吋長的布；女人的大腿則有大部分裸露在外。[107]我們的翻譯詹漢生嘲弄綿仔的抗議行為：「原來他的嘴巴除了能用來咀嚼檳榔外，也具有其他功能。」很遺憾有人把這位射寮頭人之子的抱怨，只視為權威的展示，因為我在綿仔嚴肅的表情底層，看出潛藏的真誠。最後，日本軍官終於放棄泡澡的衝動，村婦得以不受干擾的繼續煮食。

▲早期竹筏〔取自《臺灣史料集成》；陳華民翻拍〕

中午盛宴開始，半生熟的豬肉、全雞熱騰騰地端上桌，習慣熟食的老美則胃口無法大開，幸虧有美味的米飯，伴上幾碟好菜，才不致餓肚子。半生半熟的肉類，則被大快朵頤的村民一掃而空。飯後重新出發，尋找上午從龜山頂發現的幾處適合紮營之地。我們搭上幾艘竹排（catamaran），[108]順著淺窄的小河〔按：保力溪〕的溯流而上。相信全世界絕大部分的人可能從未見過這種竹排——它是用樹藤將幾枝12呎長的竹竿捆綁起來，呈淺平底的竹筏，上面沒有舖蓋木板，河水會由竹排的縫隙打上來，靠站在船尾、手持長竹桿的船夫以往後推撐河底的動作行進；而不像西方船夫用「划」的動作產生動力。

順著河流上行0.25哩〔約400公尺〕，竹排停泊於一處蔭涼而水深的地方。軍官上岸偵測去了，我寧可留下享受清涼。由於社寮村遠在四分之一哩外，應不至於被那些害羞的婦女撞見，所以我迅速解衣，半裸入水，與滿河的魚兒共

107.《恆春縣志》上載光緒十二年（1886）知縣武頌揚會同副將張兆連之稟文：「……恆邑番社雖經歸化，各頭人到官，每多不著衣褲，只用短布遮圍下身，未免不成禮節；應請酌發衣褲，轉領穿著。」另婦女的穿著，依豪士觀察，顯為短腰裙，或稱桶裙。《裨海紀遊》載：「男女夏則裸體，惟私處圍三尺布。」又云：「婦人……中衣橫裡，僅掩私，不及膝。」

108.Catamaran源出印度語，印度沿海人曾使用這種竹排，後傳至馬來群島、印尼、澳洲及南臺灣，印度尼西亞人也稱之為卡塔馬蘭，現英文採用此字稱長形竹排或竹筏。

游。雖然已近山區源頭，但河水溫度很高，高到令人不舒服的程度，游了一會兒，突然一陣睡意襲來，差點失神沈入河底。我急忙上岸，兩腿半沈水中，躺在河邊昏昏入睡。

昏睡中，我被一陣嘩啦的濺水聲吵醒，強睜開惺忪雙眼，一群河中戲水的水牛正呈半圓形陣勢環繞我，好奇的上下打量著我這位不速之客。牠們的牛頭高聳、雙角向後背彎繞，牛鼻前突，圓滾滾的牛眼死命的瞪視我。雙方就這樣僵持了好一陣子，直到我不耐突然起身，牠們才噴著鼻息，哼啊哼的原地向後迴轉，高舉著像刺刀般直挺挺的尾巴，逛奔而去。

終於，我又獨霸河水，船夫則早就不知躲到什麼鬼地地方納涼去了。過沒多久，林中突然竄出幾條兇猛的狗狂吠而至，完全無視我再三地友善安撫，無計可施之餘只好作勢撿石，牠們才倖倖然挾著尾巴、又不甘心的留下幾聲吠叫而去。好不容易又恢復安靜，對岸灌木叢一陣嘩然作響，一位婦女挺身冒出，她沒有注意到我正在不遠處的對岸觀賞她的一舉一動，舉止自若，意態悠閒的褪掉褲子，順著河流淺灘輕快地走過來，到了河中間，她才發現我的存在，眼睛瞪得不比牛眼小，一個失神，誤踏深水處，噗通跌入水中，我猜想根據琅𤩝山谷風俗，碰到如此尷尬時刻，一位稱得上紳士的首要之務該是替她找件乾衣服換上。老天啊請原諒我，我竟爆笑了出來！可是請問可能忍住不笑嗎？雖然毫無惡意，但顯然觸怒了這位年輕女士，她賞我一對白眼，站穩腳步，掉頭快速離去。

▲平埔族母、女〔陳政三翻拍〕

附近顯然有個小村落，不到五分鐘的時間，她即盛裝再度出現——可能有意藉由漂亮的打扮，稍稍彌補剛剛因意外而受傷的自尊心。她比手劃腳地用流利的「閩南語」（Chinese）[109]向我說了一堆話；雖然如同「鴨子聽雷」，我也以英語表達歉意。她顯然感受到我的善意，走近竹排，檢視我掛在竹排上的衣服、背心，從裡面找到一些零錢，並不貪心的挑出一枚小的硬幣，表示希望擁有那枚亮晶晶的錢幣的願望，我馬上欣然同意，她喜孜孜地道謝離開，留下滿地檳榔汁。

▲竹筏〔Housselin；陳政三翻拍〕

這段小插曲只是我與該村村民廣泛接觸的開始而已，不多久，一大群不同年紀的村婦聞訊而至，索取小銀幣，她們把我團團圍在河岸邊，直截了當的索取，我坦率的回絕，但她們並不輕易放棄，仍死纏不放，正僵持不下之際，第二批人又出現了。乖乖，這次來者可是20位左右、攜帶弓箭、刀矛的男人。儘管太陽當頭，一股寒意仍由我的背脊冒起，我下意識的把裝有銀幣的背心藏在背後，硬著頭皮迎戰這批不速之客。他們把我圍在中間，像一群興奮的喜鵲，七嘴八舌的品評我。他們看來本性善良，一個接一個的向我展示他們的手臂，[110]然後要我伸出手讓他們瞧瞧我的手臂可有刻什麼花樣。可惜沒什麼好獻寶的。我們就這樣「交談」了一個小時，氣氛十分友善，但似乎仍沒搞懂彼此的想法。

軍官終於完成勘查，返回河邊，我匆忙告別這批新朋友，跳上竹排，駛回日艦。艦上士兵士氣昂揚，雖然尚未充分備妥明天的登陸作業，但個個摩拳擦掌，亟欲屆時好好的表現。午夜過後，有功丸各角落燈火通明、忙碌異常，已進入登陸倒數計時。

109. 原文用Chinese, 譯註者在第一版解讀為「漢語」；由於社寮附近漢人以閩裔為主，因此改為「閩南語」，當然不排除是「客家話」，也可能是平埔語。

110. 平埔族人早期有在身體、手臂刺墨的習慣。南部西拉雅族黥墨之風較早衰微，中北部各平埔族保留此風較久，與排灣族之刺墨方式頗為一致。中北部已婚平埔族婦女刺墨部位，僅於口之兩旁及唇吻上下緣，頗似泰雅族婦女之鳥嘴。豪士遇到的平埔男人刺墨於手臂，應是受山區排灣族的影響。

第八章　登陸琅嶠

5月8日清晨，有功丸上一小隊海軍陸戰隊攜帶部分裝備先行上岸。[111]登陸作業顯得雜亂無章，毫無秩序。日軍如按照傳統的方式管理，經常表現得比用西式方法運作來得有效率。我相信在西式軍事操典引進前，日本傳統軍校訓練出來的軍人，必然有自己的一套，知道如何達到戰場上所需要的快速精準、乾淨俐落的操作模式。但日本傳統的訓練與西方現代戰術一經混合，倒成了四不像。1868年的內戰，[112]日本武士充分表現出大部分日本軍人普遍具有的最重要特質——個人的勇氣；但也暴露出過當的匹夫之勇，往往成事不足，敗事有餘。

近幾年，日本軍人已較能接受西式嚴格軍紀的要求；不過對於應注意的例行瑣事、內務，仍表現得漫不經心。尤其士兵仍秉持武士階級的舊傳統，認為上級不應該命令他們做那些原本應由卑賤的奴僕做的苦工。所以有趣的是，常

111. 5月8日清晨時僅有功丸在社寮港。據枋寮清兵的探報，當日下午1～3時（未刻）又到日輪一艘，載來2、300人，並前船，共二艘計8、900名士兵。日方資料及豪士均未記載第二艘船，但清方探報顯示有日船進港，應是另紙探報稱的英國領事額勒格里所搭之英兵船，但額領事是在5月9號抵港，所以最早的探報有誤，5月8日只有有功丸在港。人數方面，有功丸上只載250多人。登陸地點一般史書云「社（射）寮港」，但確切地點在何處呢？據《恆春縣志》（1894）頁266「其兵由後灣穀蓁登岸；統將大營則在大坪頂」，這種說法指的是日軍於5月底移大本營至龜山大坪（平）頂後，才由穀蓁登岸；5月8日之登陸不可能選在保力溪南岸的後灣，否則還要渡過保力溪，才能到第一次紮營的清港浦（介於車城溪及保力溪間）。更正確的推斷，日軍首次登陸為今車城鄉新街村沿岸。也即保力溪口北方海岸。當時新街顯與射寮都被外人統稱為「社寮港」。Wasson即稱營區在保力溪出海口北邊、車城溪南。Eskildsen, edited, pp. 221, 223.

112. 指明治元年戊辰戰爭，又稱鳥羽、伏見之戰，倒幕英雄西鄉隆盛率薩、長軍由大阪進兵京都，擊敗幕府軍，尊定明治天皇的地位，開啓明治維新契機。

▼世界船舶沿革圖［國立臺灣博物館提供］

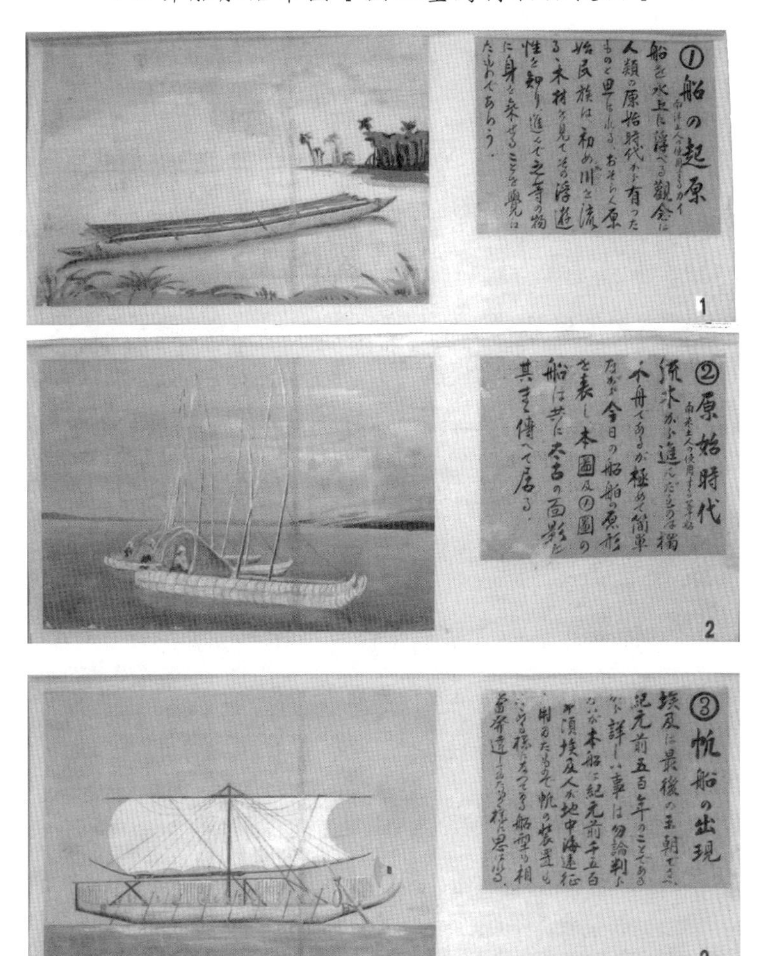

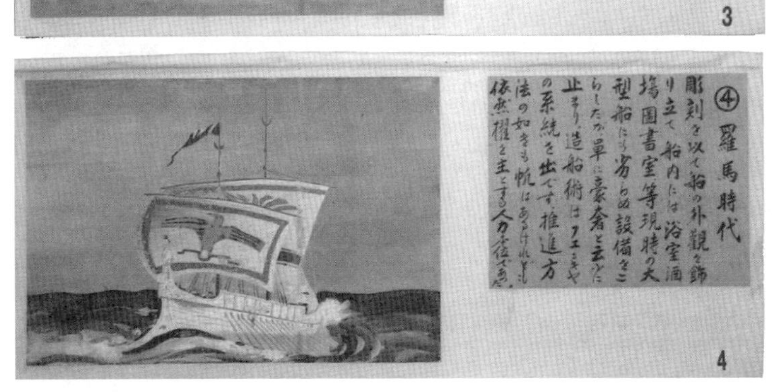

⑤大洋時代
一四九二年コロンブスが新大陸發見に用ゐた旗船サンタマリア號排水量二百三十屯．一二六〇年マルコポールの著した東方見聞記から東洋諸國探檢の風を促し從來の沿海時代から大洋時代への發展を見た至つた．

5

⑥帆船の全盛期
十九世紀の初めに至つて汽船が出現したけれども約一世紀の間は矢張り帆船の方が依然優勢であつて．十九世紀の中頃はその全盛時代たりし觀を呈した．一八五三年米國で造られたグレートレパブリック號．長三三五呎．四五〇〇餘屯．

6

⑦蒸汽機關の發明
一七六九年英人ゼームスワットが蒸汽機關を發明してより大いに世を刺戟し．之を利用するもの或は真似る者を生じたが一七八八年英人ジョンナスイッチの造つた汽船は一風變つたもので圖の如くオールを蒸汽力で動かす創意であつたと云ふ．

7

⑧外車汽船の出現
汽船を實際に使用したのは一八二〇年に英人ウヰリアム．シーミントンの造つたシャロットダンダス號であるが本船は七〇噸の曳船で．船尾の水車を廻轉して進行しクライト河を往復したが．船尾に起る波の為め河の堤防が壞れると云ふので世の非難を受け遂に陸上に[illegible]

8

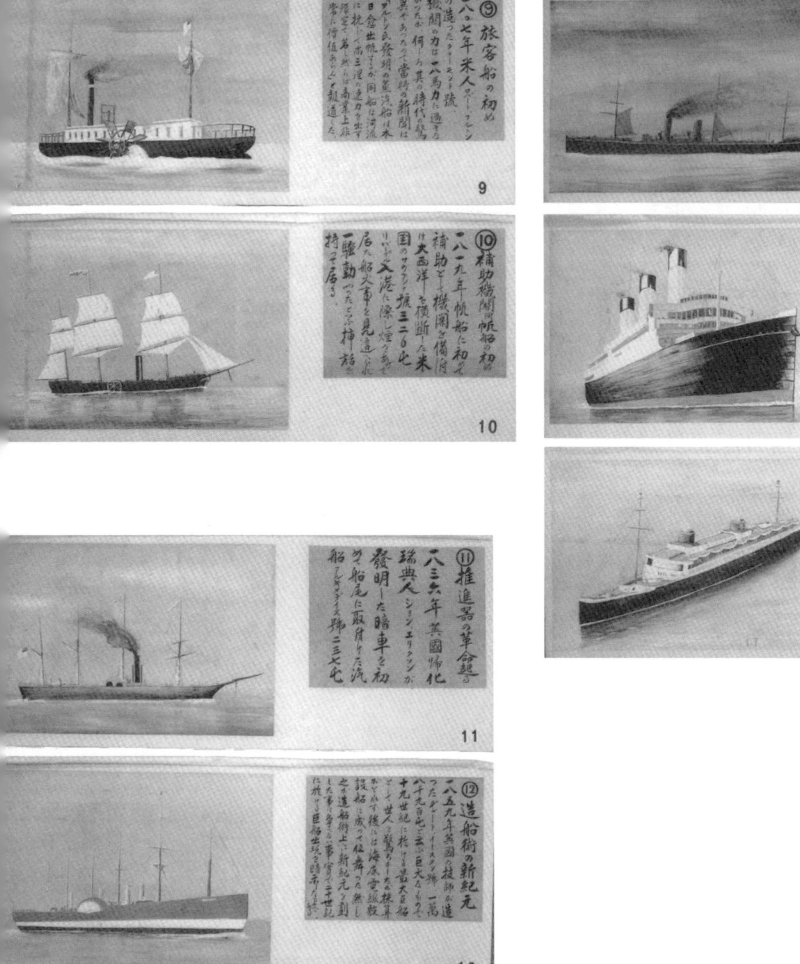
⑨旅客船の初め
一八〇七年米人
9
⑩補助機關の帆船の初め
一八一九年
10
⑪推進器の革命起る
一八三六年英國帰化瑞典人ジョン・エリクソンが
發明した
11
⑫造船術の新紀元
一八五九年
12

⑬汽船の全盛時代
約百年間に於ける
汽船の發達は目
覺しいもので十九世
紀の終りには完全に
その帆船を圧倒した。
13

⑭世界一の巨船
14

⑮ディーゼル機關船の勃興
15

▲大倉喜八郎〔陳政三翻拍〕

看到100名士兵在100位苦力（coolies）陪同下，建構兵營、挖掘戰壕、或烹煮食物。[113]前者動嘴、後者揮汗動手，這與西式精實戰力的要求完全相反。日本吸收的西洋軍事概念，只及於武器、演習操典而已；軍需補給等後勤的支援、管理，仍然遵循太政大臣（Taiko Sama）〔豐臣秀吉〕在16世紀侵略朝鮮所用的老套。[114]如法炮製所顯示的是毫無效率的浪費，至少在此次福爾摩沙遠征行動，就運來太多不必要的奢侈品供軍士官使用，總體而言，運輸物品算得上快速，但卻不夠細膩，運送過程產生了很多不必要的損失。軍需官洋溢火熱的愛國情操，但熱情不代表就能夠將事情辦好，所供應之物仍無法妥切的適合實際的需要。現在還無法看出日軍是否要恢復使用舊式的作戰、補給方式，但「不日不西」的作業，顯然造成很大的混亂。

這裡的居民對我們這群陌生客雖不特別友善，但也沒有明顯的敵意，似乎不至於有樣學樣，仿效1867年東岸的原住民在灘頭對抗裝備遠優於他們的美國「哈得佛遠征軍」（the Hartford expedition）吧！[115]萬一社寮附近的人攻擊日

113. 商人大倉喜八郎（1837～1928）被任命為「五百人長」，率500名各行各業工匠、苦力（軍夫）參與遠征，並負責軍需物資調遣、伙食供應等，他是在1872年（明治五年）赴歐考察，在英國邂逅了岩倉考察團，從此搭上關係。這次參與征臺之役，使得「大倉組商會」由暴發户的御用商人躍升為政商集團。他曾經是民初北洋政府的大金主；死前一年（91歲）還曾到蒙古探險。

114. 豐臣秀吉（1536～1598）經1584年的「小牧—長久手之戰」成立霸業，1585年出任關白，1586年為「太政大臣」，1890年「小田原之戰」一統日本。1592年及1597年，兩度出兵朝鮮，與明朝軍隊對決。1598年8月，秀吉病死，戰爭才告結束。

115. 美國哈得佛艦、懷俄明艦於1867年攻打龜仔甪社。原文字寫為1868年，譯文逕予更正。

軍，日軍絕對會使用武力斷然排除任何障礙。這裡的土著或將如龜仔用人一樣英勇奮戰，直到最後一兵一卒，雖然其勝算不大，但已足以嚴重干擾登陸行動了。

社寮離清廷真正行使治權最南端的枋寮（Pongli）還有20哩遠，[116]所以不至於讓清方官員察覺日軍登陸行動，造成不必要衝突，[117]也讓日軍有充裕的時間將人員、物資送上岸，等到消息傳到敵對部落，日軍早已上岸，完成部隊集結、備戰狀態了。1867年羅妹號事件發生後，清軍即以優勢的兵力展示，嚇阻了龜仔用社可能的蠢動。[118]我不敢想像，萬一在灘頭或岸邊叢林遭到敵人伏擊，所可能造成的悲慘後果，即使在地人不可能勝利，可也夠麻煩的。幸好我多慮了。灘頭一片混亂、毫無秩序可言，所有購自

▲織布的平埔女〔柯維思攝；陳政三翻拍〕

116. 康熙年間福佬移民為伐木，築枋棚於此而得名。同治六年（1867）因羅妹號事件移巡檢進駐，雖有差兵至琅嶠一帶，但李仙得認為清治權僅及於該地，這也是清駐臺官府推諉責任所造成的印象。

117. 事實上由枋寮巡檢王懋功、千總郭占鰲稟臺灣道之公文可知，清琅嶠差兵在5月7日（陰曆三月二十二日）辰刻（上午7～9時），即已發現有功丸。此後，日軍之舉動皆在枋寮巡檢派出的差兵監視中，只是當時臺灣道夏獻綸一則忙於平彰化廖有富亂案，二則推諉塞責，所以毫無主動反制或磋商行動。

118. 指臺灣鎮（總兵）劉明燈率500兵及其他民兵，擺出萬一李仙得和談破裂，官兵可能進剿的陣勢，也逼得卓杞篤率琅嶠下十八社頭人出面與李仙得晤面。

廈門的舢板（Sam Pans）、租自當地的小船，[119]都加入搶灘的行列，鮮事挺多的，實在不知要提哪一樁，我僅舉一個糗事，就足以瞭解當時的混亂情形：有艘安上一挺加特林多管機槍（the Gatling guns）、用來掩護登陸的小艇，船上的士兵居然無人懂得操作那挺機槍，而當時竟然也沒有任何軍官發現這件可笑的事。事後知道了，大家才捏了一把冷汗。

昨天下午，上岸軍官接觸過的土人，並非個個和善。當我獨自在河邊與土人交際應酬時，先遣偵察隊在探勘途中經過幾座農舍，迎面來的是極不友善的目光，翻譯詹漢生驚覺了他們敵視的表情及不對勁的竊竊私語，警告大家必須一個挨一個的前進，不許脫隊，否則他不負任何可能發生的後果。不過根據我個人的觀察，我確信射寮人基本上沒有任何敵意，他們雖停滯於半文明狀態，但並非外界想像的嗜血吃人肉的野蠻人。只要不惹毛他們，故意去挑起不必要的衝突，就可彼此相安無事了。但假如他們認為日軍的行動有侵略性，即使對方武力遠優於他們，也將盡一切力量抗拒。所以此時日方最好能夠嚴加管束士兵的脫軌行動——他們著實無視軍紀，也很難約束，看來有點不妙，因誤會起衝突的可能性還蠻大的。假如發生了衝突，就別無選擇，只有以優勢武力強行鎮壓，讓土人嚐嚐日軍強大武力的滋味了。萬一發生這種狀況，那麼日軍與附近的臺灣原住民（Formosans）之間的互信，[120]就必須花好長的時間才能彌補。

午後，有功丸船上所有的士兵、廚子、工人，都全上了岸，但迄黃昏為止，只運了極少的行李、輜重上岸，看來還得好幾天的功夫，才能將軍需品就定位。營帳座落於兩條小河間的狹窄平原，像極迷你的美索不達米亞（Mesopotamia）。[121]營區靠內陸那端，臨時開挖壕溝；左右兩側的河邊以迄

119. 登陸僱用當地人搬運東西，每人工資3角，每艘舢板8角。落合泰藏著，下條久馬一註，賴麟徵譯，〈明治七年牡丹社事件醫誌（上）〉（原《明治七年征蠻醫誌》），收於《臺灣史料研究》5，頁93。

120. 豪士與西方人經常使用Formosan指平埔族或高山原住民，而以Chinese指漢人。所以當時的福爾摩沙人或臺灣人指的是原住民。

121. 米索不達米亞為底格里斯河及幼發拉底河間的兩河流域，今伊拉克境內，巴比倫古帝國發祥地。

入海口，輔以土木工事加強戒備。整片營區略大過40英畝（acres），[122]內有大片筆直的沙灘、貧瘠的番薯田，另有12間靠近海邊、隱藏在露兜松樹（Screw-Pines）下的土埆屋。[123]這塊不毛之地的地主，口頭同意將該地以「合理的租金」暫時租予日軍。何謂「合理的租金」？這種字眼太有彈性了，極可能發生地主大起貪念，造成彼此的紛爭與不便。

午後，10座大帳篷搭起，哨兵也佈置妥當，整體環境使人彷彿又回到早年在波多馬克河岸的時光（Potomac days）[124]海軍陸戰隊首次重披自離開東京灣品川港即已脫去的白色亞麻制服，[125]活力充沛的投身工作，但仍對挖戰壕興趣缺缺。由於軍中苦力人數不夠多，於是決定用每天3角（thirty cents）的工錢，僱用土人構工。[126]或許讀者認為待遇太薄，但已是琅嶠一帶前所未聞的空前好待遇。下午約有100位土民加入，日方並向附近各村前來示好的頭人表示，只要他們能招募到多少人手，一定照單全收、一律僱用。[127]頭人乍聞如此優渥的工錢，面露驚訝狀，但又不想讓日方軍官察覺，極力隱瞞驚喜。於是不到一會，人手愈聚愈多了。

122. 40英畝約為16.1872公頃（甲）。

123. 日軍第一次選定的營地在車城溪（四重溪）與保力溪間，俗稱清港浦的海邊沙地（今車城新街村海邊）。《甲戌公牘鈔存》頁22及24內載琅嶠差兵探報：「〔陽曆5月7日〕……先遣洋人二十餘名上岸，至清港浦地方，相離柴城二里觀看營地，欲作營盤」。「〔5月8日〕先鋒福島九成……並軍兵五百餘人，另有美國人三名，一同登岸，在八仙灣園中搭白布帳篷十餘架。」

124. 波多馬克河源於美國馬里蘭州，流經華盛頓特區，注入乞沙比克灣。豪士於美國南北戰爭（1861～1865）第一年為紐約論壇報戰地記者，第二年改跑其他路線。

125. 日軍來臺途中脫去制服的用意在於不讓外界事先知道他們的真正身分，為欺敵之計。

126. 豪士文章供《美國前鋒報》讀者閱讀，所以似應以美金為單位，亦即每人每日工錢美金3角。據清差兵於6月9日探報，最初每人每日工銀1元，各人獲賞紅綾2匹、手巾6條；後來住較近的每天給銀4角，住遠的每天6角。工人為了給錢多寡起爭議，豪士稍後幾章多次提及這個勞資糾紛。所以清探報上寫道：「後林明國定無論近遠，每日三角。」

127. 各村頭人為車城董煥瓊、新街張光清、統領埔林阿九、保力莊楊阿古（告）、田中莊林明國。《甲戌公牘鈔存》，頁59該書「柴城」、「車城」並用。

第九章　好奇的土著

5月9日早上，土著似乎以為日軍在為村民舉辦一場嘉年華會，於是從最初的好奇、旁觀，轉而插手指導軍營的佈置事宜，有些人甚至想溜進營區居蹓躂蹓躂，他們靠近哨兵崗站，以手勢表達希望把玩哨兵手上的步槍，這種可笑的提議自然被婉拒了。土著把哨兵的拒絕解讀成對他們的懷疑，於是紛紛遞出火繩槍、長矛、弓箭，以誇張的手勢表示這是天大的誠意，希望相互檢視對方的武器。哨兵仍不為所動，土民轉而生氣，不斷爭吵；直到他們將注意力轉到架設在營帳前的格林多管機槍，原本的憤怒立即又被強烈的好奇心所取代。

▲排灣族盛裝戰士—頭戴豹牙皮帽、手持火繩鎗
〔Shinji Ishii,〈The Island of Formosa and Its Primitive Inhabitants〉(1916)；陳政三翻拍〕

我從未在其他地方看過可以由盛怒頓時轉為興奮的例子，這種喜怒相織的強烈對比，似乎是尚未開化的民族獨具的特性。也不知是因為機槍的精巧外型，抑或是被陽光輝映得閃閃發光的樣子吸引他們？反正他們打定了主意，亟想參觀，於是又浩浩蕩蕩、你推我擠的朝機槍位置前進。他們當然又被另一個崗哨的哨兵攔住了。這回他們不只生氣而已，而是被激怒了

▲排灣族祖傳的Kris神劍
〔左：鹿野忠雄攝，右：瀨川孝吉攝；陳政三翻拍〕

——為什麼不能在屬於他們的地盤自由走動呢？為什麼有人敢質疑這個本屬於他們的特權呢？既然是其特權，所以也就吃了秤砣鐵了心，完全無視於哨兵的攔阻。哨兵表現得宜，以堅決但和氣的態度執行上級的命令，情況類似制止家裡一群淘氣、胡鬧的小孩一樣。憤怒的土民無法突破哨兵的封鎖線，後退至哨所不遠處交頭接耳了好一陣。

一位剃光頭、活力充沛的漢子，向其他人滔滔不絕的演講，似乎在推銷自以為是的計策。獻策結束，他帶著數人快步走向附近的小村，然後又匆忙趕回，這塊番薯田的地主也隨行在側，[128]每人都手持鎬鋤、耙子、或大竹簍。地主透過譯員，聲稱他只同意出租土地的地上使用權，並未含地面下待收的蕃薯，現在他與幫忙的人想進到營區挖取農作物。軍官同意讓他一個人進營，但表示實在沒有理由讓全瑯嶠半島的人都入營幫忙收成。

那位光頭軍師成竹在胸，立即回道此間農人收成時，鄰近的人都會前來「幫工」，[129]這是「行之有年的好習俗」（a time honored usage），任何破壞

128. 日軍租用介於車城溪與保力溪出海口之間、近海邊地，即文獻中的清港浦八仙灣，今車城鄉新街村海岸地。

129. 「幫工」早期行之於臺灣各地，左鄰右舍、親朋好友互相於農忙時協助收成，收成戶須準備午、晚餐，再加上至少一餐點心，再給予象徵性的金錢報酬。而當曾幫工的人收成時，曾受幫工者亦應出對等人力協助。50多年前，譯註者童稚時期，家中務農，每當收成時即有親朋協助收成，家母揮汗烹煮豐盛的餐點，以及在大太陽下挑至田裡的情景仍鮮明的留在腦海，那時候所謂的「切操」（閩南音，意為豐盛食物）大概是：一盤白煮切豬肉、一條虱目魚、幾盤菜蔬，以及保證吃到飽的白米飯。

幫工習俗的人，將成為他們的公敵，也是琅嶠地區的千古罪人。軍官聞言笑著答應，同時加派人手守衛機槍陣地。村民興奮的湧進營內，賣力的挖了兩分鐘就停下休息，眼光不時投向可望卻不可及的機槍，心中大概一直嘀咕著最好的蕃薯一定就在機槍底座下的地裡吧？他們略有所悟，假裝工作，卻邊挖邊逼近目標物，終於將機槍團團圍住。軍官不得已，下令將機槍推到沒種任何作物之處，這麼一來，村民再也沒藉口了。光頭軍師無計可施，憤然將鋤頭一丟，轉身離開，其他人也忘了「行之有年的幫工好習俗」，默默尾隨而去。

經過短暫忙碌和莫名的興奮後，日軍發現他們身處一個既陌生又難熬的環境，其中又以氣溫太高最讓大家受不了。這個季節的溫度很高，高到難耐的程度，有的士兵出現虛脫現象，風力又極微弱，不易驅散高溫。這種高溫環境，讓我想起曾到過的紅海（the Red Sea）。[130]幸好晚間氣溫稍降，加上徐徐海風，得能稍解暑熱。士兵大多數來自薩摩（Satsuma），[131]或其他南部較炎熱的地方，但仍高呼受不了。舊式的圓錐形帳篷通風不良，帆布質料像吸了熱氣的鐵板，躲在帳內宛如置身烤箱，帳篷上的標籤顯示這批蹩腳貨都是洋商以五倍利潤賣予日本政府應急用的。[132]

9日晚間9時，琅嶠東南5、6哩處山區，突然燃起熊熊火勢，延燒一個小時又突然熄滅。起初以為是原住民在互傳訊息，後經打探得知原來該地的原住民正在清除山頂陣地前的雜草、樹木，以便陣地前面的視線良好，俾使來犯敵人無所遁形。

130. 紅海介於阿拉伯半島與埃及之間。豪士於1873年3月～11月間擔任日本外交部密使，返美擔任遊說工作，主要任務係搞垮德朗公使，也達成任務。他經歐洲返日，途經1869年開通的蘇伊士運河，首次到過紅海。James L. Huffman, *A Yankee in Meiji Japan: The Crusading Journalist Edward H. House*, pp. 71-75.

131. 薩摩在今九州鹿兒島縣西部。士兵大都來自薩摩主要是因西鄉隆盛及從道兄弟涉入征臺事件有關。西鄉從道被任命為都督、負責臺灣戰地作戰任務後，致函兄長隆盛尋求協助。已因征韓提案失敗而退隱故鄉的隆盛欣然同意，立即徵集薩摩士族295名為第一批殖民兵，由征韓餘黨阪元純熙任隊長，並以薩摩士官為中心，編成46人信號隊，以為聲援。

132. 由《甲戌公牘鈔存》（頁24、30）可知，日軍的帳篷是白色、且為「用油布圍成尖頂，地方甚小，僅一棹兩凳」。

第十章　貪婪的工人

除了光頭軍師領導的那批入營「參觀」的村民，5月9日上午，另約有400名來自溪谷各村的民眾加入構工。[133]這批工人集不協調之大成，一半老弱殘兵，實在很難認定有工作能力，但日本軍官怕引起「差別待遇」、「性別歧視」的抗議，通通來者不拒，僱用他們。婦女約占三分之一，有的揹嬰兒上工。占三分之二的男工中，有四分之一是老人一不知是否有體力挖壕溝？我親眼目睹一位手提鶴嘴鋤且上了年紀的瞎子，由一名小孩引領前來參加構工，他們爺孫兩個到處妨害別人，到處被村民嫌棄，但仍毫不氣餒，四處尋找能夠發揮所長的適當地點。

9日上午，工人只工作2小時即回家吃飯。下午2時，他們甫返營區工地，立即宣稱一天3角的工錢太低了，希望能提高。不過這個要求沒有被接受，他們於是採取怠工的方式，慢條斯理的東摸一下，西挖一鋤，工事可說毫無進展。到下午5時，他們突然不約而同地齊聲尖叫，要求立即支領當天的工錢，情況近乎失控，土民高聲喧嘩、日方則極力解釋、百般安撫。雖然實際上未做滿半天，但工人卻堅稱工錢太少，希望加薪，持續抗爭近1小時之久。

光頭軍師夾在人群中，極盡煽動之能事，他的激動、亢奮感染了所有的人。日方顯然已經不可能得到這些愛爭吵、喜計較的人的任何協助了，因為工人漲紅著扭曲的臉、齊聲尖叫，並做出可笑而誇張的動作，目睹他們的搏命演

133. 依據克沙勒向李仙得報告的書函，克沙勒估計日軍聘請的當地工人「不下500人」；不過瓦生也稱「約400人」。李仙得於1869年的領事報告，估計社寮有500混血人種，車城則有福建人2,000人。這尚不包括保力、統領（埔）或更遠的四重溪等莊之人口。Eskildsen edited, *op cit.*, pp. 204, 224.

出，我們終於忍噤不住，爆笑出來。不過假如我們換個角度，站在他們的立場來想，或許不會認為爭取更多福利的行為是可笑的。鬧事的工人實在太多了，無法全部圍堵住，許多人衝破封鎖線，緊追在發放工資的軍官後面，還揮動雙手，唸唸有詞，要求加錢。我倒是對日軍的冷靜處理方式有點訝異，不過低調、冷靜的因應，的確可以避免激起更激烈的抗爭。太陽下山了，騷動也終於平息，工人不得不領取原先已議定之工錢，訕訕然離去。

9日白天，英國大黃蜂號砲艇（*Hornet*）開進琅嶠灣〔按：8日晚間抵港，9日晨上岸〕，船上下來一隊英國軍官，換乘小艇上岸視察。我們曾在廈門見過大黃蜂號，她比有功丸先行離開廈門港。大英帝國駐臺灣〔打狗〕領事〔額勒格里〕隨英艦同來，他是遠東事務專家，以旺盛的企圖心和博學聞名於世。[134] 奇怪的是，在我看來他似乎是在為清國臺灣府或打狗的官員蒐集情報。即或不是，臺灣道臺（Taotai）〔夏獻綸〕自然也會詢問他，而他也必然樂於奉告。[135] 日方藉此機會將日軍基於仁道的出兵動機以及未來計畫等有利於己方的資訊，透露給這位領事。領事似乎有調停爭端的意圖，不過這是不可能的，而且顯然

134. 額勒格里（William Gregory）於1854年、24歲時擔任英國駐華翻譯官，歷任駐淡水、汕頭、打狗、宜昌等地領事工作，1890年自駐宜昌領事退休。他的臺灣經驗為1865年擔任駐淡水副領事；1872～1876駐打狗，先為署領事，1874年升領事；1883～1884曾短暫再回任打狗領事館。他也是一位業餘植物學家，曾在打狗採集到「小燈籠草」（*Kalanchoe gracilis* Hance）、在淡水採集了「濱當歸」（*peucedanum decursivum* Maxim）。

135. 據臺灣道夏獻綸的稟文，額勒格里及大黃蜂號船長賈美綸在探查後，於5月12日赴臺南面見夏，面報所見情形，「傳聞日本兵船內有美國人四名，李讓禮〔即李仙得〕不在內」。不過枋寮探報則稱「另有美國人三名」、「營中有英鬼三人」。根據額勒格里稟報威妥瑪公使的信函稱，「大黃蜂號於5月8日晚間灣靠琅峰灣，9日晨上岸，日營約有7座帳棚，幾座砲已運上岸，遇見3位不知是歐洲人還是美國人，當地人歡迎日軍，因為可痛懲他們的敵人牡丹社。我們於10日晨離開。」另據探報，大黃蜂號由打狗前去琅嶠時，「帶日本人四名」，這4位日本人可能是池田道輝、黑岡勇之丞、水野遵等日本在臺刺探消息的情報員。其中水野遵有可能再回打狗，所以他才有可能在5月25日與從淡水南下的樺山資紀會合，而於5月26日抵琅嶠加入日軍。《甲戌公牘鈔存》，頁24、51、62：Acting Consul Gregory to Mr. Wade, Takow, May 11, 1874, 收於Ian Nish 編書, p. 235（詳參考書目）。

對已勞師動眾而來的日本太不公平，雖然英國領事一再聲稱只是來瞭解情況，並且只會提供不利於日本的消息予清國駐臺灣府的大官而已。他在營區晃盪一整天，哨兵奉令任其自由參觀，但顯然沒有太多值得一看的。

從上午開始，司令部即接到附近不時有小隊武裝原住民徘徊的報告，那些從南方部落來的散兵遊勇毫無所懼的靠近哨兵警戒線，面露極明顯的敵意。有次，克沙勒少校正巡視戰壕挖掘進度，一位武裝山民（mountaineer）走向少校，以明確、易懂的手勢表達：「或許你們喜歡挖壕溝；但割喉嚨才是山區原住民最喜愛的娛樂。不信的話，你可以往山區的方向走走看。」那位山民手比山區方向，向克沙勒挑釁的說道。

事實顯示瑯嶠人已經對日軍抱持戒心和敵意，即便軍營附近的村民，也面露仇視的眼神，尤其他們想穿越營區，卻一再被阻擋，更使他們認為絲毫沒受到應得的信任與尊重。日軍一開始即派人極力解釋、試圖安撫村民的情緒，但效果似乎有限。

5月10日上午，附近各村共同推派代表團進營談判，要求每名工人每天工資不得低於5角（fifty cents）。居中翻譯、協調的詹漢生私下大吐苦水：「村民已被想由日軍身上揩油的念頭沖昏了頭，而低階軍官也一再退讓到揮霍公帑的地步，如此一來不但無法滿足工人，反而提升其貪得無厭的期望。」果不其然，緊接著又發生了幾件更加令人不愉快的事。軍營的地主起初同意用合理的補償價出租，但他後來開出的合理款額居然是4,000元（four thousand dollars）一這種價碼可能是南臺有史以來最高的天價。另外，海濱幾戶原本同意將幾間土坱厝租給日方當倉庫，目前所開出的租金高達600元。租地、租屋討價還價的過程，只要日方反應或傳達消息稍慢，就足使地主、房東大表不滿，甚至幾乎釀成不愉快的衝突事件。倉庫租金價碼談妥後，日本苦力遂將沙灘上的軍需補給品搬往那幾間租用的土坱厝，但不知為什麼，村民發狂似的揮舞刀子，將苦力趕出村莊，又封鎖唯一的入莊道路，似乎準備誓死抵抗。軍官聞訊便迅速趕赴現場，只見村民個個刀槍在手，有的揮舞做挑釁狀、有的出言恫嚇，一副誓死保衛家園的態勢。日方對於當地民眾是否來真的之看法分歧；但就我的觀察，那幾位帶頭鼓譟的士紳只是虛張聲勢而已，因為誓死如歸的人絕不至於浮誇其行。日本軍官向幾位即使有點不滿意租金，但至少沒有抱怨的沈默屋主保證絕不會毀損租屋，但鑒於其他村民的激烈反應，所以昨晚初步談妥的租約視為無效，日方只能放棄租用。之所以使用「即使有點不滿意租金」這些字眼的理由，乃是因為我不認為「驅除外患」是他們真正的企圖，其真正想要的是榨取更多的金錢。但卻因小失大，日方放棄了，村民也親手扼殺了本來每天能為他們下金蛋的鵝！[136]這裡不能忽略那位光頭軍師，他當然又是衝突事件的領導者，使出渾身解數，把挑撥、離間、威脅、恫嚇、煽動等招式發揮得淋漓盡致。

鑒於僱用的工人需索無度，日方表示不能接受每天支付工資5角的要求。工人自認又遭到侮辱，委屈異常、齊聲鼓譟鬧營，但日軍受夠了土民的鳥氣，不再加以理會。由於士兵人數只夠巡哨任務，苦力也忙於搬運補給品，再也撥不出人力構工，防禦工事只得暫停。[137]

英國大黃蜂號停泊一晚，5月10日〔晨間〕起錨北航。稍後，海軍少將赤松則良（Admiral Akamatsu〔Noriyoshi〕）[138]及遠征軍位階僅次於西鄉從道中將的谷干城少將（General Tani〔Kanjō〕）[139]搭乘旗艦日進號（*Nishin*）進港，[140]帶

136. 清差兵枋寮探報曾云：「〔日軍〕是晚將孤寮居民逐走，要備茅屋為營，後又中止。」說的即是豪士在此提及的租屋糾紛。

137. 日軍初到之時，因與土民關係緊張，曾張貼佈告，以安土民之心，內容除解釋出兵理由，並希望當地人勿與日軍起衝突：「……乃我所借之地，所傭之人，所求之物，皆照其價以買之，料其勞而酬之。則本地人亦當體我意，拾補我事。胡料本地人未察我意，聞有帶利器入我營裡，妨我作業者，久而不止。」

138. 赤松（1841～1920）為少將階，海軍少將英文職稱為Rear Admiral, 而Admiral可為海軍上將，或為艦隊司令官。豪士對軍階的用詞，不是很正確、嚴謹。

139. 谷干城少將（1837～1911），土佐藩出身，原任九州熊本鎮臺司令官，大久保利通原屬意其任征臺軍司令，但由於西鄉從道爭取，遂不果；克沙勒對他印象不佳，稱之「有點低能」（a little imbecile）。戰後曾任陸軍官學校校長。1885年底，出任第一次伊藤博文內閣的農商務大臣。1898年，差點成了第四任臺灣總督，被兒玉源太郎捷足先登；後來進入國會貴族院，是激進的愛國主義者。陸軍少將英文應為Major General; General為上將。Eskildsen edited, *op. cit.*, p. 206; Albrecht Wirth著，周學普譯，《臺灣之歷史》，頁78。

140. 第一代日進號艦為木造三桅船式（bark）汽帆船，排水量1,468噸，710馬力，有拼為*Nisshin kan*。同時進港的孟春號為木殼鐵船，三桅縱帆船（topsail schooner），357

來西鄉都督及李仙得因列強阻礙，仍滯留日本的消息；另外，紐約號也已被其代理商強行介入、撤銷與日本合作關係。另有艘大型運輸船在當天〔10日〕中午開抵琅嶠灣，運來200名士兵、增援苦力，以及大量補給品。木匠迅速使用卸下來的木板，搭蓋簡陋但可堪居住的木屋，一個下午即蓋妥許多間。[141]這些臨時房屋不使用鐵釘，而是使用繩索、稻草將木板綁牢固定，以備必要時可隨意拆遷、重組。日本木匠似乎有用不完的精力，一直熬夜到過了午夜，還一邊工作，一邊愉悅的唱歌，這是他們的傳統。入夜後氣溫轉涼，但白天高溫實在太高，已有多人昏倒。

噸，馬力191。Eskildsen, edited, *op. cit.*, pp. 205, 207, 229, 249；落合泰藏，前引譯文，〈明治七年牡丹社事件醫誌（上）〉，頁88。

141. 據千總郭占鰲於5月10日至日營探查，「營中各自備帶做成木屋、磚瓦、食糧、鹽菜等件，以圖久計。並與閩、粵莊人言稱，欲造洋樓，似非專剿生番之勢，另有別情，亦未敢逆料。」

第十一章　初晤「番酋」

海軍少將赤松則良和陸軍少將谷干城抵達琅嶠後，成為當時遠征軍階級最高的指揮官，在西鄉中將抵達前，[142]負責戰地指揮任務。

▲西鄉從道（騎馬者）巡視石門戰場〔國立臺灣博物館提供〕

由於大雨常使舊營地泛濫成災，於是在5月11日另行勘定南方兩哩一處小山山腳隆起的高地為新營址，[143]地點恰好位於琅嶠灣南端的小海口。11日下午，一隊士兵、苦力（collies or military collies, 日本稱之為軍夫）前往新營區整地挖井，被60名當地人士阻攔，認為隨便亂挖將傷及祖墳。日兵尊重當地人的習俗，暫停構工，等候總部進一步的指示。軍官再度前去會晤該地頭人，[144]重申當天上午協調時的保證——保證不冒瀆墓

142. 西鄉從道於5月22日抵達琅嶠，日兵正與牡丹社人在石門發生激戰。

143. 新營址在龜山下後灣仔高地。日軍選擇此處除了地勢高，可避雨水外，另著眼如《恆春縣志》（頁263）所云：「車城之南二里，曰後灣，水深無石，距岸一、二里，即可停輪。臨岸曰龜山，龜山之下，曰鞍藔，沙平路坦，易於登岸。守西岸者，當以龜山最為扼要……。」龜山西側山腰曾發現距今3,500年前的龜山史前文化遺址。

144. 此頭人為閩籍張光清，他於咸豐初年（1851）在社寮北方建一新街肆，故稱新街。他是李仙得、樺山資紀的舊識、曾替他們當過嚮導。他的產業很多，由文獻可知除了新街外，另在恆春龍泉水（今龍水里）、龜山東北角三家厝等地皆有田宅。日軍在後灣的營地租自陳光全，每年租銀150元。

地，而且每座墳墓都將圍上竹籬笆加以保護。日方的忍耐已達極限，首度警告在地人，假如一再重覆惡意的阻擾，將磨損日軍的耐性及與人為善之意。頭人聞言，見日方態度轉趨強硬，遂保證將約束村民。他的保證的確兌現了，有很長一段時間，村民不再有類似的干擾舉動。

5月12日上午，8、9名譯員、志願兵（Volunteer attaches）結伴私自離營探險。[145]他們沿海邊南行數哩，然後左轉深入山區，在深山露宿一晚，直到13日晚間才返營。雖然全部安全回來，但卻立下了壞榜樣，引起其他人效法，導致悲劇接連發生。年輕士兵不喜歡被約束，常不守禁令，私自外出，他們等不及正式行動的開始，迫不及待的急於展現個人的勇氣、滿足自己的好奇心，完全置安全於不顧。即便違犯軍紀外出，但每當探險回來，軍官不但未予苛責，甚至還為他們能安全返營而慶幸呢！

為阻止一再發生的私下冒險，也針對往後行動的需要，指揮部決定派一名信差前往瑯嶠下十八社，傳遞日軍願用和平的方式解決問題，並爭取其合作的善意。最佳人選當然非綿仔莫屬了。他於5月13日出發，次日返營，表示「番社」的酋長都不願意下山，更不願到日營；不過有四社的頭人願到離海岸3哩的山麓某村莊與日方代表會面。4名頭人將由射麻裏社（Sawali）的一色（Isa）領隊，[146]已故的老卓杞篤的兒子也將同來。一色除了是射麻裏社的頭人，更因其擔任老卓杞篤之子兼繼承人（Tokitok's Son and Successor）的監護人，所以地位

145. 志願兵又稱殖民兵，依據〈征伐生蕃之程序項目〉、〈殖民兵臨時徵募之注意〉等規定，日本從熊本鎮臺管下的九州（尤其是鹿兒島縣），徵募選拔失業且健壯的20歲以下之士族一大隊為殖民兵，與常備軍一大隊一起出征。他們無服役期限，視情況而決定是否留下移民。第一批殖民兵全為鹿兒島出身，由坂元純熙任隊長。

146. 一色另有亦失、葛亦失之稱呼，《恆春縣志》稱其於光緒十二年（1886）為二股頭人，下轄射麻裏、四林格、竹社、快子、阿眉「番」大射社、內八磘、萬里得等七社。二股頭人為副大頭目之意，位階低於大股頭人（大頭目、如老卓杞篤）。日本文獻稱他為伊查或伊厝。不論是哪種名字，皆為譯音。可以確定的是他被清朝賜漢姓為「葛」。瓦生云一色號稱為「十六社領袖」，恐怕只是「名義上」而已。Eskildsen, p. 253.

更形崇高。[147]頭人希望日本軍官不要攜帶武裝衛隊同行；同樣的，日方雖然未明確要求對方比照辦理，但想必頭人也不至於帶大批武裝戰士吧？

5月15日上午10時，7名軍官偕同譯員、嚮導出發前往約定的會面地，沒有適當的交通工具可在崎嶇山路使用，日軍代表團只能徒步而行，辛苦地在艷陽高照下揮汗前進，路旁只有茂密的矮松，毫無遮蔭之處。[148]走了2哩路，山徑逐漸陡峭，一行轉向山谷西南山腳下的小村前進。小山村的建築類似社寮，雖然不能與綿仔的住屋相比，但比社寮其他土民的房屋好。山村已有漢人移住，他們的長相夾雜在原住民人群中，顯得凸出，而且露出比居住於海岸一帶的漢人更粗魯、膽大的態度。[149]克沙勒在人群中，認出那位幾天前在營區附近對他比出「割喉嚨」姿勢的漢子。從山村外面看不出該村有迎接日方代表的準備，也看不出4位

147. 老卓杞篤的兒子兼繼承人為《恆春縣志》中的豬勝束大股頭人主類，或稱為朱雷、朱雷・土結（即朱雷・卓杞篤），或是小卓杞篤，或是1887年守鵝鑾鼻燈塔的英國人George Toylor筆下的排灣族大頭目Tsui Lui, 或是1875年勘察鵝鑾鼻燈塔建地的畢齊禮（M. Beazeley）筆下的Tauk-e-Tok。文獻稱他為老卓杞篤的兒子，但也有可能不是兒子，而是女婿，因為老卓杞篤有2位女兒，排灣族為長嗣制——長女或長子繼承，所以不太可能收潘文杰為養子，那麼潘文杰可能也是2女中之幼女之婿；所以朱雷也不無可能是老卓杞篤的大女婿。當然，如果朱雷是兒子，那麼另一女婿可能是伊能嘉矩與森丑之助筆下的萬金或潘萬金（Vankim）。不過郇和根據傳說，稱老卓有4個兒子。

148. 依據豪士本書、依田學海根據水野遵《臺灣征蕃記》（又稱《征蕃日〔私〕記》）改寫的〈征番〔蕃〕紀勳〉（頁80），及克沙勒與瓦生的報告（Eskildsen, pp. 206, 228），此行有赤松則良、谷干城、福島九成、克沙勒、瓦生、豪士、詹漢生、綿仔等人，可能尚有水野遵。但依田寫道：「則良從數騎與哥塞兒〔按：即克沙勒〕為導，至綱砂〔按：網紗〕……」實際上，當時日營尚無馬匹。清枋寮差兵的探報資料甚詳，並無記載土著傳說西鄉從道坐騎黑馬巡視各地的傳說，或至少6月22日以前，日營尚無馬匹。何以見得？因為當日潘霨曾問：「現有馬鞍甚多，以後有馬來否？」西鄉答曰：「無有。」但「有馬鞍甚多」是個伏筆，顯見日軍極可能之後有引進戰馬的用意。故此處正如隨同前往的豪士所寫，日方係徒步前往。

149. 山村為網沙，位於恆春網紗里，土地原係斯卡羅族貓仔社（或麻仔社）所有，乾隆末年（18世紀末）閩移民移入，而以漳州朱姓居多。據伊能嘉矩（1906）調查稱，最早的朱、柯、趙、董、黃姓移民，是鄭成功的將卒遺裔；張仁傑的調查（1996）則稱，朱姓開基祖朱鼎，據傳為海盜，清乾、嘉年間（18世紀末、19世紀初）來臺遭風吹至八瑤灣，被高士佛人招為婿，後逃出移居網紗。其後代均娶「番婦」。

部落頭目是否已抵達的徵兆。頭人應該已經到了，因為日方人員在離村四分之一哩處，隨行的2位美國軍官覺得不宜貿然進村，曾派人要求雙方到村外空曠處會面，但沒被接受，所以代表團只得進村與頭人晤面。

日本代表團被引導進入該村最華麗的房屋，客廳一男子居中挺立，未等寒暄、引見，便旋即離開，後來才知道他就是一色。等一色再度出現，門口突然冒出約40名長相兇惡的戰士，手持武器，以野性的目光瞪著我們這群不速之客。我想，一色應該無意藉機下馬威，不過戰士顯然蓄意展威風，暗示我們不要輕舉妄動。

一色身旁有一位長相好看，年約18歲的青年——已死的老卓杞篤的幼子（youngest son of Tokitok），[150]以及幾位其他部落的頭目。[151]雙方展開協商，會談時一色主導所有涉及他們的事務，很少與其他頭目磋商，由他們之間的互動關係來看，一色似乎是仍留在南部聯盟的部落之領袖。一色的外表很特殊，

150. 雖然瓦生寫為 “the eldest son”, 但克沙勒也形容「16、7歲，長得好看的小夥子」（Eskildsen, pp. 206,226）；而根據Michael Beazeley的記載，朱雷長相難看；加上豪士係在6月11～14日東岸行才見到小卓，他2度在書中用 “youngest son”形容潘文杰（另處在第25章）；因此此人應為潘文杰，即《恆春縣志》中的任結、任文結、潘文杰，伊能嘉矩、鳥居龍藏、森丑之助筆下的ブンキ（Vunki）或Bunkiet。有人根據傳說研究，認為「其生父為車城統領埔林姓客家人、生母為豬勝束社人（甚至說是卓杞篤的妹妹），卓杞篤膝下無子，將文杰買為養子。」上述傳說有幾個錯誤：⑴文杰本姓「任」（據《恆春縣志》），「潘」為清地方官所賜。⑵卓杞篤或許沒兒子，但根據李仙得記載及《大隈文書》，均顯示卓杞篤曾派他的兩個女兒為使者，向清國表示不與漢人締結和約。而排灣族無重男輕女觀念，行長嗣制，長女或長子承繼家業。所以，如果卓杞篤有兩個女兒，就不可能收潘文杰為養子。而1867年為何不派所謂的大兒子朱雷下山傳話予清國呢？或可推測卓杞篤生了二個女兒，沒有兒子，朱雷如果不是兒子，那麼可能為大女婿；潘文杰為二女婿。再由語言來看，排灣語中的父母稱兒、女或兒、女之配偶均為alka, 不分性別。日文的「養子」包含真正收養的義子，也包含入贅的女婿。加上日本人或外國人在與排灣人溝通時，常須經多重轉譯，因此就可能在翻譯過程中，產生誤解。

151. 清代使用「頭人」稱各社的頭目，李仙得根據排灣語寫為Mazangiel, 張秀絹寫為Mamazangilan。清末依其階級高低、轄下部落多寡，依次分為大股、二股、三股、四股頭人。朱雷是大股頭人，一色為二股頭人。潘文杰至遲在光緒二十年之前，也成大股頭人。

個子高且體格強壯，比歐洲人的平均標準還好；面色黝黑，表情堅毅、無畏。[152]當他震怒時，五官扭曲成魔鬼般窮兇惡極狀——這種表情似乎是當地原住民與生俱來的天賦。他的眼睛很奇怪，幾乎看不出瞳孔與眼白間的差別，亦即兩者全呈暗青略帶白色，乍看之下，青光閃爍，煞是駭人。之後得知，那是曾得過一種罕見的眼疾所造成，使得雙眼不常泛光；不過一旦他閃出如野獸般懾人的眼光，可別嚇壞，那是只有在心情好時才有的奇特表情，尤其在氣氛極好的協商，或款宴親友時才會發出這種眼神。他的衣著與瑯嶠地區的漢人款式相同，衣料稍好，有刺繡、鑲邊。他使用的火繩槍、刀、弓、矛、弓箭擦拭得很乾淨、閃亮如新。[153]一色的態度嚴肅，在不相干的第三者眼裡，不會認為那是友善的表情，可能視力不佳的關係，他始終正襟危坐，很少左顧右盼。他說話極快，聲音由喉嚨吐出，宛如老虎低吼聲，雖然我聽不懂，但無疑地是在表達願和日方親善的意願。他有南島原住民共有的嗜好，一粒接一粒的咀嚼檳榔，牙齒、嘴唇染成深黑色。他雙耳穿孔，掛了極大的銀質耳環，耳朵因之變形。這種耳飾是東海岸部落特有的裝飾，陪他同來的夥伴也都配掛耳環，有的不掛金屬耳飾，而是貝類或水

▲西鄉從道（中坐）、一色（右坐）、小卓杞篤（左坐）合影
〔取自James Davidson；陳政三翻拍〕

152. 李仙得在1869年2月至一色家拜訪，描述射麻裏社「一族人眾，體格雄健，目眶長而大，髮亦打辮，同於清國。婦女容貌，多半齊整，其中有數人體格勻稱，面貌尤美。待人禮貌亦甚和」。

153. 李仙得描述射麻裏社貴族之衣著：「一種小黑衫、一種馬來衫；自胸前繡起，繞至手袖，緣邊用銀鍊並金銀五金及玻璃等件為鑲」。至於一色的武器則「洗刷瑩潔，似匠人所新製者。」

晶耳環。154

雙方會談為時不久，但每句話都須經過三次轉譯——先由日語轉為英語、再翻成漢語、最後譯成排灣話；同樣的，一色的回話亦須經過再三波折譯成日語，所以過程很慢，還好雙方語句簡潔，很少出現冗長的討論。協商過程只是交換承諾、表達善意而已。一色〔常聽到漢人的挑撥言詞，說是日軍是來消滅他們的，有點憂心，因此〕表示想瞭解日軍出兵的意圖；155日方答道當西鄉都督與李仙得將軍抵達後，會把日軍的整個計畫親口告訴他，並保證遠征行動絕不致影響到他及他的族人，也不侵犯任何友善的部落。「李仙得」三個字對部落族人來說，產生了奇特的魔力，他們聽到李仙得會來，就不再追問日軍的用意。日本軍官趁機表示，他們聽信部落族人的交待，未帶衛兵到此，也希望部落頭目能回訪日本軍營，至於帶不帶戰士隨行，都悉聽尊便。一色喃喃自語，似乎在躊躇接受邀請與否。軍官進一步宣稱，如一色等人同意前赴軍營，那麼可以指定代表團中任何一位外國人留下為人質，直到頭人安全回來。一色仍不為所動。日方再問道，假如李仙得將軍到達，可願前往軍營一晤？一色聞

▲（上圖）南灣排灣舞蹈；（下圖）原住民獨木舟〔Ishii文；陳政三翻拍〕

154. 據李仙得觀察，排灣下十八社「男女皆穿耳」；另據鳥居龍藏之記載「下蕃社〔按：琅嶠下十八社〕男子都辮髮，耳朵上掛著大耳環；但上蕃社〔琅嶠上十八社〕的男子不這麼做」。可見穿耳有地區性。下十八社的排灣族因此被漢人、日人稱做「大耳人」。

155. Eskildsen, edited, *op. cit.*, p. 227.

▲19世紀末的廈門
〔James Johnston, 《China & Formosa》(1889)；陳政三翻拍〕

言馬上首肯，他還體貼的表示日方代表團未帶警衛隨行，可派他的部下護送回營。日方婉拒他的善意。[156]

會議進行約一小時，有人進來說豬已宰烹妥當，請大家飲宴，原來，上午村民忙於殺豬，準備這場盛宴，所以才未能應日方要求，到村外空曠地會面，並非有其他不友善的理由，大家一陣客氣，一一就座，桌上擺滿豬肉、豬內臟、茶水、三酒（Sam-shu），[157]盛宴開始，主客相互敬酒、佈菜，至下午3時

156.依田學海《征蕃紀勳》登載，赤松則良在會晤一色（伊查）時，曾提二件事：(1)提供免受日兵攻打的「避兵符」給友日部落。(2)告以日兵將至東岸測量海路，建浮標以避暗礁。

157.Sam-Shu有譯為火酒、燒酒或山酒，應是譯自「三酒」，據翁佳音的考據，應為古

許才散宴。分手前，美國軍官趁著酒興，展示溫契斯特廠（Winchester）製造的連發槍，以及其他種步槍的威力，部落族人看後既驚又喜，因為他們的火槍仍是原始的前填式火繩槍而已。[158]日本軍官〔赤松則良少將〕見狀，〔囑福島九成〕分送〔3名〕頭人每位一把司耐德步槍（Snider），頭人十分高興，表示將好好珍惜此寶貴禮物。[159]他們是否懂得使用如此先進的武器，只有天曉得。代表團在15日傍晚6時安返軍營。

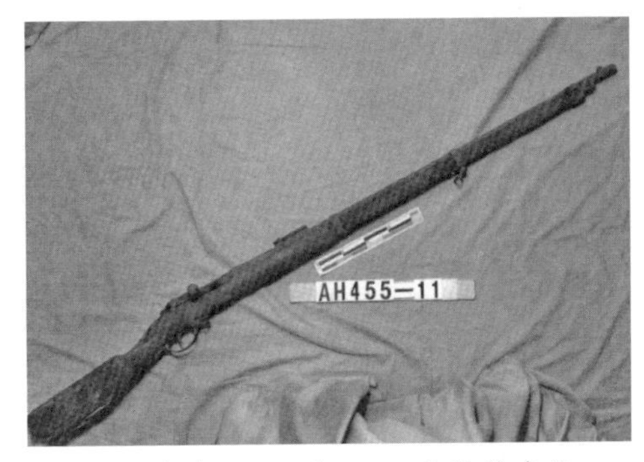

▲毛瑟（Mauser）1871式單發步槍〔國立臺灣博物館提供〕

第三艘運輸船由一艘砲艇護航。於5月16日駛進琅嶠灣，運來更多的軍隊、補給品。同一天，福島九成少校兼新任日本駐廈門領事，離港返廈門履任。

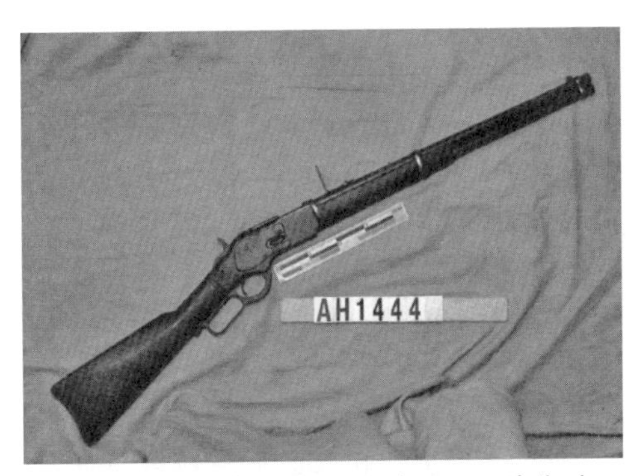

▲溫契斯特（Winchester）1873型後填式連發步槍〔國立臺灣博物館提供〕

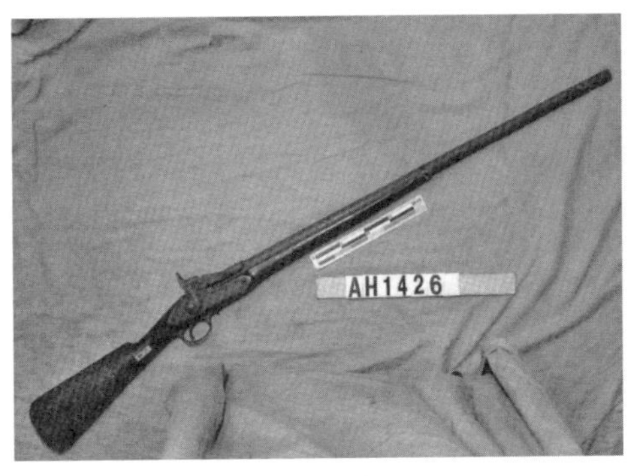

▲改裝火帽擊發步槍〔國立臺灣博物館提供〕

語「三白」或「三酒」之近似發音：〈周禮・天官・酒人〉載：「酒人掌為五齊三酒，祭祀則供奉之」。三酒用米、粟、甘薯等釀製；排灣族稱酒為VaVa.

158.《大日本外交文書》（七卷，頁117-118）上載日本軍官取出洋槍試放，以顯示威力。Wasson云，係在教他們如何操作。

159. Eskildsen, edited, *op. cit.*, pp. 207, 228。James Davidson於1895年赴該地，曾目睹一把21年前日本軍官送的Snider槍被保養得很好。

「父子」或「翁婿」——卓杞篤與潘文杰，兼解朱雷·土結（小卓杞篤）及潘萬金的身分

陳政三

卓杞篤（Toketok, Tokitok或類似發音），生年不詳，可能在1809年（據Thomas F. Hughes—許妥瑪估計），也可能在1817年（據李仙得草估）；死於1873年初（據〈1872年英駐打狗署領事貿易報告〉載），係1867年美船羅妹號（the *Rover*）屠殺案發生後，排灣族瑯嶠下十八社為因應美國艦隊攻打，以及清軍可能的威脅，而臨時組成的攻守同盟之總頭目。事實上，卓杞篤只不過是其中人數不多的豬勝東社的頭目而已。大概他有領導、交涉才能，所以被推為臨時總頭目或臨時「外交首長」，以對付「奇怪的美國人」、「可惡的漢人」。1867年李仙得描寫卓杞篤：「約50歲，言語簡潔悅耳，相貌親切，表現出剛毅性格，個子不高，稱得上矮小，肩很寬而結實，髮色灰白，精力充沛，有決斷力，髮型與漢人一樣，留著豬尾巴」；1869年許妥瑪稱老卓：「身材高大、壯碩、精力充沛，年約60」。根據李仙得，以及日本《大隈文書》之記載，卓杞篤有兩位女兒。如果依據排灣族的「長嗣繼承制」——不論生男、生女，皆由長女或長子繼承家業，沒有重男輕女觀念，有了女兒就不可能再收養兒子，所以潘文杰決不可能是卓杞篤的養子，似應是招贅的女婿。

潘文杰（1854～1905）之所以一直被認定為卓杞篤的養子，主要可能是因排灣語稱自己的兒子、女兒或兒女的配偶均為alak, 不因性別而有不同，加上日文的「養子」語意，又包含收養的義子，或入贅的女婿，因此產生語意誤解。總之，有女兒就不可能收養兒子或女兒，這是排灣族的特色。那麼潘文杰又是何許人也？據《恆春縣志》，潘文杰又稱任文結，可見他原姓任，為屏東車城鄉統埔村一位任姓客

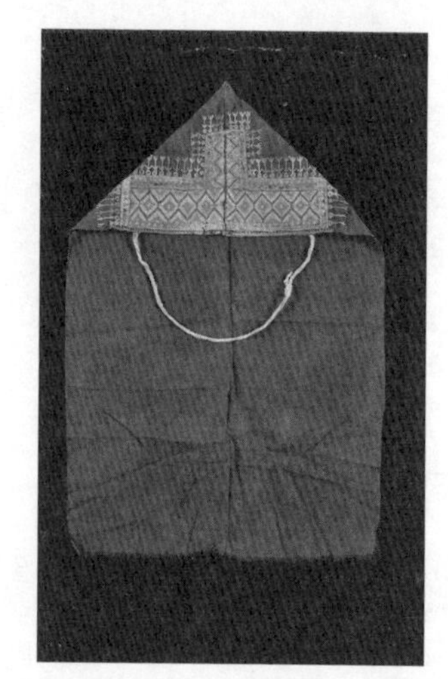

▲排灣女子三角形喪帽（來義）〔國立臺灣博物館提供〕

▲潘文杰

▲排灣族陶壺〔國立臺灣博物館提供〕

▲排灣族陶壺〔國立臺灣博物館提供〕

家人之子（有書云姓林，客家話任、林音近，故而誤會了）。至於母親呢？有云係豬勝東社女，楊南郡在〈山林的子民〉，收於《與子偕行》（臺中：晨星1993），頁127，更稱其母是「大頭目的妹妹。出生後不久，就被大頭目的弟弟卓杞篤收養，名叫Jagarushi Guri Bunkiet。同治十三年（1874）Bunkiet就協同養父調停了牡丹社事件，同時繼承了大頭目的地位」。楊南郡上述的說法，可能係根據傳說，加上他搞混了卓杞篤事實上有老、小之分：

㈠排灣族貴族女孩不得嫁予漢族，是項鐵規，所以文杰之母或許是排灣人，但絕不是卓杞篤的妹妹。

㈡卓杞篤本身即是大頭目，據李仙得云，他的確有位漢語流利的弟弟。

㈢卓杞篤在1874年，日軍攻打恆春各社時已死亡，文杰輔助的是繼任大頭目的朱雷・卓杞篤（又被譯寫為朱雷・土結或朱雷・土給），也就是小卓杞篤。而從小卓杞篤繼承了卓杞篤之名來看，小卓杞篤應就是老卓杞篤的兒子。但1873年6月25日撰妥的〈1872年英駐打狗署領事貿易報告〉卻稱，「約6個月前〔按：1873年初〕卓杞篤病卒，由他的姪兒（nephew）叫做卓杞阿（Tok-ket-a）或卓杞拉（Tokela）者，繼承了大頭目，冠上同樣的『卓杞篤』（Tok-ke-tok）頭銜。」

㈣據《恆春縣志》（頁99、106、109、110）記載，光緒十二年（1886），豬勝東大股頭人為主類〔按：即朱雷〕及正社長任結〔即後來的潘文杰〕，光緒十五年（1889）又載社長為任文結，另載大股頭人朱雷、潘文杰。

㈤再據1875年英人M. Beazeley受海關之託，探勘鵝鑾鼻燈塔與建地時，他

在 “Notes of an Overland Journey through the Southern Part of Formosa in 1875, form Takow to the South Cape” 乙文，提到長相不好看的Takow-e-Tok〔即朱雷土結＝朱雷・卓杞篤＝小卓杞篤〕，也提到隨小卓杞篤一齊會晤他的弟弟〔應是潘文杰〕。

㈥據1887年鵝鑾鼻燈塔英籍守塔員George Taylor的 “A Ramble through Southern Formosa”描寫，朱雷（Tsui Lui）已酗酒成近白癡的狀態。頭目之擔落在其弟潘文杰（Bunkiet）身上。

㈦豪士（E. House）在本書的敘述，當時出面與日軍主談的友日部落，係射麻裏的頭目一色（Isa），小卓杞篤與潘文杰年紀皆尚小，只是跑龍套的人物而已，而且當時牡丹社早已離開那個有名無實的鬆散聯盟。

潘文杰被賜姓「潘」，可能是在光緒十五年（1889），當年《恆春縣志》同時記載了任文結、潘文杰；而處在夾縫中生存的原住民，必須見風轉舵，所以沈葆楨以清國官員推動「開山撫番」政策時，潘文杰協助建造恆春城（光緒元年），又在光緒十六、十七年調停清軍與牡丹、高士佛社之戰爭，被封為五品官。1895年割臺後，他迅速投靠日軍，擔任恆春出張所（小派出所）的事務囑託（約聘專員），負責勸降各部落。他甚至赴臺東勸導原住民組織義勇隊協助日軍攻打清將領劉德杓在臺東的反日勢力（1896）；同年9月他說服地主捐地興建恆春國語（日語）傳習所分部，12月開學時勸導族人子弟30人入學……。種種功績，因此獲得總督府頒發瑞寶章，並敘勳六等（1897年12月）。1898年12月協助日人防衛恆春城，對抗林少貓、林天福反日勢力，並號召百餘「附匪」族人歸順。1901年，潘文杰被任命為恆春廳參事。年近50時，雙目失明（可能也是酗酒），未幾，卒於1905年12月12日，得年虛歲52。《理蕃誌稿》稱他原名ジヤガルジグリブンケッ（瓜雅留芝久利文杰）（參閱陳金田譯，《日據時期原住民行政志稿》（原《理蕃誌稿》）第一卷，頁67-68）。

▲以牡丹社事件為故事背景之「長耳國漂流記」封面（中村地平著）〔國立臺灣圖書館藏書；陳政三翻拍〕

▲排灣族祖先雕刻屋柱
〔國立臺灣博物館提供〕

我們如根據伊能嘉矩、森丑之助、鳥居龍藏的記載，日治初期，他們在豬勝束社遇到了潘文杰（Vunki）外，也遇到了另一位大股頭人Vankim（潘萬金），這位突然冒出的Vankim是誰呢？為何伊能稱Vankim為大股頭人，反稱著名的Vunki（潘文杰）為二股頭人呢？森丑之助也稱Vankim為大股頭人或平埔族頭人（平埔指已漢化的排灣族），又稱Vunki為總頭目。合理的推測是朱雷可能已因酗酒過度死亡，而Vankim（萬金）可能是老卓杞篤的大女婿；Vunki（文杰）雖為二女婿，但因較活躍，而廣為外界所知悉。

上述只是根據各種文獻資料，所作合理的推測。豪士在第二十四章提到的Minat, 有可能是獲賜漢名的潘萬金（萬仔）了。

郇和於〈福爾摩沙再記〉（Additional Notes on Formosa）（1866）提到：「這裡的土著隸屬於傀儡族豬勝束社（the Choojuy tribe of Kalees, 滿州鄉里德村），在大頭目卓杞篤（Tok-ke-tok）及4位兒子管轄下的村社共有一萬人，」郇和此處點出「瑯嶠下十八社」神秘的大頭人卓杞篤有4個兒子的說法。這與G. Taylory在 “Formosa: Characteristic Traits of the Island and Its Aboriginal Inhabitants,” in: *Proceedings of the Royal Geographical Society*（April 1889, pp. 224-239）說的「老卓杞篤酗酒而死，繼任的3位也是喝死的，目前的第四位繼承者〔按：朱雷〕也喝得趴呆趴呆的」說法似乎相呼應。如此，更確定潘文杰不可能是「幼子」了。

至於甘為霖在1896 年出版的*The Articles of Christian Instruction in Favorlang-Formosan, Dutch, and English, from Vertrecht's Ms. of 1650; with Psalmanazar's Dialogue between a Japanese and a Formosan, and Happart's Favorlang Vocabulary* 序言第8-9頁提到「卓杞篤次子文杰（Bunkiet）」（參閱James Davidson, *The Island of Formosa, Past* & Present, p. 167），可能也是上述「第二個半子（女婿）」之誤傳。

§浴血戰場

最先來到恆春半島的日本志願兵，以失意的士族為主，他們因政府的「廢藩置縣」，失去了世襲的俸祿；又因全民征兵令，失去了當兵打戰的特權。以往的「平民」——農夫、商人都可以與他們等量齊觀、平起平坐了。加上征韓論大將西鄉隆盛的下野，更使他們想靠打仗發財、成名的希望破滅。於是不平的士族、失意的政客在日本造反，最有名的是1874年2月的「佐賀之亂」。當權派的大久保利通等人眼看不是辦法，於是開闢另一個南方的戰場供這些失意的士族來發洩。

所以士族來到南臺，當然急於建功，即使大軍尚未集結，仍然無所不用其極的私自出營、深入山區，找尋任何一個倒楣的原住民出氣。即使擅自違反命令出營，只要帶回一個人頭，不但不受軍法處罰，還是大功一件。於是群起效法。但夜路走多了，總難免出錯，於是發生了薩摩〔鹿兒島〕士官班長北川直征反被原住民馘首事件，日軍派當時官居中校，後來幹上臺灣總督的佐久間左馬太，率領250兵前往出事地點「調查」，於5月22日引發了史稱「石門之役」的戰爭。這場規模不大的戰爭，因為日軍克服石門天險，並且將牡丹社頭目阿祿古父子擊斃，徹底擊潰了「仇日派」原住民的信心，也拉近隨時會離心的「親日派」原住民部落，所以意義重大。

演出「西鄉暴走」的「少年吔都督」西鄉從道，恰好在石門之戰當天率大軍抵達射寮港，雖沒來得及趕上戰鬥，但總也算得上好彩頭。日軍大本營在大軍到齊後，計畫一個大規模的進剿戰鬥，在此同時，等得不耐煩的殖民志願兵可忙得很，私自出營仍頻傳，於是與原住民的零星戰鬥當然也不絕於耳。豪士為我們深入描寫那些急於建功的落魄士族的心態。

日軍安撫妥親日派，於是在6月1日兵分三路展開向內山進軍，三面攻打牡丹社、高士佛社的計畫。往後在日治臺灣史留名的樺山資紀（第一任臺灣總督）、水野遵（第一任總督府民政局長）、佐久間左馬太（第五任臺灣總督）

都加入了這場戰鬥。這場實力懸殊的戰爭，日軍要對抗的最大敵人不是仇日派原住民，而是高山、深澗、炎陽。豪士隨中路軍沿著石門古戰場行動，他紀錄了當時依附在排灣族籬下，苟延殘喘的恆春阿眉人（阿美族）；排灣琅嶠下十八社的人口、戰力；琉球漂民最初埋骨處；日軍行軍、夜宿深山的慘狀，以及西鄉從道都督體恤士兵、沒有架子的領導統御，都在豪士生花妙筆下，一一呈現。有點想像力的西鄉都督，還曾將一名年約12歲的女奶（爾乃）社小女孩取名為OTAI（「臺灣姑娘」），送到日本「遊學」，喝了3個月東洋墨水的OTAI穿著和服回到家鄉，滿口「お早うございます」、「元氣です」，大大使得鄉人為之驚艷。

這次勝利，將殘存的牡丹、高士佛人趕入深山，其他各社也聞之喪膽、「起義」來歸。於是日軍在東海岸取得了建立分營的許可，一切都十分順利。而清國朝野卻好像仍在睡覺一樣，絲毫不覺事情的嚴重性，那是因為除了同治皇帝的硃批外，實在沒有幾個人認為臺灣的山區是屬於清國的——「化外之地」嘛！豪士則見證了一場迄今讀起來，仍挺有意思的內山原住民與平埔族間的婚禮，他還獲邀鬧洞房呢！

第十二章　大耳伏擊

有些日本士兵不顧上級一再的訓誡，執意到偏遠的地區探險，萬一遭遇危險，援兵往往來不及前去援救。夜路走多了難免碰到鬼，不久，就發生活生生的血的教訓。

5月17日下午，[1]日軍派出一支百人偵察隊前往東方2哩處勘查，[2]由於人多勢眾、且集體行動，並未遇到任何危險。隊中6兵趁機私自脫隊，再深入四分之一哩一處半隱於灌木林的小村莊，在村中稍作瀏覽，[3]即循原路回隊本部。途中突被躲藏在灌木叢中不詳的敵人攻擊。一名士兵頸部〔按：左耳外廓〕中彈，另名薩摩殖民兵班長被流彈擊斃。[4]敵暗我明，同行士官急忙跑回本隊求援。待偵察隊趕赴出事現場，被射殺的班長之首級已被割掉，連同武器都被取走，敵人早就遠颺，消失得無影無蹤。

根據事後調查，證據都指向行兇者為牡丹社人，他們是1871年屠殺宮古島漂民的兇手，也是此次日軍首要的懲討對象。牡丹社人在每座山頂都設瞭望站，對日兵私自外出者的一舉一動瞭如指掌，只要士兵落單或有機可乘，埋伏於偏僻小徑、森林角落的牡丹人就遂行其拿手的狙殺。司令部本以為這件血的教訓能稍稍遏止士兵的冒險行為，但事實不然，仍有很多殖民兵不假外出，完

1. 日、清文獻《處蕃類纂》、《征蕃紀勳》、《甲戌公牘鈔存》皆記為5月18日（陰曆四月初三）發生；豪士寫成5月17日。應以5月18日為準。
2. 依距離推估，此處為雙溪口、今二重溪。兵力為「斥堠」（日方資料），所以人數應不多，《甲戌公牘鈔存》記為日兵16名。豪士可能誇張或誤聽人數。
3. 此村莊為四重溪。
4. 死者為殖民兵士官（Sergeant）班長北川直征。落合泰藏，〈明治七年牡丹社事件醫誌（上）〉，頁94。

全不考慮是否安全。[5]赤松則良於5月16日搭日進號艦（*Nishin*）到東部海岸探測水域，因此司令部決定在赤松將軍返營前，暫不採取報復行動。

5月19日，赤松將軍返營，他說日進號派出的小船在探勘東岸水域時，遭到岸邊埋伏的人開火射擊，那些人極可能是龜仔甪社的戰士。赤松則良極受大家敬重，而居然被「生番」公然開槍侮辱，參謀人員聞言憤憤表示應該立即組一支海陸聯隊，對不長眼睛的原住民施予嚴懲。但偵察隊被攻擊、有人傷亡是眼前更迫切待處理之事，於是決定先解決這件事再說。後來發現攻擊日進號小艇事件出於誤會，最後不了了之。[6]

日軍即將進行的報復，卻被5月17日起連續3、4天的暴風雨影響而延遲。絲毫沒有間斷的傾盆大雨，使整個營區成為極深的湖泊，深陷水中的帳篷，只冒出頂部三角尖，宛如埃及金字塔，篷中的衣服、物品全遭大水沖走。除了必要的警戒，其他所有的出操、偵察、構工都因洪水、大雨的關係，全部停擺，連炊事班也無法煮食，停止供應熱食達48小時之久。夜間的警戒線也撤哨，只維持幾處地勢較高、浸水不深的步哨守衛諾大的管區。連司令部也不得不移往地勢較高的沙灘邊緣之沙脊上。後來情況雖略見改善，但白天看起來可怕的洪水，成了每個人晚上的夢魘。[7]

暴風雨不停歇，〔19日〕英國砲艇黃蜂號又駛入琅嶠灣內，停留相當長的時間。之前，據悉黃蜂號第一次來訪後，曾向北航至50哩外的臺灣府〔臺南〕，將日軍動態通告臺灣當局。[8]這次再度前來，想必也肩負同樣替臺灣府當局刺探軍情的任務。

5.克沙勒對殖民兵的違法亂紀很氣憤，曾致函李仙得云：「日軍的這些不顧軍規、個人的冒險旅行，是挑釁的行為，然而各隊長不但不加控制，反而有時親自率兵深入蕃地。」

6.日進號在南灣、鵝鸞鼻分遭龍鑾社、龜仔甪社攻擊；後者曾於5月25日派代表至日軍提出解釋，表示當時他們部落的人正在射鳥，並非針對日艦的敵對行為。日方無意深究，所以「射艦」行為就被當成「打鳥」意外冷處理了。詳本書第十七章及Eskildsen, pp. 207, 214, 229.

7.5月18日起，颱風來襲。據清差兵探報：「清港浦管盤被水沖入，日人紛紛搬移至統埔莊外，一半搬至附近之龜山頂，分作兩營屯紮。」

8.當時日軍在臺灣有很多偵探，南部水野遵、北部樺山資紀、東部為成富清風、城島謙藏（化名劉穆齋），所以掌握了清方全臺動態。

第十三章　石門之役

▲約1900年前後的石門古戰場〔《臺灣寫真帖》（1908）；陳政三翻拍〕

5月21日，一支12人偵察隊奉命至4天前薩摩籍班長被害地點，調查事發狀況，順便查看該小山村是否有異樣，並且確定元兇究屬哪一部落。事發當時可能有兩種情況：第一個情況是被害者誤闖禁地，被認為有敵意而遭誤殺；另種情況認為日本士兵不至於拿生命開玩笑，逾越巡邏範圍，所以應是「生番」侵入、設伏攻擊所致。

該偵察隊奉命只能在安全的地區內，蒐集可以獲得的情報即可，不可冒險深入。但他們再度將命令拋在腦後，忘了已發生的慘案，也完全不顧自身的安全。到了事發地點，發現山村已無人跡，於是決定深入2哩外的另座山村。[9]在距營部約4哩許〔渡河時〕，[10]突遭50多名原住民襲擊，2名士兵當場重傷，日兵迅速還擊，打死一名敵人，混亂中趁機回撤，返營報告。被擊斃的「生番」遭棄屍於樹林深處，後被住於海岸一帶的漢人發現。

日軍司令部立即派出250名兵力，約在下午5時30分趕抵事發地點。甫抵現場，日軍即遭埋伏灌木林內的原住民攻擊。敵暗我明，在前面的士兵只能亂槍打鳥式的朝林中一陣亂射；後頭的士兵急於搶功，完全顧不了什麼鳥操典強調的掩護友軍的高調，快步湧向前頭，擠散了前面正忙著射擊的部隊陣式。於是發生了奇特的「輸人不輸陣」怪象，士兵個個提槍就往林中高喊猛衝，有點「肉包子打狗」的誓死如歸精神。可日兵的敏捷性遠不及原住民，加上牡丹人熟悉地形，還好整以暇的一邊還擊、一邊撤退，毫髮無傷的脫離戰場。[11]天色已黑，日軍無奈，放棄夜間追擊，兵分為二，一半紮營於山腳下留守，以防敵人再度挑釁，另半則返營待命。

日軍也進入琅嶠山谷最靠山麓的山村，發現幾個可疑之處，除了庄民露出驚慌的神情外，[12]而且其火繩槍零亂放置，槍管燻黑、有膛鏽，似是剛射擊後尚來不及擦拭。依據土著的習慣，他們經常將武器保持在最佳狀態，尤其如果剛使用過，必定馬上擦拭乾淨，不可能任意隨手一擺不做武器保養。日本指揮官得知上述情形，立即派兵至該村，將庄內所有的武器全都沒收，並且張貼布告，警告村民不得幫助或藏匿公然與日軍為敵的牡丹人，否則將被視為日軍的敵人。[13]

9. 第一個山村為二重溪，第二個為四重溪，皆在今車城鄉內。

10. “Wasson’ s Report,” in Eskildsen, edited, *op. cit.*, p. 232.

11. 據清兵探報：日兵12名至四重溪巡哨，被牡丹社人5、60人銃斃日人3名，「生番」死5人、傷20人。日營大隊援救，「生番」已回本社。《甲戌公牘鈔存》，頁48。

12. 四重溪庄當時住有平埔族及客家人。原名出湯，位於四重溪北與大梅溪（茄芝萊溪）會流處，因有碳酸質溫泉湧出得名。清同治十三年沈葆楨巡臺時，四度涉過溪床始抵此村，故改名四重溪。伊能嘉矩於19世紀末至該庄時，頭人為80多歲的平埔族潘元豐，據此推估，牡丹社事件時，潘約在60歲左右。

13. 日軍布告提及他們難分辨「生番」、「熟番」，所以必須沒收所有人的武器，而且提

迄目前為止，所有的意外，都不是發生於山區「生番」的勢力範圍內；而完全發生在與日軍友善或至少表面維持友善的溪谷平地區。所有挑釁、衝突完全來自山地居民（mountaineers），日方不但無進軍山區的企圖，在可能的情況下，還處心積慮地想用和平的方式解決爭端呢！至於如何解決1871年琉球漂民屠殺案，日方原訂的計畫是：假如牡丹社頭目願負起責任，則由其自行約束屬下、懲治元兇；但如他完全不聞不問，甚至公然對抗，那麼日軍只有用武力解決爭端了。

▲佐久間左馬太攝於臺灣總督任內〔陳政三翻拍〕

然而山地居民接連不斷的暗襲，[14]迫使日軍非但不能將前哨部隊撤回，免遭解讀為軟弱無能，而且更應增派兵力固守前進基地。為避免不必要的流血衝突，司令部要求前哨部隊不得離開紮營處，擅自進行任何攻擊行為。但士兵顯然不喜歡這種消極的做法，故而沒人把命令當作一回事。

5月22日上午，曾因鎮壓「佐賀之亂」（The Saga Contests）[15]聲名大噪的佐久間左馬太中校（〔Lieutenant〕Colonel Sakumo〔按：Sakuma Samata〕）

出重賞及號召牡丹人起義來歸：「雖生番之人，改過悔罪，欲來降我者，我不敢殺之。又斬兇惡來我營者，原行重賞。」此布告可能在5月21日當晚即張貼於四重溪，5月22日繼續沒收武器、張貼布告。

14. 5月20日，日兵在三重溪殺死一名原住民，日兵2人受傷。5月21日，另批日本偵察隊10餘人往保力山巡哨，至石門洞，被殺6名，引起石門之役。

15. 佐賀之亂發生於1874年2月1日～3月1日，長州征韓派江藤新平不滿征韓論被大久保利通等內治派壓制，起兵一個月。亂平，江藤被處死。

率兩連軍力趕抵四重溪，[16]支援前晚已進入庄內搜村的部隊，士兵忙著沒收武器、張貼佈告，幸好沒發生嚴重的衝突。[17]搜過小村，不知是出於好奇心的驅使，或由於其他強烈的動機，日軍完全不顧命令，一窩蜂的急行軍至山地居民消失的入山小路附近。日軍毫未遲疑，再深入山區，就在試圖通過一條狹窄而險峻的溪谷半途，敵人發動突襲，於是第一次稱得上交戰的會戰於焉揭幕。最初估計擁有250名山地戰士，稍後發現太高估了對方，他們只約有70名左右（The mountaineers were at first estimated to have been two hundred and fifty in number, but this was subsequently found to be a great exaggeration. They were about seventy）；[18]但敵人佔據有利位置，整個戰爭過程、現場情況、戰場地形等細節，容我在第二十一章另行詳述。[19]

日軍在現場有150兵，但礙於地形關係，只容30名不到的兵力投入戰鬥。[20]附近沒有其他小路，只能沿著由牡丹社方向流下、穿過石門（the rocky gateway）的溪水涉水攻擊前進，[21]原住民埋伏在上游的石堆後面朝日兵射擊；

16. 佐久間左馬太（Sakuma Samata, 1844～1915），1906～1915年出任第五任臺灣總督，由於熱衷鎮壓原住民，被稱作「理蕃總督」，也死於「理蕃」時的墜崖重傷。1874征臺時，他的階級是陸軍中校（Lieutenant Colonel），而非豪士寫的Colonel（上校）。或許因是報導文體之寫法，豪士常寫錯軍官階級。

17. 協助日軍之車城人民（閩籍）入庄欲搶四重溪客籍人士財物，「日人阻止不聽，當場哄殺，誤傷民人黃文珍一名，登時斃命……帶兵官佐馬太到柴城給黃文珍之父英銀二十五元，為收埋之資」（《甲戌公牘鈔存》，頁48、49）。可見黃文珍為日兵所殺，而事件也牽涉閩客情節。

18. 第十八章（House原著p. 105）列有牡丹社擁有戰士250名，此處（p. 73）似指參予戰鬥的牡丹社、（牡丹）中社、高士佛社戰士只有70人，《甲戌公牘鈔存》（頁52）載「爾奈〔爾乃〕、竹社、八傜社、不射力社〔按：射不力〕、加之來社五社之番先行走去」。對照其他人，如何恩（James Horn）、李仙得、克沙勒、水野遵的估計，也約有200多人。牡丹社總人口數，水野遵估計共有400人，應包括爾乃社（又稱牡丹總禮乃社）；不過似也應該包括牡丹中社（又稱總中社）。參閱《恆春縣志》，頁105。

19. 豪士此時不在現場，他於6月2日隨軍進剿時才見到石門之役的現場。

20. 豪士在第二十一章將石門戰場的日兵寫為175人、不到40兵可實際投入戰爭。

21. 四重溪上游為牡丹溪，在石門穿過西方的虱母山（今石門山，高375公尺）、東方的五重溪山（高450公尺），地勢雄偉，易守難攻。石門之排灣語為「馬諸亞苦斯」，意為相會之處。打狗關1874年報依據當地人之發音，寫為「石頭門」（Chio-

日兵只能摸著石頭過河，一步步向上游推進。雙方就在河中持續一個多小時的槍戰，最後原住民野戰士不支，匆忙帶走受傷同伴，逃往東方上游的深山。戰場留下16具「生番」的屍體，當場被日兵割下首級，帶回營區報功、領賞。[22]日軍有6名戰死，其中1名是軍官；[23]近20人受傷，幸好大多數僅屬輕傷。

經過這場石門之役，日軍正式對原住民開戰，參謀認為必須立即進行大規模征剿，而非只維持原先小規模的零星衝突。[24]少數日本士兵率性且不守軍紀的探險，是引發敵意、衝突的主因；但山區原住民也趁機利用日兵落單的薄弱，予以伏擊，造成更大的衝突，種種跡象顯示他們已打定主意，要與日軍一決勝負，看來雙方正面的決戰已不可避免。

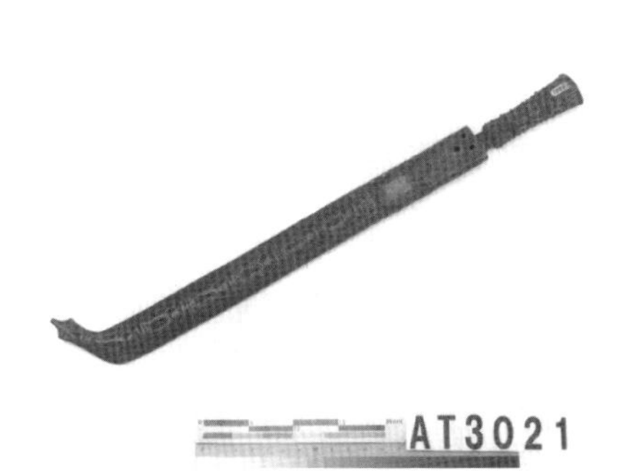

▲排灣鐵刀
〔國立臺灣博物館提供〕

▲排灣族木盾
〔國立臺灣博物館提供〕

to-mèn）；克沙勒記為the Stone doors; Wasson寫為Stone Door; Davidson記為the Stone Gate.

22. 據《大日本外交文書》7卷，頁120載，當克沙勒聽到石門之役的消息非常不高興。尤其看到日兵帶回「蕃人」12個首級回來時，更是驚駭，直說日本人也仿效野蠻人之俗掠奪人頭。克沙勒寫信向李仙得抱怨，認為使他原策劃派一軍從風（楓）港迂迴、背後包抄的趕盡殺絕之策，沒有實現的機會。不過瓦生對石門之役造成的震撼效果極滿意。藤井志津枝，《近代中日關係源起》，頁120；Eskildsen, pp. 209, 237.

23. 此人為陸軍少尉伊澤滿。克沙勒記為「牡丹人15死、38傷；日軍6死、10～15傷」；瓦生「牡丹人16死、14重傷，後者稍後皆傷重不治」。Eskildsen,, pp. 209, 236.

24. 經石門之戰，顯示牡丹社不如李仙得評估的強大，也使日本信心加強，逐漸脫離李仙得規劃的剿殺計畫，而漸趨於試圖在恆春殖民的企圖。

第十四章　西鄉從道

▲西鄉從道
〔Davidson書；陳政三翻拍〕

5月22日，正當石門之戰打得如火如荼，幾艘大船悄悄的開進琅嶠灣。最早抵港的是高砂丸（the "*Takasagu Maru*"），[25]上載遠征軍總司令西鄉從道將軍和參謀幕僚，以及1,500名士兵、苦力。第二艘運輸船跟著入港，船上也滿載人員、補給品。兩船運來的士兵，加上之前已抵達的，總計有1,300名戰鬥人員。[26]

日本船隊甫抵達，才正準備登陸作業，即有一艘清國的驅逐艦、一艘砲船也開進港灣。[27]大家對那兩艘清國軍艦的到來充滿好奇、議論紛紛，因為自從外國使節插手干預日本出兵以來，

25. 此處（原著p. 75）高砂丸的拼法有誤，豪士後來在第三十章的寫為*Takasago-Maru*（p. 175），正確寫法為*Takasago maru*；原為英船三角洲號（*Delta*），船長150公尺，有兩具螺旋槳，兩座蒸氣鍋爐；據伊能嘉矩《臺灣踏查日記》載，係以10萬美金購入。該船可能之前從事日臺間之貿易，故伊能氏寫道「與臺灣有因緣的高砂丸」。當時駕駛的仍為蘇格蘭裔的船長A. B. Brown。Huffman, p. 90; Eskildsen, p. 212; House, p. 176或本書第30章；落合泰藏〈明治七年牡丹社事件醫誌（上）〉，頁91（舊船名誤為*Clockst*號）。

26. 據日方資料，西鄉此行計有高砂丸、社寮號、大有號、明光號、新約克號隨行，載來增援部隊1,900餘名及大倉組500名工役。據清方統計，當時在社寮港內計有「日本輪船七隻……內有兩隻係英船式樣。另有英國兵船一隻」，所以再加上清船二艘，共有十艘船。其中高砂丸原為英船*Delta*；社寮丸（*Sharyō maru*）則係以6萬美元買入美船*Shaftesbury*改名。1874年5月24日Cassel致Le Gendre函，in: Eskildsen, p. 203.

27. 清國驅逐艦為揚武輪（*Yang-woo*），砲船是福星輪（*Fuh-sing*）。

原先懲治兇手、維護海上航行安全的真正意圖，即被轉移了焦點；而清國究竟對日本的遠征行動採取什麼立場、有何反應、可能的對策，也一直不是很明朗。所幸清國使者顯然並無敵意，令我們鬆了一口氣，[28]如此一來，非但排除了清國可能干涉的憂慮，而且讓那些正在東京、北京忙著挑撥離間、製造悲劇的外國公使團，再也沒有藉口橫加干預了。

清國來使表示清廷尚未對日本出兵臺灣有任何異議，他們此行負有通知琅嶠住民和山區原住民的任務，務必讓人民明白日軍來此沒有惡意，而且清國官方抱持同情日本的立場，希望土民能協助日軍達成懲兇的目的。使節團也準備將上述事項以公告的方式，張貼於各村庄。[29]即使把清國使節打高空的說法略打折扣，至少也顯示迄目前為止，清國官方還未對日軍的到來有所排斥。甚至清駐廈門水師提督也曾一再重申他們對「生番」地區沒有任何管轄權，因此也就對其所作的一切，絲毫不負任何責任。[30]

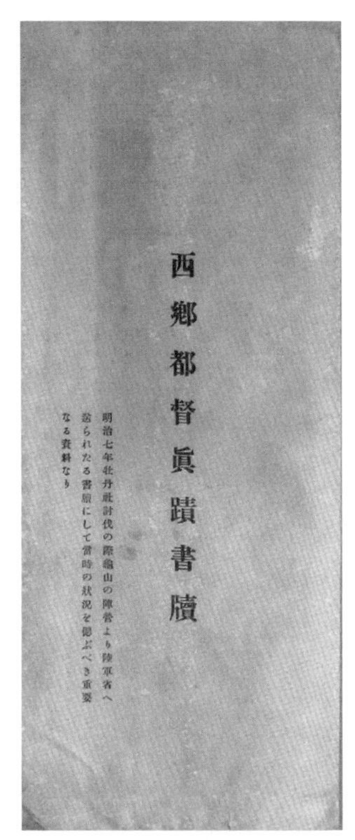

▲明治七年（1874）《西鄉都督真蹟書牘》印本封面〔國立臺灣博物館提供〕

28. 清國使節團成員計有安平協副將周振邦、署臺防同知傅以禮、准補歸化縣令吳本杰、參將貝錦泉，並邀住旗后的英國代理領事額勒格里、稅務司愛格爾（H. Edgar）、英商法樂（John Farrow）同行。

29. 周振邦等人攜帶「李鶴年致西鄉照會」、上海新聞報刊登的「總署致日本外務省公開信」，皆為抗議日方侵臺、要求立即撤兵。James Davidson（1903）認為可能是清使態度和藹，看不出是為要求撤兵而來，故豪士誤以為只是來打招呼的。但也可能：(1)日方利用豪士之筆向外界散布不實消息；或(2)豪士的立場，使其做了不實報導；或(3)周振邦等只求交差了事，只扮白臉。周振邦為廣東香山縣人，1895年乙未之戰任澎湖總兵，日軍攻澎，未戰先逃，被治重罪，不過後來也大事化小。

30. 當時的福建水師提督為李成謀。新任的彭楚漢尚在直隸練軍，清廷於陽曆7月10日要他剋日趕赴新任。彭於8月22日方抵福川、29日抵廈門、9月7日才接掌提督印。從發布命令至履任，共花了近2個月時間，由此可見部分官員推託之心態。

不過某些清國的洋顧問（the foreign advisers）已向清廷高官不斷下毒，種下反日種子，導致後來清廷敵視日本。由清國代表團善意的態度、言詞，再對照所帶來的書面文件兩者間的矛盾，似乎顯示清國當局尚不知該採取哪一種對策。閩浙總督李鶴年（Li Wo Nen, the Viceroy at Fu Kien）的照會內容語意含糊，[31]其他清國地方相關官員私底下的談話，卻很清楚的把責任推得一乾二淨。所以，日方只把李鶴年的書面照會視為福建地方當局的事先警告之紀錄，而不論如何，西鄉都督不認為日軍的行動須受到該照會的影響，假如清代表團想討論日本是否應退兵這個問題，那麼與當時正在中國大陸的日本全權公使柳原前光接洽、辯論即可。[32]

▲《西鄉都督真蹟書牘》印本〔國立臺灣博物館提供〕

▲陸軍中將時期之西鄉從道（左）；副島種臣（右）〔《臺灣史與樺山大將》；陳政三翻拍〕

31. 李鶴年的照會十分清楚的指出「臺灣為中國疆土，『生番』定歸中國隸屬，當以中國律法管轄，不得任聽別國越俎代謀」，已要求日本退兵，毫無語意含糊之處。

32. 柳原前光在明治初期擔任日清交涉的主要成員，為第四任日本駐清國公使，他的妹妹柳原愛子嫁明治天皇，生下後來的大正天皇（1912年12月～1926年1月在位），所以柳原前光為明治天皇的內兄。

▲大正之子一昭和天皇
〔美國National Archives藏；陳政三翻拍〕

李鶴年之所以命人攜來外交照會，自有其原由，過程簡述如下：〔5月3日〕日船有功丸抵達廈門，福島九成〔於5月4日〕將西鄉都督致閩浙總督李鶴年之照會遞交廈門同知李鐘霖代轉，內文陳述基於1873年春，副島種臣與總理衙門達成的諒解，[33]重申日本希望能與清國維持友好關係，「但慮內外商民在彼口岸竊與生番交易，資助軍需；豈得不備兵緝捕！望貴國遍行曉諭：沿海口岸中外商民勿得毫犯。又懇請倘有生番走入臺灣府、縣潛匿者，煩貴地方捕交我，是望」。西鄉都督在照會中公開呼籲清國主政者應正視這些問題，勒令外力不得再支援原住民任何武器，並且表達日本「深入番地，諭彼酋長，殛其凶首，薄示懲戒，以安良民。今將由水路直進番地，若船過貴國，固無他意，應毋阻拒」之立場，並企圖坦誠的向李鶴年透露。「坦誠以對」正是日本遠征軍執行各項行動的風格。

清國使節團此行帶來李鶴年的照會，口頭表示總督的照會只是回覆西鄉從道的官樣文章，他們也只是奉命前來致意而已，強調兩國多年邦誼及共同利益，還帶來總督的私下問候。有人認為西鄉都督被清國使節蓄意的口是心非所誤導、蒙蔽了。但即或行伍出身的西鄉將軍真中了清國官場陰柔手段，仍無損於他的威望。事情的真相是清國當局此時才開始受到外界的影響，逐漸採取反對日本出兵臺灣的立場，但仍只侷限於極少數的官員有這種想法，大部分的清國官員仍維持對臺灣原住民居住地沒有實際控制權的看法，所以該國不應

33. 應是柳原前光與清總理大臣毛昶熙、董恂之交談。

承擔任何該地區發生的不幸事件之責任。即或從美國駐北京代理公使衛廉士（Samuel W. Williams）5月29日的信函，或從美國駐廈門領事恒德森（Mr. J. J. Henderson）6月1日及3日致國務院的公函來判斷，清國仍認為其主權不及於「番地」，而且還曾向美國外交人員表示日本出兵臺灣並非出於敵意的戰爭行為。

但李鶴年回覆西鄉從道的正式照會卻聲稱「臺灣為中國疆土，生番定歸中國隸屬，當以中國律法管轄，不得任聽別國越俎代謀」，最後強調「臺灣屬在中國，應由中國自辦，毋庸貴國代謀」，要求日本勿狗拿耗子，應迅即退兵。由於事出突然，西鄉都督先著人接待清使，以爭取時間弄清楚李鶴年的真正意圖。[34]5月23日上午，西鄉都督在海邊臨時搭建的帳篷接見清使。[35]清使除了說些客套話，也應要求，解釋為何總督的照會與之前清國官方原持的立場不一樣。清使侃侃而談，表示總督認為日軍既已達到出兵懲兇的目的，當即立刻撤兵。乍聽之下，令人覺得李鶴年似乎並不反對日本懲治肇禍的「生番」；但他認為既已達出兵目的，並獲得往後來往船舶、船員的安全保障，「番地」應即重新納入清國管轄。換句話說，日軍流血流汗，李鶴年出張嘴

▲小銅砲〔國立臺灣博物館提供〕

34.5月22日清方兩度求見，均遭婉拒；5月23日，請英人法樂往詢西鄉為何不接見的原因，才敲定當天中午接見。法樂（John Farrow）自1871年起擔任英商船海龍號（*Hailoong*）船長。

35.據清方記載為當日「午正」，西鄉從道、赤松則良接見清方周、傅、吳3人，日營帳篷十分簡單「用油布圍成尖頂，地方甚小，僅一棹兩凳」。

巴即可坐享成果。西鄉都督當然無法接受，當場表示他奉命查出元兇，防止未來發生類似情事，至於兩國交涉事，應由柳原公使負責與清國當局研商。清國代表對西鄉都督的答覆表示同意，或至少看不出來他們有任何不滿意之處。兩國當時尚未交惡，清使甚至暗示雙方軍事合作的意向，表示或可考慮派兵援助日軍征剿。但日方婉拒了這個提議。會議持續了幾個小時，也不過交換一些不著邊際的客套話，[36]部分未參加會議的清官到附近村莊，向琅嶠地區人民宣佈清國當局允許日本軍隊在此駐紮，希望住民瞭解官方的立場。但住民向來並不承認他們是清國的臣民，因此對清官的宣示抱持冷淡的態度。[37]

5月23日下午，清國代表團告辭登船，日艦日新號發射21響禮炮相送，清船亦照例如數鳴炮答謝，但卻出了大差錯。照理說，略受過訓練的炮手應該可以快速、準確的施放21響禮炮，但日艦鳴放後，清船不動如山，沈寂好一會兒，才響起零零落落的6響炮聲，每炮間隔數秒到30秒間。然後又過了至少3分鐘，才又響起更離譜的6個炮聲。再停頓5分鐘之久，日軍不耐久候，以為發生了意外，正待派船前往查看之際，清船適時施放3炮。之後大家又是一陣「恭候」，清艦才一口氣將最後的6炮鳴畢，結束了這場國際儀式，也終於讓大家鬆了好大的一口氣。清艦只有六門炮，炮手訓練不足，故無法順利的施放禮炮，鬧了國際大笑話，也成了日軍茶餘飯後津津樂道的笑柄。[38]

36. 清使詢問西鄉(1)是否將回覆李鶴年的照會；(2)李仙得有無同來。兩問題均獲得「沒有」的答覆，但到是喝了幾杯洋酒：「西鄉即以洋酒相讓，各致寒暄數語，因其事無可論說，即行辭出。」

37. 正當周振邦等至琅嶠時，日方代表福島九成也於5月22日在臺灣府拜會臺灣道夏獻綸，說明日軍來南臺之目的。據《大日本外交文書》7卷（頁97）載，福島在《臺灣府志》發現上有「琅嶠」確為清管轄地之記載，因此小心避免使用「琅嶠」而專用「蕃地」、「生蕃」、「熟蕃」等字；清方不察，間用「琅嶠」、「番地」，而予日方有機可乘。福島的策略，也成了日方一再向外宣稱的基調。

38. 豪士筆下的國際級大笑話，經過清國官員的生花妙筆，變成了「該國〔按：日本〕船升炮二十一出，我船亦照數放還」。所以人云：「官字兩個口」，事實真相隨他怎麼說。周振邦等人於5月24日黎明方離開社（射）寮港，當日中午返抵安平。不過根據侏儒號（*Dwarf*）船長巴克斯的觀察，清援臺艦隊以澎湖為基地，船長大都為福州船政學堂訓練出的通曉英語的年輕新秀，船隻維護、武器維護均極佳。《甲戌公牘鈔存》，頁30-31；B. Bax, *The Eastern Seas*, p. 268.

▲伊藤博文（左坐者）與家人
〔美國國會書圖館館藏；陳政三翻拍〕

總之，清國代表團此行明確的表達善意，日本對此極為滿意，毫無保留的公佈了這件事，日軍的行動也漸為外界知曉。[39] 外國駐北京公使團開始插手干預，毫不隱瞞的試圖挑起清國仇視日本的情緒，但在這個階段，或許在其他所有階段，沒有任何障礙可以阻止日本遂行既定的目標，不過公使團仍以豐富的想像力及惡意的攻訐，試圖影響清國採取反對日本的立場。公使團的所作所為一直困擾日本政府的決策，甚至一度差點因此中止遠征行動。這就是迄5月底的情況。一個月後，也就是6月下旬，公使團一連串變本加厲的行動，成功的驅使清廷採取強硬的立場，[40]但這樣的立場超出了清國國力所能獨立負擔的範圍，最後沒有尊嚴的屈從於公使團其中一名成員的壓力，[41] 接受了日本「賠款才撤兵」的要求。我在此仍不厭其煩的重申「清日兩個當事國間，最初並無任何敵

▲伊藤博文

39. 5月19日，日本正式宣佈發動征臺事件。另外，除了透過豪士的報導，試圖影響歐美人士外，尚有《東京日日新聞》記者岸田吟香（Kishida Ginko）以大倉組員的身分，隨軍來臺採訪。岸田成了日本第一位軍事記者。
40. 6月底，在臺灣有「西潘會談」，日本有「撤兵論」（伊藤博文）與「開戰論」（大久保利通）之辯論。
41. 指清廷受到英駐北京公使威妥瑪（Thomas Wade）的脅迫。

▲日治時代重修之恆春琉球漂民墓碑
〔《臺灣史料集成》；陳政三翻拍〕

意」，假如有，也只是心懷不軌的公使團邪惡的幻想而已。

這一次清方代表團中沒有大官，短暫的來訪也不太重要。過於龐大的大清帝國中央大員反應實在太遲頓。至於臺灣府的大官則試圖加重總督李鶴年照會西鄉從道的影響力。也許我不該提到臺灣府的官員的表現，因為他們一方面對日軍的征伐行動進度表達欽佩之意；另方面又對日本只為了區區幾十位低下階層的屬民，居然勞師動眾、興師問罪而大表不解。[42]

臺灣官員的態度說明了清、日兩國民族性的最大不同，這可以從清國被動的處理1872年秘魯「瑪利亞・魯斯苦力船事件」（the case of the *Maria Luz coolies*），以及日本主動處理1871年琉球漂民被害事件，兩案比較的不同方式可以看得出來。

42. 臺灣道夏獻綸一方面正忙於處理彰化廖有富叛亂案，另方面對日兵在琅嶠活動又大打太極拳，所以被清同治帝批為：「臺灣道視為番界尋釁，勢難禁止，實屬不知緩急！」至於5月22日於臺灣府會見清國官員的福島九成，被西鄉從道讚其「善用花言巧語，使臺灣府糊塗，苟且偷安」。福島不但成功的欺騙了夏獻綸等人，還於5月27日買了不少糧食、搭高砂丸滿載離開府城。有點類似孔明的「草船借箭」，福島用的是「貨船借糧」。夏獻綸處理本案雖然糊塗，但他編有《臺灣輿圖》乙書留世，也算是貢獻。他從1873～79年任職臺灣道，死於任上，年方43歲。〈1879年淡水海關年報〉及歷任英駐臺灣領事對他都有很高的評價。

少年都督——西鄉從道

陳政三

西鄉從道（Saigō Tsugumichi, 1843～1902），九州鹿兒島人，有一位大他16歲的名人大哥西鄉隆盛（Saigō Takamori, 1827～1877），沿路提攜，吃香於注重門第、派閥的幕末、明治初期的政壇。1869年3月至次年7月間赴歐洲（主要在法國）考察軍事制度與訓練。返日，出任兵部大丞（約為司、處長級）。1874年（明治七年）年初，極力爭取出任臺灣遠征軍總司令，當權派的大久保利通為安撫薩摩派士族及軍人，另為壓抑隆盛，乃啟用從道，這位虛歲才32的「少年吔」，遂升陸軍中將，出任臺灣蕃地事務都督。雖然英、美公使試圖阻止日本出兵臺灣、日本太政官（類似行政院）也下令中止出兵，但年少氣盛的從道在長崎碼頭慷慨激昂的說：「出征事乃聖斷，今日征旗已離帝都，中途停兵，所為何來？從道謹奉敕書，直抵生蕃巢窟，唯有死而後已！若清國發出異議，政府允以西鄉以下之徒，答稱脫艦之賊徒！」撂了幾句狠話，就率軍南征，史稱「西鄉暴走」，不但開創日本軍閥以跋扈巨人之姿出現的首例，供以後大小軍閥所模倣；也稱得上近期日本少年暴走族的先驅。

從道在臺灣事件中，盡責的扮演了領導者角色，也逐漸顯示其聰明的授權領導風格。西南戰爭（1877）後，兄長隆盛兵敗自殺，傷心而處境尷尬的從道，雖站在政府這一邊，未加入其兄的「叛國」行列，但已失立場，曾自請外放為駐義大利公使，後因大久保利通被暗殺（1878），而罷議。從道自此，取代兄長以及大久保在薩摩派的勢力。1878年躋身參議（類似行政院政務委員）、兼任教育部長（文部卿）。軍人擔任教育部長十足外行，他對部內同仁說了句內心話：「有關文政，本人完全不懂，但我會全力爭取預算，其他諸事，就拜託各位了！」真是掏心掏肺的至理名言，充分掌握領導統禦之奧妙。

他先後兩次出任海軍大臣（1885～1890，1892～1899），第一次任期，立即拔擢樺山資紀出任海軍副部長，以發行公債募集建造五十四艘軍旗之經費，並且在海軍建立了薩摩閥——包括樺山資紀、伊東祐亨、東鄉平八郎、山本權兵衛，以至第二次世界大戰的山本五十六，皆為鹿兒島出身、一脈相傳的薩摩派海軍大將。他由不會游泳的陸軍，跨足每天以海水為家的海軍，做得有聲有色，又是得力於他對自己角色的認知，發揮「我不懂，萬事拜託你們了」的哲學。最有名的軼事是他入主海軍省後，時任幕僚的山本權兵衛花了很長時間，擬定一份計畫上呈。西鄉從道看也沒看在一周內即交還，山本立即當場發飆云：「我吃了海軍飯近20年，花了7個月完成這份調查報告，閣下卻在7天內即全部洞悉，真不可思議！」從道也沒生氣，淡淡的說將取回再詳加拜讀，10天後召見山本，從道索性表明：「我根本就沒有看，看也看不懂，今後萬事就拜託你了！」唉！有這樣的長官真可愛，也真好，不會外行充內行，又敢授權部下、尊重部下，實在難得。山本權兵衛於1900年升為海軍大臣（1913及1923年曾兩度出面組閣），而從道則轉任內務大臣。1902年7月，從道因胃癌去世，年僅虛歲60，他有機會看到日本海軍在1894年「甲午戰爭」的表現，卻無緣看到1905年「日俄戰爭」時，日本海軍擊潰俄國艦隊的對馬海戰。不過，他提拔的山本權兵衛於1913年2月～1914年3月，及1923年9月～1924年1月，兩次組閣，可謂青出於藍。

▲西鄉從道（中間騎白馬者）與谷干城（右騎馬者）、赤松則良（左騎馬者），接受牡丹社、高士佛社投降〔國立臺灣博物館提供〕

第十五章　平安公使

5月22日由日本航抵琅嶠的人士，帶來外國反對勢力仍未放棄干預日本遠征的消息。我們也首次聽說有功丸倉促啟航，使得派駐長崎負責遠征行動的日本高級官員，和參與行動的外國人都蒙上不守信用的污名，此外，反對出兵者也振振有詞，展開各種反制行動。[43]

對於美國駐日公使平安（John A. Bingham）先前寫給參與遠征的美籍人士之信件，我們將之解讀為只是強烈的忠告而已，內容絲毫未有任何禁止的字眼與意味。即或平安公使發出強制禁止令，也會被置之不理，何況他在信中的抗議也不過透露個人的不滿而已。但看在日本政府某些官員眼中，他們根據以往痛苦的經驗，認為任何公使的抗議即等同於威脅，隱含假如日本不顧抗議，隨時會遭到報復的恐嚇。我並非暗示平安公使有這種企圖，相反的，身為美駐日代表，他一向反對其他國公使或前任者慣常採取的強烈干涉的作法，無論是在公私場合或公函往來，他對日本政府展現了其他人所不及的坦白、公平的態度與立場，而從不做出單憑個人喜好、強國算計之類令人為難的動作。

但唯獨在「臺灣事件」（Formosa matter），[44]他首度脫離親日常軌，加入外國公使團干涉日本內政、外交的陣營。他的干預明顯失敗了，也損及他原與

43. 反對出兵的文部卿木戶孝允終於在5月13日堅持下臺；陸軍卿山縣有朋曾一度提出辭呈；工務卿伊藤博文則採消極態度。加上外國駐日公使團的反對聲浪，日本政府可謂處於內憂外患。

44. 我國學者對於1871～1874年牡丹社、高士佛社殺害琉球漂民、清日兩國交涉、日軍發兵攻打南臺的整個過程，大都稱之為「牡丹社事件」。日本學者以往稱之為「征臺之役」、「蕃社事件」，但新一代的學者漸改用較中性的「臺灣出兵」或「臺灣事件」。

日本建立的厚誼。沒人真正瞭解他的動機。據親近他的友人表示，由於日本政府未將遠征行動坦誠地告知平安公使，促使一向支持日本應享有獨立自主地位的他，深感不受日方的信任，待事情發展愈來愈複雜，無人可預測後果為何之際，逼使他不得不加入反對日本出兵的陣營。這種從體諒角度來看平安公使的推測並無不合理之處，也非對他的蓄意誹謗，但假如他真的秉持這種想法，就可能因個人的情緒而影響了所處官位應有的客觀判斷。外交代表也是人，任何出自個人偏見的決策，常導致國家權威的介入。

平安公使反對的理由，並非僅因有美國人參與遠征而已。因為最初階段，平安不僅毫不猶豫的贊成，而且還曾以電報促請美國政府同意海軍少校克沙勒暫調至日軍服務，[45]直到本年3月底，他都仍持支持的態度。但當他開始不遺餘力的反對，似乎忘了曾發出的電報。4月18日，平安致函日本外務省，表示他從橫濱發刊的一家英文報的報導，看到日本正秘密策動對大清帝國的戰爭，為此而憂心忡忡。[46]事實上，那家報紙有關涉及日本的報導，常牛頭不對馬嘴，以「有聞必錄」著稱，可信度極差，平安公使聲稱係受該報報導影響，恐怕只是個藉口。外務省斬釘截鐵的回覆平安公使：「出兵臺灣乃在問罪生蕃，絕非與清國政府作對。」李仙得、克沙勒也曾向平安保證絕不參與對抗清國之行動，但即使有上述的雙重書面保證，平安顯然寧可相信一家爛報的馬路消息。他〔於4月19日〕再度發出抗議函，反對日本僱用美國公民及船舶，除非先取得清國同意日本出兵之正式公文。平安可能受到其他外力的影響，但尚無證據足以顯示究竟受了什麼人的影響。[47]

45. 平安公使於3月15日，與李仙得分別致電美政府，促請同意克沙勒轉調案。豪士雖對平安公使多所批評，但在1897年2月豪士寫給老友，記者出身、麥金萊總統親信的海約翰（John Hay）時，品評歷任美駐日公使只有2人升任，一為首任公使Townsend Harris，另一個就是平安。

46. 英國人經營的英文報《日本每日前鋒報》（*Japan Daily Herald*）於4月17日刊登：「日本出兵之目的絕非限於討蕃，而是企圖在臺灣東部殖民，並永久佔領。平安公使獨斷地反對其同僚，不但未嚴守中立，且默認或明許日本僱用美國船」。該報反映的是英國公使巴夏禮的看法，平安公使因此陷於可能被公使團孤立的壓力。

47. 平安主要受到當時世界首強、英國的駐日公使巴夏禮的影響。

日本外務省曾向平安公使出示一份清國的備忘錄，內載清國聲明「臺地生番，穴居猱處，不載版圖，為聲教所不及」，[48]但平安無視備忘錄所載，在給美國政府的外交報告，居然宣稱日本在給他的備忘錄承認清國擁有全臺灣島統治權，此與事實完全相反，也漠視日本備忘錄明載的「清國主權僅及臺島北部與西海岸的一部分」。平安公使或許並非惡意扭曲日方的陳述，但他曲解了原意，顯示極端不滿日本的出兵，甚至因此採取敵視的態度，這對接任如此重要職位的人而言，是件很不得體的事。

據與平安公使熟識的人表示，他反對日本出兵臺灣僱用美國人、船的另一個動機，是深恐美國公民被誘進美國政府保護網之外的困境，加上他後來深信日本出兵極可能被清國視為戰爭行為，因此堅持日方必須取得清國的同意方可行動，以避免爆發戰爭的可能性；而且即使冒著可能侵犯日本主權的危險，他仍堅信喚醒沈迷於征臺美夢的美國公民，絕對是他該盡的責任。即便日本一度宣稱無條件放棄遠征，[49]也無法改變他根深蒂固的想法。

事實上，長久以來美國很多外交官都曾親耳聽過清國官員聲稱「生番地」不屬該國管轄範圍。[50]甚至到了今年5月29日，美國駐北京代理公使衛廉士（Samuel Wells Williams）[51]在一項報告中還寫道：「北京當局不認為日軍登陸南臺灣是一項宣戰的舉動」。直到各國駐清、日公使紛紛提醒清國，清廷才順勢聲稱擁有臺灣全島的主權。

48. 這個備忘錄是1867年處理羅妹號事件，時任臺灣道吳大廷答覆美駐廈門領事李仙得的文件。7年後，效力日本的李仙得提供此文件予日本政府，算是報了多年前的一箭之仇。
49. 日本閣議在4月19日宣佈中止征臺計畫，不過在大久保利通、大隈重信默許下，西鄉從道決定「暴走」、悍然強行出發。
50. 最有名的推託之詞有：1867年臺灣總兵劉明燈、臺灣道吳大廷的「琅嶠不隸版圖，為王化所不及」；1873年總理大臣毛昶熙的「殺人者皆生番，故且置之化外，未便窮治」；1874年臺灣道夏獻綸的「牡丹社係屬番界，彼自尋釁，在我勢難禁止」。
51. 衛廉士，又名魏三畏，曾任美國第一任駐北京公使列威廉（William Reed）的秘書，曾於1849年搭海豚號（*Dolphin*）至基隆探勘煤礦；1854年隨培理提督派出的艦隊來臺。著作頗豐，有*The Middle Kingdom* (1848) ; *The Chinese Commercial Guide* (1860)。

不論如何，平安公使儘管個人很不滿日本的出兵，但倒是發自內心的期盼美國公民不要陷進其幻想中的險境，遺憾的只是他的干預未透過適當的管道來交涉，但也絕不像其他國之公使出自私心的隨性干擾。平安誤解了日本政府與美國傭兵的立場，卻也從未濫用職權、隨意干涉日本政府的遠征行動，他只是勸阻日本不要僱用美籍傭兵及船舶而已。日本政府在接獲平安公使的兩次抗議照會後，認為事態嚴重，立即發電要求在長崎的負責人詳加調查，並派〔權少內史金井之恭〕至長崎下達中止出兵令。蕃地事務局長官大隈重信經過一番評估，認為僱用美籍官員並未牴觸國際公法，這種結論稍後也和美國國務卿費許（Fish）致平安公使的電文，以及致美國駐上海總領事西華（George F. Seward）的電文內容相一致。費許認為：「除非美國軍官涉入參與對美國友邦國的交戰狀態，否則不算違反美國法律之規定」。日本並沒有侵犯清國領土之意，在清國的總督正式承認日本有權派兵懲兇後，平安公使應當已無話可說了。

4月底長崎的日軍出兵在即，西鄉從道口諭克沙勒與瓦生準時至有功丸報到。李仙得將軍也趕到，向兩位美國軍官面授機宜，他先出示平安公使的警告信，旋即收回，並取得兩位美國軍官志願隨軍的手書，以便適時應付各界可能的責難。這就是有功丸於4月27日由長崎啟航前的狀況。有功丸出發後，日本政府特派以冷靜、正直著稱的樞密院顧問大久保利通（Okubo Tosimiti〔按：Ōkubo Tosimichi〕）從東京趕赴長崎調查。[52]5月3日，大久保抵達長崎，立即展開幾天的深入瞭解，之後向東京表示出兵行動並無瑕疵，也無損及日本政府的誠信。他還批准了西鄉從道可立即出發的命令。至於李仙得的行止——該回去東京，或隨軍赴臺呢？雖然李仙得想至臺灣效力，但經眾人討論，還是認為他留在東京較能發揮功用。於是出兵大計就這麼決定了。[53]大久保留在長崎處理相關事宜，至5月底才返東京。

52. 大久保利通正確的拼法為Ōkubo Tosimichi.

53. 事實上出發的命令及李仙得返回東京應付各國公使是由大久保、大隈、西鄉3人於5月4日所決定，而由大久保對外負全責，西鄉則留下：「今日征旗已離帝都，中途停兵，所為何來？……若清國發出異議，政府允以西鄉以下之徒，答稱脫艦之賊徒！」之聲明，演出「西鄉暴走」戲碼，開創日本軍閥不服從命令，以巨人之姿強行軍事行動的典型。

第十六章　殖民兵

5月22日，征臺總司令西鄉從道都督抵達瑯嶠戰地，日軍的作戰策略以及與原住民的互動模式，都面臨必須檢討、調整的階段，並據以釐正修訂往後的行動方案。5月23日，大本營召開軍事會議，幾件陸續接獲的情報與狀況影響了總部的作戰策略。

日軍從石門戰場帶回牡丹社人遺留的武器，其中有一支火槍被指認出是牡丹社酋長阿祿古（Alok）的武器，顯示阿祿古已受到致命重傷。而且他兒子的頭顱也夾雜在幾顆被割下的人頭中，被指認出來。[54]阿祿古的兒子是年輕輩的領袖，他已死的消息傳開後，帶給所有的部落，尤其敵對者沈重的衝擊。西鄉都督嚴令不准再發生割取敵首的行為，但斬取敵人首級自古以來一直是日本的野蠻遺風，很難禁止。所以牡丹人再度出草，又引發薩摩兵以其人之道，還諸其人的報復行為。

西鄉都督甫抵社寮港，即下令不得再與原住民部落發生衝突，應改用理性、和平的方式來處理。他迅速決定不追究他抵達前的2次攻擊日兵事件——雖然造成了一人死亡、3兵受傷。但第三次攻擊日兵事件，也就是引起石門之役的攻擊事件規模太大了，假如日軍仍猶疑不決，可能使敵人誤以為日方的沒反應是示弱的表現，而演變成各部落聚集武力合攻日軍的嚴重後果。而正進行得如火如荼的石門之役，也迫使西鄉毫無選擇的餘地，當時只有牡丹社及其附近的

54. 據清《枋寮文武探報》：「生番被日人銃斃二十餘人，取其首級十六個示眾」（《甲戌公牘鈔存》頁48）。阿祿古的族名為Arugu・Kavulugan；克沙勒記為Ah Lok；瓦生書為Ahluk, 一般譯作阿祿，但照排灣語譯為阿祿古或更正確，他仍被牡丹鄉人視為英雄。父子死後，無家嗣，頭目位置遂由旁支繼承。陳梅卿編，《牡丹鄉志》，頁404、505；Eskildsen, pp. 209, 236.

部落站在反抗日軍的立場，[55]至於日進號被攻擊事件，只不過是一件微不足道的獨立個案。

▲排灣族人骨頭架
〔臺灣總督府理蕃局,《Report on the Control of the Aborigines in Formosa》（1911）；陳政三翻拍〕

緊接著又發生幾起零星衝突，其中至少有兩件較嚴重的遭遇戰，這些全都是不守軍紀的士兵所引起，但不影響總部既定的作戰策略。不過不守軍紀的士兵愈來愈多，他們散漫、率性的探險行為，實在不利大本營策劃中的大規模進擊——發動有效的突擊，以優勢的兵力摧毀敵對部落的根據地之戰略。有些士兵實在有問題，他們只服從西鄉將軍的個人魅力，[56]對於軍紀則視若無睹。佔士兵多數的殖民兵大部分來自薩摩〔今九州鹿兒島〕，階級高於一般常備兵，[57]他們熱心追求戰功，想盡辦法混到最前線，即使沒機會立功，也會無所不用其極自行製造足以建功的小衝突。想用軍紀規範他們幾乎是不可能的，舉例來說，5月22日，當日兵在四重溪庄沒收村民的武器時，整個村庄被興奮過度的士兵裡裡外外翻了好幾遍，鬧得全村雞犬不寧；待有人在村外發現敵蹤，士兵不待招呼，即全部衝到村外，狂奔而去，完全不聽上級的命令，也不管軍官是否跟上隊伍，腦袋只有砍下敵人首級、建立功勳這個念頭。許多殖民兵在日本內戰時，曾因功獲賞代表榮譽的紅帽（the red cap），他們炫耀的戴著，看

55. 當時與牡丹同一陣線的有高士佛社、竹社及女乃社。據四重溪（車城鄉溫泉村）耆老云，除牡丹、高士佛參戰，其他十六社戰士都聚集於石門附近，如果日軍戰敗，則皆加入追殺的行列；如牡丹社敗北，則投降日軍。葉誌成，《恆春史誌》，頁42、120。
56. 西鄉從道生於1843年，當時才虛歲32。薩摩兵服膺的不是這位「少年將軍」，而是明治中興大功臣、「薩摩之光」西鄉隆盛。所以鹿兒島人將愛戴隆盛之心，轉移到比他小16歲的弟弟從道身上。
57. 薩摩殖民兵又稱志願兵，出身傳統的貴族、武士階級，在1870年〈徵兵規則〉頒布前，只有武士以上的階級才能打技，平民只能當軍夫，服侍士兵。1870年以後，漸引進平民從軍，但傳統的階級意識仍在。

在常備兵眼裡，也亟思獲得相同的殊榮。在這樣的氣氛下，尤其在琅嶠半島如此惡劣的環境中，軍、士官與士兵其實經常處在近乎平等的狀態，很難維持嚴格的階級區分。或許剛引入的西洋新式訓練尚未深入士兵心中，反倒是日本老式單純的指揮及作戰方式較適合這個地區吧！

▲日治初期，徵召平埔族為隘丁，防守隘勇線，阻止「生番」（高山原住民）出草〔Fischer；陳政三翻拍〕

日本兵有的是勇氣，但實在欠缺謹慎的特質。舉一個我親眼目睹的年輕譯員為例，咱們這位主角出生於肥前（Hizen），[58]很多親友涉入1874年2月的「佐賀之亂」，事平，有人切腹自殺，他當時在東京，一直被嚴密的監控行蹤。為了表白效忠政府之心，他自願從軍擔任翻譯工作，以洗清罪嫌污名。雖然擔任的是非戰鬥任務，但他深具信心，堅信可以「找到」或「製造」報效國家的機會。他抵達才1、2天，立即著手籌劃、並且執行了兩項惹惱上司的探險行動——第一次是在5月12日，他帶領幾位追隨者，沿海邊南行，深入山區；第二次在5月17日，發生了薩摩軍曹被殺事件，他聞訊後單槍匹馬的深入內陸調查該案。5月22日，他終於逮到了立功的機會，甫聞石門開戰，連帽子、外衣都來不及穿戴，立即抓起武器飛奔出營、直驅前線。別人問他去哪裡？他以曾久住過的蝦夷（Yezo）[59]地方慣用的玩笑話回道：「我猜我正要打獵去。」當晚返營，他帶回3個敵人首級。我必須很遺憾的說，他砍下了這些頭顱，但「遺憾」兩字用在此時此地或許並不適當，因為戰場殺敵是軍人的天職，至少從他的觀點來看，他自認比其同僚立下更大的戰功。

5月22日石門之戰，日兵涉水前進，距最狹窄的石門不到30呎處，牡丹人

58. 肥前為今九州佐賀。
59. 蝦夷——えぞ（Yezo）地名指北海道；另為北海道及本州東北原住民愛奴族（Ainu）之古稱。

自埋伏處起身射擊，士兵在事出突然、毫無防備下，出於本能而非任何訓練所能教導的反應，展現最佳的因地制宜，使他們脫離險境、反敗為勝。附近紮營的軍隊聽到槍聲，立即趕赴石門增援。琅嶠山谷的村民抓起簡陋的武器，表明協助征剿牡丹社的意願，[60]他們的好意被婉拒了，主要是日軍實在沒辦法從外表、穿著來區別親日土著與牡丹人間的差別。[61]村民為免在戰場被日兵誤殺，引起雙方不快，這才快快然決定暫不參戰。這件小插曲可看出牡丹社雖是半島最強大的部落，但盟友只有緊鄰的幾個「番社」，離得較遠的其他部落或漢人都視其為天敵。我親耳聽到原住在日兵被伏擊處的村庄，但已逃離家園的土著天真的說，他們之所以選擇離開自己的家園，主要是怕被日兵誤認為他們是牡丹社的盟友；如不離開，又怕被牡丹人誤認渠等已與日軍結好。反正留在家園終歸必死無疑，所以只好四處流浪了。但假如日軍走後，

▲著漢服的琅嶠平埔族
〔James Davidson (1903)；陳政三翻拍〕

60. 隨行的有柴（車）城來的民人（閩籍）；四重溪、三重溪一帶居住的則為平埔族及客籍漢人。《甲戌公牘鈔存》，頁48-49。

61. 日兵沒收四重溪一帶平埔族及客家人武器時，曾貼布告：「在此近鄰，累生兵端，但我日本人難分生、熟之別……。」可見平埔人、山區客家人及內山原住民服飾已漸趨一致，有互相影響的情形。如李仙得於1869年第二次探訪卓杞篤時，他在射麻裏即看到多處漢化情況：「〔一色屋中〕椅、桌皆漢人所為。有一幅中國圖畫，繪數美人手彈琵琶……。射麻裏一族髮亦打辮，同於中國。……卓杞篤之兄弟甚通漢語。」

▲清末日初已作漢人打扮的阿美（眉）人〔Adolf Fischer書；陳華民翻拍〕

再向牡丹人納貢，那麼才有苟延殘存的機會。[62]至於射麻裏的頭人一色及大部分其他半島上的部落，早已和牡丹社分道揚鑣，不再有任何攻守同盟關係了。

5月22日晚間，北方6、7哩外漢人村落楓港的頭人〔王馬首〕派人到社寮，懇求能與日軍結盟，並希望日本派兵前去佔領；[63]社寮的頭人也表達同樣的意願。[64]自從日軍擊敗牡丹社；槍殺阿祿古酋長父子的消息傳開後，各方震服，紛紛派人前來輸誠。原先拒絕到日營的一色酋長也立即遣人來告，表示願意帶他親手挑選的小公牛、家禽等禮物到日營拜訪，不過鑑於石門之戰剛結束，深怕被日兵誤認為敵人，所以先派人帶牛隻等禮物奉上，稍後再擇機來訪。

5月23日，氣候十分炎熱，還好士兵已漸漸能適應，連之前中暑的人也已康復。傷兵安置在設備不完善的野戰醫院，[65]哼也不哼一聲的忍受傷痛，

62. 排灣族的貴族擁有部落裡全部的土地、水源、獵場、河流，屬下平民向其承租土地耕作，收成時須納貢物給頭人。打獵、漁獲也須納貢。對於部落外或附近較弱小的族群，如阿美族、平埔族，甚或漢人，也以這套方式收取貢物。
63. 此楓港頭人為王馬首（或寫為王媽守），他不但於7月底替日人洽租楓港陳四福的平埔地，以供紮營用，並於8月中引日兵入駐楓港附近的嘉鹿桐（今枋山鄉加祿村）。他還曾引介在彰化臺中地區作亂的廖有富的叔父廖仕強（又名廖供）予日軍，達成日軍與彰化廖家互為奧援之協定。
64. 可能指漢人頭人張光清及后（後）灣新營地地主陳四福等人。
65. 「陸軍二等軍醫正」桑田衡平，以「醫院長兼預備醫長」身分來臺，他在5月20日才在新營地龜山設立基地總醫院。留下《明治七年征蕃醫誌》傳世的落合泰藏則為隨行軍醫。

▲清末日初客家人平常穿著
〔取材自《臺灣史料集成》；陳華民翻拍〕

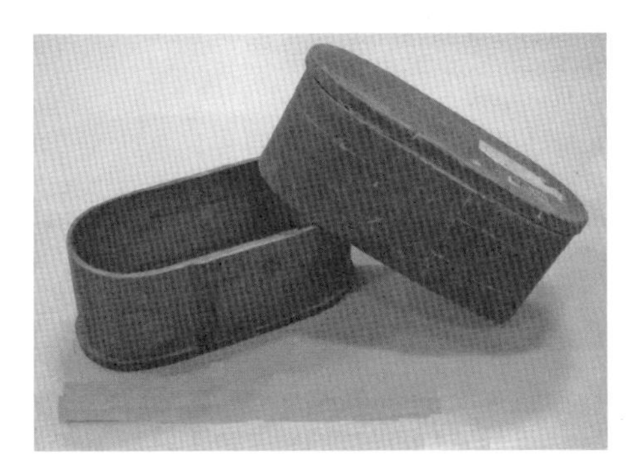

▲牡丹社事件日軍使用的飯盒，後來由車城的平埔族持有〔國立臺灣博物館提供〕

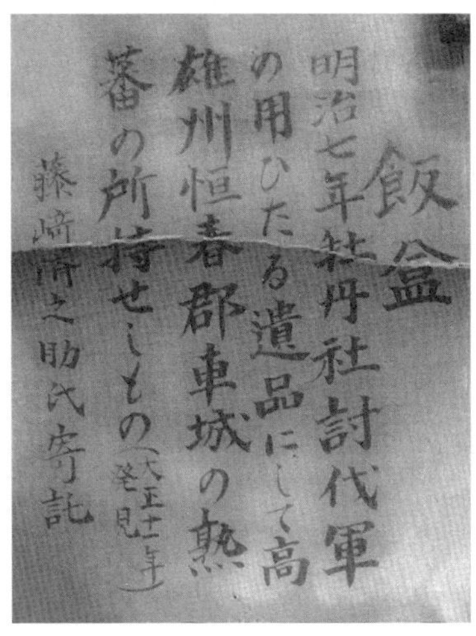

飯盒
明治七年牡丹社討伐軍
の用ひたる遺品にして高
雄州恒春郡車城の熟
蕃の所持せしもの（大正十一年発見）
藤崎済之助氏寄託

▲車城平埔族持有的日軍飯盒說明
〔國立臺灣博物館提供〕

傷兵除一位不治外，其餘最後都康復了。日本軍營物資充沛，供應完善，相較當時歐洲軍人，日兵稱得上是縱情逸樂之徒（Sybarite）。他們不必擔任野外構工的工作，有軍夫代勞；即連烹飪也有炊事工負責，飲食方面質量都很好，甚至有點浪費。必要時可以叫苦力送飯到營房或帳幕內，連啤酒、烈酒也都有定額、定量的配給呢！[66]

日本兵下了勤務，可以換上配給的棉質寬長袍、草拖鞋，營區日夜隨時充滿他們的笑聲、歌唱聲，看來想必過得十分快樂、舒服。10位阿兵哥中至少有9個是介於20至25歲的青年，表現得多禮、互讓，很少起衝突。溪流、大海就在營區旁邊，隨時可以跳入洗個痛快，大大滿足大和民族愛乾淨的國民性。不過營區的衛生顯然未被重視，垃圾、食物的殘渣四處棄置，埋下往後疾病橫行的種子。

但率性的士兵仍毫不在乎的沈溺於探險活動外的睡覺、打屁，以及包括相撲（Sumo）在內的各種運動。每晚海灘都擠滿人群，觀賞這種最近流行的相撲。[67]

▲（上）相撲力士進場；（下）日本相撲（Sumo）
〔Harold & Alice Foght,《Unfathomed Japan》（1928），陳政三翻拍〕

66. 日軍的補給以伙食最費周章，所需的生牛肉、魚類、麵包……等，都由長崎的西餐廳供應。當時儲運的設備差，所以很多東西在航行途中早已腐壞，而不得不丟掉。

67. 相撲據傳為古代神祇間的運動，或云源自中國秦代的「角抵」，三國時代由東吳派赴日本的軍隊傳入，慢慢發展成日本式的相撲。江户時代初期以前，常在寺廟、神社配合祭典舉行。17世紀德川幕府初期，漸漸形成職業化。迄今，日本相撲協會每年在奇數月，於東京（1、5、9月）、大阪（3月）、名古屋（7月）、福岡（11月）舉行6次大賽。據水野遵《征蕃私記》載，日軍大本營為提升士氣、撲滅風土病蔓延，常舉辦相撲比賽。

第十七章　都督與酋長

5月25日，日本大本營將官與射麻裏酋長一色所屬的南部友日聯盟頭人第二度會晤。在會面之前，有一段交涉過程：5月22日「石門之戰」結束的當天，一色派信差到日軍大本營，表示他們本來早就有意來訪，但考量安全上的顧慮而暫緩。鑑於上次日本代表團未帶扈衛深入一色領土的邊境小村，不但充分顯示誠意，還熱心的邀請一色等人有空到日營參觀。一色表示他有意在適當的時機來訪，時間也許在白天、也許在晚上，希望日方屆時將會面地點附近的衛兵暫時撤離，以免擦槍走火、發生誤殺事件。一色表示選擇此時來訪，除了之前曾受邀的理由外，日軍與敵對部落剛發生的戰爭也是重要的因素。如果他不被日方所信任，也未蒙周詳的保護，那麼他將取消來訪的念頭。信使暗示一色其實很想與日軍將官會面，所以如派人前去邀請，一色一定欣然接受，而如果派綿仔前去邀請當更佳，一色肯定毫不遲疑的立刻束裝下山。

綿仔奉命於24日入山，當晚即回報：一色本擬和他一道下山，但整天的傾盆大雨，使得山路泥濘，無法把準備送給日方當禮物的牛群順利驅趕下山，[68]因此可能延到25日才來。25日晚間9時，衛兵報稱一色已抵達河的另一邊，[69]隨從有6人，所帶來的大批戰士則被阻擋在社寮村的外圍邊緣。西鄉從道、谷干城、赤松則良等3位將官、美籍軍官，以及高級幕僚立即離營趕往社寮，到達綿仔的家，微弱燭光映照的院落擺滿板凳，早坐滿內山來的頭人。

這次已是一色第二度和日本人接觸，或許新鮮感、陌生感已減退，他表現

68. 克沙勒記為2頭牛，另有豬、雞（Eskildsen, p. 210）；據枋寮文武探報，一色等親日部落合送日軍水牛3隻。
69. 日營尚在原址，故此河為射寮北方的保力溪。

較第一次時輕鬆、和緩；也或許並非在自己的部落裡，所以不須在屬下面前裝出大義凜然狀，整體而言，一色的表現比上一次來得好。一色的態度安靜，而且沈著中帶著莊重，從頭到尾絲毫沒露出過度興奮的表情，即使日方主動提出雙方結盟的建議，他也未顯出喜出望外、卑恭屈膝狀，也不因之洋洋得意。我必須承認，沒有任何與他同等地位的人表現如此的得體，他不但贏得我們的尊敬，也為其聯盟爭取了最大的利益。今天的會議對一色及其同盟族群無疑是件重大之事，因為有生以來，他首次面對不承認其最高地位的對手，而且必要時還可能隨時反駁他的外國人。直到此刻之前，他可能從未被迫一直壓抑本能的情緒反應，但石門之役日軍重創牡丹戰士，一色以前的盟友、近日的敵人——阿祿古酋長橫死戰場，改變了整個情勢。所以，假如一色聽到上述消息後，不管是立即率部逃入深山，躲藏起來拒絕進一步和日軍來往、溝通；或是嚇得卑躬乞降，這兩極反應都還不致讓人感到意外，不過一色顯然採取了最有尊嚴的第三種方式。

愈來愈多的資訊讓我們逐漸瞭解原住民的力量，以前顯然被過度高估了，即使才幾十人的部落，也常被誇大成數百、甚至數千人的部落。「部落」（tribe）這個名詞事實上只是習慣用法，[70]很難溯源得名之因，但決非西方人印象中的一大群人之聚落。南臺灣的某個部落之意，常只是一座獨立村社而已，通常人數不超過200人。在比對新、舊資料遇到困難時，突顯了李仙得將軍不能來臺的影響，因為他不但經驗豐富，而且與各部落的頭人熟稔，深受他們的尊重。原先期望由他負責的戰地指揮、策劃工作，現在必須由來臺的將校根據他提供的資料，[71]再加上新取得的資訊臨場應變，重新調整策略。

70. 美國用tribe稱呼原住民聚居地，漢文為「番社」，日本使用「蕃社」。日文漢字的「蕃」，即華語的「番」。

71. 1872年10月底李仙得與副島種臣會面後，曾陸續提出6個侵臺備忘錄。當年12月28日李仙得被明治天皇封為外務省二等官，曾規劃一旦侵臺，任命李仙得為征臺軍將領，並在占領臺灣東南部後出任駐臺第一任總督。這些計畫在副島種臣等征韓派下臺後，不了了之。不過李仙得所提1～6號備忘錄，成了日本往後20多年侵臺，甚至是太平洋戰爭「大東亞共榮圈」戰略的藍圖。

根據最新的情報顯示，琅嶠下十八社的總人口不到3,000人，或遠低於此數。故一色所轄聯盟的可用武力，也就相對來得少，沒有足夠的力量對抗日軍。一色想必心裡有數，但從他的從容態度及坦白言詞觀之，實在看不出他有對抗的異心，也因此深獲日方的信任與讚賞。

雙方會談的過程及內容十分細瑣，簡言之，日方提出下列要求：

㈠一色的部落聯盟不得庇護牡丹人，並應協助日軍逮捕逃入其勢力範圍的牡丹社戰士，以示雙方結盟的誠意。

㈡允許日軍在其地盤內通行無阻，並得與部落住民往來交易。

㈢嚴誡龜仔甪社等曾對日軍顯露敵意的「番社」再度攻擊日兵。

㈣允許日艦於東海岸無害停泊，以補充食物、飲水。

日方再三保證，以後將增加更多的援兵，對敵對部落施予重懲，但只要一色聯盟成員遵守上

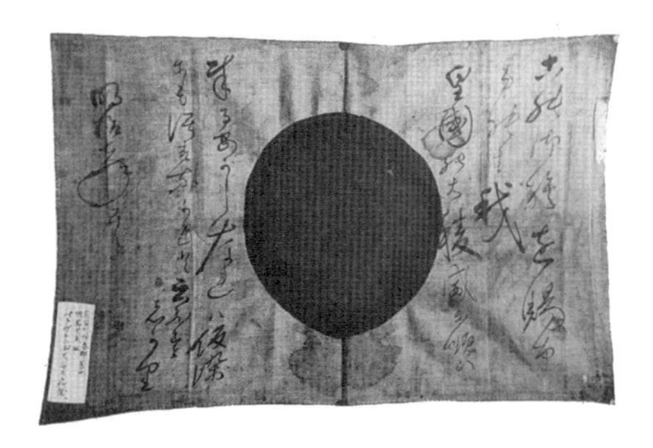

▲1874年日軍發予頂加芝來社的保護旗〔《臺灣史料集成》；陳政三翻拍〕

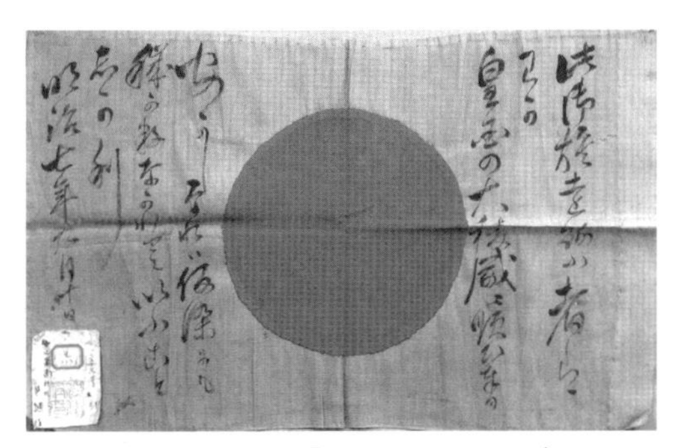

▲牡丹社事件「蕃社」歸順保護旗〔國立臺灣博物館提供〕

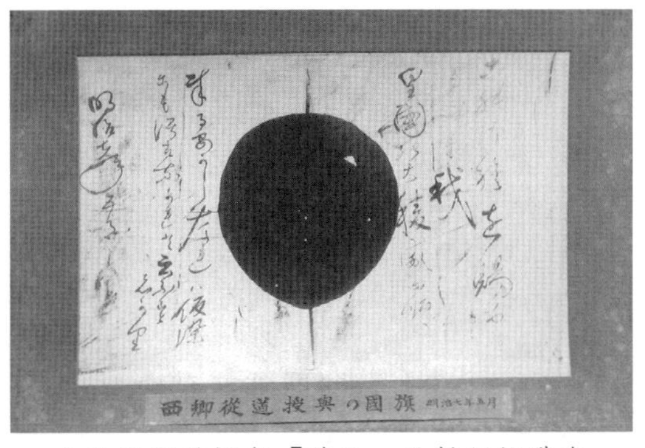

▲西鄉從道授與「蕃社」的歸順保護旗〔國立臺灣博物館提供〕

述要求，日軍絕對保證秋毫無犯，同時為避免誤殺，將發給一色認可的部落避兵符及保護旗。

一色聽後，馬上同意，甚至主動提出某些可與日軍合作的建議，比如他同意日本士兵、水手可自由進出其勢力範圍的任何地方；同時保證龜仔甪等社不敢再仇視日軍，萬一任何部落再有攻擊日軍事件發生，他保證親自引領日軍討伐，直到殲滅那個不知好歹的部落為止。不過為避免不必要的糾紛，他反對讓西海岸的漢人進入部落，因為他們的族人實在不願與漢人有任何往來、瓜葛。日方保證不會勉強他們接納不受其歡迎的入侵者，也不介入地方失和事件。談到如何處理牡丹社、高士佛社（Kusukuts）——原屬老卓杞篤在世時琅嶠十八社聯盟成員，一色居然表示希望日軍消滅他們。至於日軍將發給的保護旗，一色表示只需16面就夠了，其他剩下的兩面旗是否發給牡丹社、高士佛社，交由日方自行決定。[72]

會談約為時2小時，過程除一色發言外，其他四社酋長靜坐一旁聆聽，並不開口；[73]日軍將領、美籍軍官則端坐對面另排板凳，集機靈、口才於一身的譯員詹漢生站在對坐的雙方中間，將美籍軍官講的英語先翻譯成漢語，再翻釋成排灣語。一色聽得懂漢語，每當詹漢生譯完一句，他就點一下頭，表示瞭解，但他不會說。[74]一色說話的方式很奇特，似乎完全用咽喉、舌頭部位發聲，很少用到唇部，即使強調一件事也沒動到嘴唇，常讓人搞不清到底是他或是他的同伴在說話。

一色以喉腔快速回答，由譯員轉成漢語，再由詹漢生譯成英語。同來的其

72. 日方發給的避兵符為紙張書寫的保護令；保護旗為排灣族象徵和平的紅色旗。另據克沙勒的記載，西鄉都督發了16面日本國旗給十六「番社」。
73. 事前克沙勒獲告，稱小卓杞篤（Toketok's successor）將出席；不過豪士及清方資料皆未指出此四社的社名，可以確定的是豬勝束社的頭人小卓杞篤—朱雷・土結（正確譯名應為朱雷・卓杞篤）及潘文杰皆未出席，否則豪士應會提及，且他是在6月11～14日東岸之行（第25章），才初遇朱雷。Eskildsen, p. 211.
74. 排灣人略通漢語似極普遍，1869年初李仙得第二度晤老卓杞篤時，發現老卓的弟弟「甚通漢話」——可能聽、說，甚至書寫皆懂。由此可見當時排灣已漸漢化，或至少顯示交流日多。

他社頭人甚少插話，完全由一色作主、發言。當談到龜仔甪社對日艦的不當射擊行為時，其中有一位表情極為尷尬——他雖然不是龜仔甪社的頭人，而是擔任包括龜仔甪在內的二、三社代表，他極力解釋當時龜仔甪人正在射擊飛鳥，並非瞄準日本軍艦，完全純屬誤會云云。日方對此無意深究，話題轉到如何保護親日「番社」，一色表示他住於戰場附近的屬民早就逃進山區，房屋不是遭日兵或西岸漢人侵佔，就是已遭焚燬，盼日方通告士兵勿再攻擊其族人。日方解釋有些村落涉嫌暗助牡丹人，但假如一色肯替其背書，那日軍不但將保護那些村社的人，而且將就其損失給予優渥的補償。

終於談妥所有事情，西鄉從道將軍命人端來禮物，每位酋長獲賞一對日本武士刀、絲帛、毛布料及棉布，以及一些稱得上奇珍異物的東西。酋長似乎不是很高興，而且表情略帶尷尬，他們也回贈獸皮、活雞等物，而且還有綁在村外的牛隻，明天一早即派人送到日營。交換過禮物，日本清酒（Sake）、三酒（Sam-shu）也端來了，大家一陣杯觥交錯、相互敬酒，直到午夜12點之後才散席。日本將官請一色等人多留一天，以便明天招待他們參觀營區，但被婉拒了。一色表示如果不馬上回去，他們的部下恐怕會擔心，不過他保證不久的將來再度來訪。

▲牡丹社事件—「石門之戰」〔James Davidson (1903)；陳政三翻拍〕

第十八章　琅嶠下十八社

日軍首要採取的攻擊方式為設法由不同的方向深入內陸，將敵人由其固守的要塞驅離，進而佔據主要的交通要道。執行此計畫的主要障礙並非敵人的兵力，而是高山叢林形成的天然屏障，使得向內陸挺進的困難度，遠較預期的高出許多。

愈來愈多的情報顯示，不只臺灣島南端原住民的人口被誇大了，連其政治組織也不是原先想像的那種架構。這是由於迄目前為止，曾深入內地訪問或探險的人仍屈指可數所致，即便獲得鳳毛麟角的資訊，也嫌不夠深入，不夠正確。半島西海岸的漢人雖提供了很多的內山消息，但他們不曾被允許在內陸自由往來，故所提供的不是不夠正確，就是錯誤百出，常根據不同人的觀察或出自不同的目的，將人數不多的原住民誇張成戰力充沛、凶狠無比的怪獸。

曾深入內山的洋人極少，必麒麟（William Pickering）、[75]許妥瑪（Thomas

75. 必麒麟（1840～1907）於1863年10月1日之前，隨首任淡水署稅務司W. Maxwell至淡水、雞籠開闢洋海關，可能在同年10月26日即派至打狗臨時海關服務，1864年5月初續留已正式成立的打狗海關，1865年元旦奉命開闢、主持安平海關。1867年以後入天利行、怡記洋行，1870年8月間因病離臺返英，1877年至新加坡海峽殖民地任職，至1890年退休，於1898年出版他在臺灣近7年的見聞*Pioneering in Formosa*。他生性好動、喜冒險，有點調皮，與老卓杞篤等原住民頭目稱兄道弟，所幸日本攻打牡丹社時他已不在臺灣，否則又不知要惹出多大的禍。他的著作雖略嫌誇大，某些事物可信度存疑，但不失為可讀性極高、且為瞭解老臺灣必讀之書。

F. Hughes）、[76]李仙得將軍是其中留下詳細紀錄的3位，但保有最詳細現成資料的李仙得無法隨軍來臺，目前大家只好瞎子摸象臨機應變了。根據日軍的逐步調查，種種跡象顯示大部分住在琅𤩝山谷的漢人及平埔族對日軍未懷敵意，基本上是可以信任的，而且他們認為日本既已下定決心派兵前來，遲早可將兇手揪出，並嚴加痛懲，所以任何膽敢暗助牡丹社的人，終必被查出而受到連帶懲罰。

▲必麒麟〔陳政三翻拍〕

日本大本營派出幾支偵察隊深入內陸，詳細調查各部落的人口、戰力，並為即將到來的攻擊鋪路。據〔克沙勒的調查，〕琅嶠山谷移民村漢裔頭人的估計，目前下十八社（the eighteen

76. 許妥瑪為清國海關英籍關員，何恩（James Horn）開發大南澳失敗、撤離時發生船難事件，許氏由上海到南臺，偕同必麒麟深入恆春半島求見老卓杞篤（1869年11月中旬），救出與何恩同船的平埔人。許妥瑪在*Proceeding of the Royal Geographical Society*, 1871～1872年第16期發表"Visit to Tok-e-tok, Chief of the Eighteen Tribes,"記述這件營救案。許氏後約於1872年由上海關調到打狗關，並著手協調建立鵝鑾鼻燈塔。1876年～1877年8月（光緒二～三年）間，再調至打狗關為代理稅務司（acting commissioner）。參閱陳政三，《紅毛探親再記：島內島外趴趴走》，頁82-96。

tribes）擁有的武力約有2,360人，[77]各「番社」戰士人數如下表：[78]

「番社」	戰士人數	「番社」	戰士人數
牡丹社（Botan）	250	羅（老）佛社（Loput）	126
射麻裏社（Sawali）	220	四林格社（Chinakai）	120
高士佛社（Kusukut）	190	龍鑾（巒）社（Lingluan）[79]	114
文率（蚊摔）社（Mantsui）	175	貓（麻）仔社（Baya）[80]	90
加芝來社（Kuchilai）	165	八磘（瑤）社（Peigu）	86
八之慝社（Patingi, 八磯社）	160	豬勝束社（Tuilasok）	74
巴龜角社（Pakolut）	155	猴洞社（Koatan）	60
射不力社（Siapuli）	142	竹社（Chicksia）	53
獅頭社（Osuantao）	130	龜仔甪（Koalut）	50

77. Eskildsen, pp. 255; Fix, pp. 35-36。《恆春縣志》，頁308、310-311內載：「番社向有上十八、下十八之分，今可記者五十有八」；又載「瑯𤩝下十八社（今添兩社）：豬勝束社、文率社、龜仔甪社、牡丹社（內附爾乃中社大社）、高仕佛社、加芝來社、八姑角阿眉社、射麻裏社、四林格社、八磘社、竹社、上快社、下快社、射不力社（更名善化社，內有五社）、射麻裏阿眉大社、萬里得阿眉社、八磘阿眉社、羅佛阿眉社、麻仔社（內有山頂、山腳之分）、龍鑾社（附大阪埒社）」。《恆春縣志》成書於光緒二十年（1894），已是牡丹社事件發生的20年後，可以看出恆春阿眉族的人口、社群漸增，而排灣人口、部落數似有減少現象。如據鳥居龍藏在1898年底調查結果，他稱「下蕃社」共有二十八社，户數854，人口3,405人，「蕃社」名稱有：「豬仕束、八姑角、姑仔角、蚊蟀、高士佛、牡丹、中社、女奶、加芝來、射麻裏、大社、莿林格、八磯、家新路、牡丹路、巴務墨〔按：射不力吧賜墨〕、草埔後、貓仔、快仔、竹社、龍鑾等。」（引自楊南郡譯註，《探險台灣》頁286）。本書所稱的琅嶠十八社，概指下十八社。

78. 豪士此處下十八社資料應係根據克沙勒調查的結果，不過部落名稱拼法略有不同。參閱Eskildsen, p. 255; Douglas L. Fix, *op. cit.*, p.35-36。其中位於屏東縣獅子鄉丹路村的射不力社，以及Osuantao, 克沙勒都稱之為「北方部落」。Osuantao可能指位於獅子鄉內獅村的外獅頭社（Owadijtsu）與內獅頭社（Atsudas）之合稱，故譯為獅頭社，應屬上十八社之一。至於八之慝社或八磯社（Patingi），據鳥居龍藏的分法，則為下十八社中的一小支。

79. 《恆春縣志》頁100、105稱龍巒社；頁108載龍蠻社；頁311記為龍鑾社。

80. 譯註者原解讀Baya為「八瑤社」；根據House原著（p. 114）所附地圖，以及發表於1874年8月17日*N.Y. Herald*的報導，「Ba-ah位於社寮東邊、竹社南邊的山區中間」，指的應是貓（麻）仔社。ㄇㄚˇ仔，「山貓」之意。因此，原解讀為「內八瑤社」的Peigu, 修正為八磘（瑤）社。Douglas L. Fix, *op cit.*, p. 37.

有理由相信上述的估計仍嫌高估，而詳細調查又不可能，但在各種努力下，這些十八社的戰力數字，毫無疑問的比以前任何統計都更詳細。稍後我有機會比較李仙得根據他自己的觀察，以及必麒麟、何恩（James Horn）[81]提供給他的資料所綜合估算出，不含阿美族（Amiyas）的琅嶠下十八社總人口為2,335人。[82]經過5年時間，總人口增加的原因，可能是北方社群〔琅嶠上十八社〕在得知日軍入侵，乃派人南下支援所致。[83]

目前確知只有牡丹社、高士佛社與日軍為敵，其他某些「番社」可能站在他們那一邊，但也可能採「隔山觀虎鬥」的立場，依戰況發展結果才決定投向哪一方。[84]牡丹、高士佛兩社武力合計440人，根據日軍線民通報，牡丹戰士在石門之役已陣亡30人，受傷的人更多，因此兩社目前可動用的武力不超過375至400人，與日兵相比，實在少得可憐，加上落伍的破爛武器，無法抗拒日軍的進擊，不過他們仍然堅信擁有天時、地利的優勢，力足抗拒不熟深山環境的日本

81. 何恩（James Horn）在某些文獻被譯為「康」或「荷爾那」，英國蘇格蘭人，1867年中自稱為羅妹號船長夫人的親戚，央求必麒麟、許妥瑪協尋屍體，兩人深入恆春半島龍鑾社。1868～1869年間，何恩娶大南澳附近平埔頭目之女，並在當地與德籍商人美利士（James Milisch）合作發展墾殖事業，後在清、英、德合力施壓下，於1869年11月撤離，據史載死於該次撤離赴恆春半島時的船難；不過英國領事館未留有何恩死亡的記載。1895年，美國記者達飛聲（James Davidson, 日治初期出任美國首任正式駐臺領事）曾於蘇澳碰到何恩的女兒：一位美麗少婦，姿容似白人，作平埔裝束。

82. 根據各年代統計，1886年屠繼善統計琅嶠地區「下十八社」二十一社共3,338人（含八姑角阿眉社及阿眉番大射社319人）；1898年鳥居龍藏估計「下蕃社」共有二十八社，户數854、人口3,405人；1902年川上和一稱「恆春下十八社」人口，史排灣族（Spaiwan）有二十社，726户，3,554人；阿美族有二社，39户，238人。

83. 琅嶠上十八社，據《恆春縣志》內載：內龜文、外龜文、中文、內獅頭（今改名內永化）、外獅頭社（更名外永化）、麻裏巴、中心崙、草山（更名永安）、竹坑（更名永平）、阿栽米息、周武濫、近阿煙、馬來藕、大干仔笠、本武（更名永福）、大加芝來、霧里壹、阿郎壹等社。

84. 豪士的推測與四重溪耆老的説法相同。據口傳，此地是牡丹、高士佛社拚鬥日兵，其他十六社戰士埋伏、觀戰，以決定投向哪一方之處。這種説法並不完全正確，《甲戌公牘鈔存》（頁52）載，參戰者有牡丹社、中社、高士佛社，準備如牡丹社獲勝，即加入追殺日兵的只有親牡丹社的爾乃、竹社、八磘社、射不力社、加芝來社等五社，不過尚未接戰即「先行走去」。

軍隊。

各「番社」擁有的可戰鬥人數或有不正確，但已可大略推估出各社的人口及其勢力的大小。假如可以如此推估，那麼令人訝異的是近幾年聲名狼籍、令人聞之色變的某些「番社」的人口竟然如此稀少。舉羅妹號屠殺案，以及擊退美國哈特佛、懷俄明兩艦的主角——龜仔甪社為例，他們只擁有50名戰士，居然是各社中最少的。

曾被尊稱為瑯嶠下十八社首領的老卓杞篤，實際上也只不過是豬勝束社這個小部落的頭人而已。他之所以擁有這樣的虛名，乃是龜仔甪人肇禍，引起外力入侵時，他所展現出的危機處理能力，因而獲得其他社的尊敬。但他的榮銜及影響力，顯然沒有傳承到他兒子的手中。同樣的，龜仔甪社好戰的名聲，可能也是因意外而得之。假如羅妹號在其他「番社」的領土內失事，結果可能完全一樣，上岸的水手極可能遭到同樣被屠殺的命運。老卓杞篤生前在十八社的統治權威並不像外界想像中的那麼穩固，兇悍的牡丹社似乎從未真正的聽命於他的號令。當時被稱為「聯盟」（confederacy）的組織，只是因突發事件的臨時權宜結合，並非有組織的常態結盟。[85]像射麻裏頭人一色的權力，並非得自老卓杞篤，而是因射麻裏社人口、武力僅次於牡丹社而得的。這些新發現，使我們明白不論是一色或任何酋長，沒有任何頭人可在十八社擁有絕對的影響力；各社頭人只能在所屬個別社群裡發號施令而已。

85. 1872年3月，李仙得第三度、也是最後一次會見卓杞篤，就發現這個現象，老卓與一色間關係微妙，李將軍提議2頭目合唱《伊是咱吔兄弟》（*United like Two Brothers*），老卓拒絕，還感慨時不我與。Eskildsen, pp. 168-170.

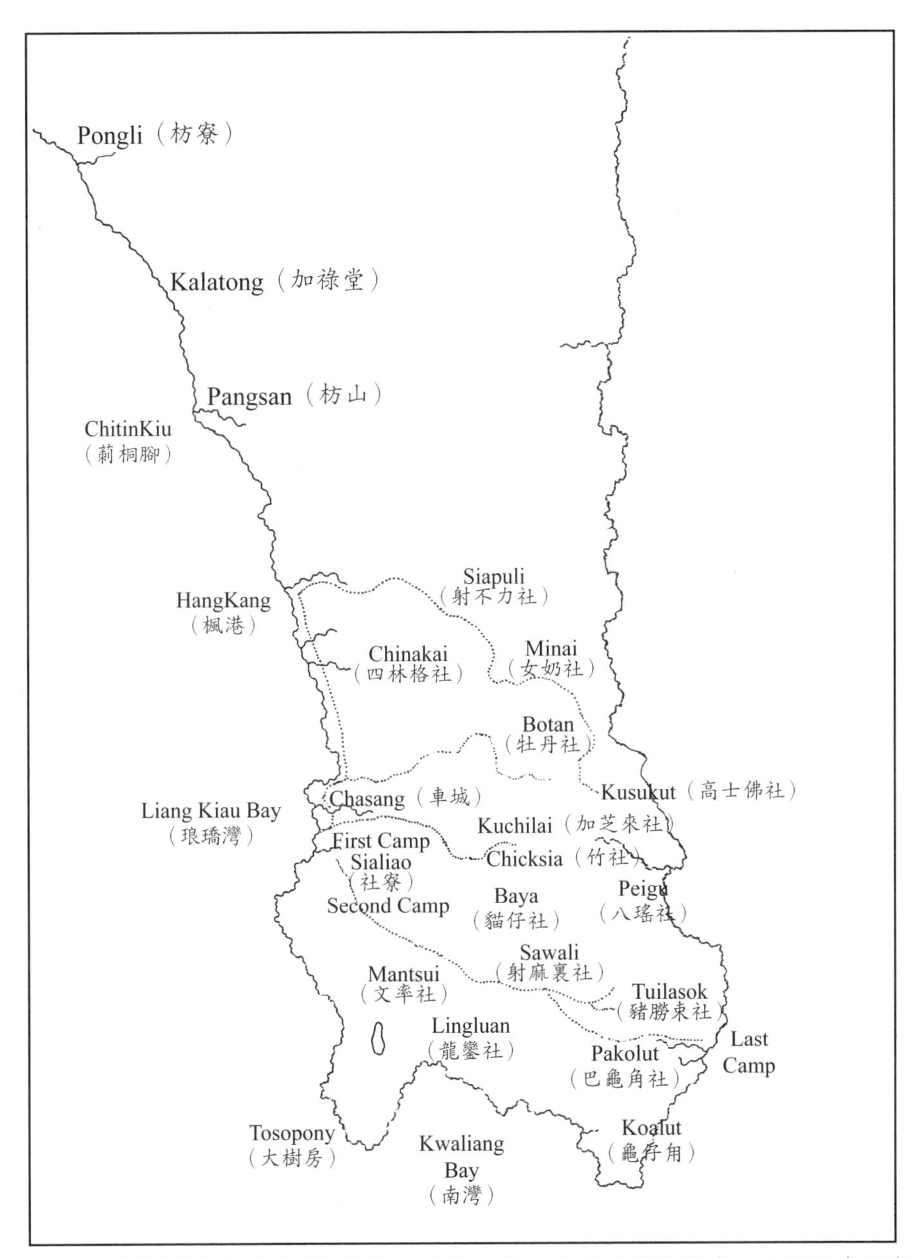

▲一八七四年恆春半島（琅璚）各社之分佈位置，以及日軍紮營處，此圖為參照豪士原書附圖重繪之圖。

第十九章　暴雨來襲

根據最新的調查，敵對部落的武力不如原先想像的強，不過試圖進入山區攻擊他們，卻是困難重重。這個情報雖然絲毫沒有改變日軍的計畫，但也降低企圖大規模活逮敵人的可能性。目前最重要的是打探通往敵方部落的山路、小徑的情報、當地地形情況，而非敵人武力有多少的問題。要快速解決上述問題，似乎必須活逮幾個敵人，以便從他們的口裡獲知，但除了1、2位不死心熱衷於此的人外，大部分軍官對活逮敵人都不抱期望。

◀水野遵所繪之日軍進軍地勢圖〔取材自《西鄉都督與樺山總督》；陳政三翻拍〕

▲日軍授予親日部落之保護旗
〔取材自武內貞義《臺灣》，陳政三翻拍〕

為了得知通往牡丹社、高士佛兩社的路徑、地形概況，決定於6月1日起兵分三路，直搗敵人核心，進軍路線、行動計畫都規範相當詳盡。但5月24日起，大雨滂沱，且毫無停歇的跡象，道路、山徑泥濘難行，河水暴漲、氾濫，增加行軍的困難度及危險性。即便躲在帳篷內也很不舒服，遑論在野外行軍。琅嶠地區的暴風雨很特別，來得很突然，也去得很意外，通常2至3個小時的狂風暴雨後，火熱的太陽接手肆虐上一個小時，然後又是另一輪同樣的情況。晚間下雨的節奏與白天一樣，只除了沒那麼熱而已。[86]帳篷阻擋不了湍急的流水，事實上大家也早已不敢冀望它可以提供什麼保護。陽光和雨水一樣，可以輕易的射穿篷布，白天我們必須在篷內撐傘擋陽光、遮雨水；晚上就睡在雨傘下面，假如真能睡得著的話。這算得上是世界奇觀吧？

6月1日天氣似有好轉的跡象。在該日之前，每天可用來當班、服勤的時間不超過3個小時，大家不是在避風就是在躲雨，有夠沈悶的。幸好附近善體人意的村民，攜帶各種土產，尤其是令人垂涎的「三酒」（Sam-Shu），來到營區四處兜售，使士兵不致活得太沈悶。村民賣的由蕃藷蒸餾成的酒，姑且稱之「蕃薯酒」，味道令人不敢恭維，但「無魚蝦也好」，怪怪，倒是馬上被搶購一空。小販到處流竄、扯起嗓門死命地叫賣，使得死氣沈沈的軍營有了生氣，他

86. 恆春每年5～9月為梅雨、颱風季節，也是平均氣溫最高之季節。

們雖是半路出家的業餘攤販，可宛如受過類似倫敦、紐約名店學徒訓練似的，挺專業的，也挺吸引人的。土產有山酒、糖果、餅乾、蛋、雞鴨、魚肉、蕃薯等可供選購。間有叫賣此地不生產的香蕉、鳳梨，顯然是北地來的農產品。

小販如何賣出東西呢？他們透過有限的漢字字彙試圖與士兵溝通。漢字屬象形文字，此地人民廣泛使用它，日本人在很久以前也採用漢字，[87]所以雙方可以寫在紙上，或更普遍的就寫在沙地上，即可相互溝通。至於對話就如「鴨子聽雷」，似乎有聽沒有懂，幸好聰明伶俐的小販總能滔滔不絕的向傻站一旁的士兵，極力吹捧商品的優點，即便偶而士兵成功的插上一句他們不懂的話，他們仍能自導自演、唱作俱佳的接話。最後總是雙方就在沙地上，用手指寫出自認合理的價錢——通常是寫出自以為對方應該瞭解、但其實不懂的字，甚至是臨時發明的字形。唉！反正到最後也不知怎麼搞的，交易總是在如此有趣、又有點混亂的情況下達成。

瑯嶠山谷的人民此時似乎完全沒有最初的敵意，他們也放棄趁機海撈一票的念頭，大多數的人表示可以接受日方提出的合理工錢。[88]連那位擁有從暴跳如雷瞬間變臉成興高采烈的特技的光頭軍師，也都放棄始終無效的煽風點火，他手提兩個大籃子，用溫順的笑容，加上哀怨的鳴叫，耐心的兜售土產。不過我最後一次見到他生氣的模樣與經過，實在值得在此一提，不應遺漏。

那是5月中旬的某天，光頭軍師突然心血來潮，跳上小船划向離岸約一哩外的有功丸，[89]當他的船航靠舷側，我正巧在有功丸上，目睹全部經過。他的探

87. 5世紀初，倭王讚奉曾上表於中國之南朝，以及該世紀留下的「畫像鏡」及「太刀」銘文，可知日本最遲在5世紀已使用漢字。奈良時代的和歌集《萬葉集》即以漢字為音標來表現日文語義，又稱為「萬葉假名」。後又逐漸取漢字偏旁，成為片假名；另又有人簡化漢字草體書，成了平假名。當時男性貴族仍使用漢字，而「假名」則為貴族婦女專用。

88. 由於每日工錢最初爭論不休，日營曾一度全部不用瑯嶠山谷的住民，最後由車城田中莊的頭人林明國出面，敲定「無論近遠，每日三角」。《甲戌公牘鈔存》，頁59。

89. 李仙得於1869年2月赴社寮時，曾寫道：「現江口之水，其流入城內者業經淤塞，2年前大船所泊地方，近為沙灘，潮退時竟成高燥之地」。可知1867年時，大船尚可靠岸，但1869年須舶於港外海中。

訪倒未受到懷疑，不過好死不死，有人恰好丟垃圾至海中，不幸的是剛好全落在他光鮮的禮服上。我實在無法形容他那副滑稽模樣，瞬間他漲紅臉、咬牙又切齒，一個箭步跳上有功丸，想找那個不長眼的肇禍者理論一番。可沒人會傻到等待復仇。他四顧無人，無處發洩，就跑到船長座艙，準備好好訴苦。船長自己在玩美式「單人撲克牌」（solitaire），苦思如何破解複雜的牌局，沒注意到他。滿懷委屈的光頭挺立艙門口，擺好架勢，準備大聲告狀之際，眼光掃到生平從未見過的撲克牌——尤其是有圖像的國王老K、皮蛋皇后，整個人像觸電似的停在那裡，兩眼直瞅牌戲，生氣的表情漸漸消失，浮起好奇的神色，加上偶而輕聲傻笑。撲克牌顯然比格林四管機槍或番薯田暴動更能吸引他，也更能滿足他。他在那個位置直挺挺的呆立半個小時，靜靜地、心滿意足地看著船長的牌戲，忘了被丟垃圾的深仇大恨，忘了所為何來，然後若有所思的悄然離開。目睹整個過程，我浮起原來西方文明對福爾摩沙島民，也具有同樣吸引力的想法。

大多數的友日村民雖熟悉內陸山區，但卻缺乏「距離」以及「時間」的概念，加上又懼怕內山原住民，所以日軍很難聘到適當的嚮導。[90]住民可謂毫無距離概念，他們說：「此地是遠在清國之外的邊陲地帶，沒有清國人可以教我們『里』（li）到底是什麼玩意兒。」時間的計算也十分簡陋，通常他們會說這一趟大約要走上半天或一天；或者「早餐後從甲地出發，午餐前可抵達乙地」。這種馬虎的計量方式，顯然不能用來規範精密的軍事行動。假如使用這種「大約要走上半天，吃午飯時到」的想法，來規劃一項側翼包抄牡丹社的突擊，不但將徒勞無功，恐怕還會出大禍呢。

另外一個更嚴重，且必須面對的問題出在日軍本身——即使已有外籍軍事教官的指導，但日本軍隊尚無法進行任何一項大規模、較複雜的整體作戰戰

90. 日軍除原有的詹漢生、黃慶、寬來、綿仔等嚮導，後來另納入各地頭人，如董煥瓊（車城）、張光清（新街）、林九（或稱林阿九，統埔）、楊阿古（告）（保力莊）、林明國（田中莊）、陳阿三（猴洞）等人，更遠處還收納楓港的王馬首（王媽守）、彰化的廖仕強（廖供）、廖有富。各地頭人或是親自出任嚮導，或是替日軍代覓適當人選帶路。

略。原因何在？我不能確定，或許因日本國土狹窄的地形，使得開闊的野戰觀念無法深植人心有關。日本人對西洋新知有如海綿，吸收極快、極好；但所引入的戰術、戰略，仍未脫離德國顧問佛利茲（Fritz）在「大戰略」（the Grande Duchesse）強調的：「一旦發現敵人，要全力打擊之，盡力摧毀之」原則。儘管有以上的缺點，我還是必須肯定日兵勇往直前的作戰精神，真的令人讚嘆。

日營不只與附近各村鄉民改善關係，還加強拉攏內地山區原住民部落。上級將官的親善動作，影響了下級軍士官有樣學樣，5月25日，一色聯盟的頭目來訪後，幾位年輕軍官立即私自出營，直入內地拜訪射麻裏社，他們安全的返營，表示此行沒有受到任何騷擾，只是射麻裏人好意勸他們不要再深入至其他部落探視，以免遭遇不測。

5月29日早晨，美國軍艦莫諾卡西號（*Monocacy*）在港外出現，停留幾個小時，未用信號與岸邊聯絡即因風勢關係不得不駛離。那天海浪雖不太大，但風勢由西向東吹，船舶有被吹往岸邊觸礁的危險。港內只有一艘日船冒險停泊，其他船隻都已儘快離港。莫諾卡西號因風浪吹襲，一度相當危險，她到此地係為了瞭解日軍的種態，上載美國駐廈門領事〔恒德森（J. J. Henderson）〕。[91]假如恆領事上岸多多瞭解實情，那麼日後就不至於犯下嚴重的錯誤了。[92]

91. 恒德森時任美駐廈門領事，此行曾先到淡水，再到臺南、高雄、琅嶠，並於1875年寫了一個報告“Report on the condition and prospects of Formosa”, 內文對臺灣無法律狀態及混亂情形表示失望。

92. 指恒德森於8月6日下令逮捕李仙得。詳第三十二章。

第二十章　兵分三路

至目前為止，還沒有測繪完整的福爾摩沙島地圖可供參考，尤其是最南端的琅嶠半島，除少數曾親身探險過的人以外，對絕大多數的人而言，仍是塊神秘、不為外界知悉的處女地。那幾位數得出來的冒險家，深入半島試圖解開神秘的面紗，甚至想在地圖上標誌出部落的位置，但仍只稱得上略有斬獲，還談不上成功的達成了預定的目標。事實上，連海岸的形狀都尚無人可以正確的描繪出來，那是因為海岸地形的快速且持續的變化使然，尤其在河口附近，造成地圖繪製不久，即可能已過時的情況。[93]此島海岸的地形幾年之內，即有明顯的不同，對航海者是很大的挑戰。

舉1630年荷蘭人建成的熱蘭遮城（Zelandia）為例，[94]它建在一個〔一鯤鯓〕小島上，隔著一條深水道〔臺江內海〕與福爾摩沙島遙遙相對。現在這一條水道已消失，[95]原稱為「大員」（Taiwan）的小島已和陸地連成一片，再也找不到原是島嶼的痕跡了。[96]

93. 菲律賓板塊每年仍以7公分的「速度」，向歐亞大陸推擠，臺灣處於兩板塊交會處，玉山、中央山脈每年還在「長高」，西海岸因大部分西流的河水帶來河沙的堆積，而逐漸向西「長胖」，形成西部海岸地形的變化。恆春半島為珊瑚礁海岸，形成珊瑚堆積沙灘情形；某些河口於乾季或冬季，因雨水少而浪大，常形成沙嘴將出海口河床掩蓋起來的沒口溪的景觀。
94. 熱蘭遮城即今安平古堡，1625年元月始建，至1633年元月全部完工，主城完成於1630年。
95. 道光三年（1823）陰曆七月間，一場大風雨（應是颱風），使得曾文溪決堤改道南流，注入臺江，土石流導致臺江內海一夕之間堆滿土石、淤沙，鹿耳門港遂沒落。
96. 荷蘭人初抵安平一鯤鯓島，詢問當地西拉雅平埔族，知道此地為Taiwoan或Tauan遂以之稱附近之地，到最後演變成以臺灣—Taiwan稱呼Formosa全島。不過據伊能嘉矩很有創意的考察，臺南一帶的西拉雅人稱漢人為Taian或Tayans；南部排灣人稱漢人李仙得將軍蒐集以往必麒麟、何恩等人草繪之地圖，再根據他的親訪所繪出的琅嶠半島地圖，是迄目前為止，被公認為最詳細、最正確的地圖，但經過日軍派人再度實地偵測，發現仍有很多地方不夠精準。我之所以用如此多的筆墨來介紹琅嶠半島的外貌，主要是想讓讀者瞭解我這隻禿筆實在無法根據任何資料，來指出東海岸或內山的部落之確切位置，更遑論深入細節了。儘管如此，隨著軍事行動的逐步展開，透過斥候的調查以及當地住民的協助，日軍參謀已將重要的部落之大略位置、半島地形，逐漸拼湊出來，雖然仍只是草圖，但已聊勝於無。

6月1日展開攻打牡丹、高士佛社的行動，約有500兵力的第一支分遣隊〔楓港部隊〕，於1號早上開往北方6哩許的楓港（Hongkang, 屏東縣枋山鄉楓港村）。那天早上仍然下著大雨，令人擔心整個計畫是否能夠順利執行。分遣部隊搶渡第一個河中淺灘時，湍急、洶湧的河水沖走並吞噬了一名士兵。幸好只發生這個意外，部隊沿海線北行，於當天下午平安抵達楓港。海岸線一帶住的都是漢人移民，看起來相當友善，不過仍帶著狐疑的眼光迎接日軍。楓港的頭人之前曾到過位於射寮的日營，慫恿日軍佔領楓港做為前進行動基地，[97]因為楓港是無主、獨立之地，清國統治權最南只到更北方的枋寮（Pongli）而已。

6月1日晚間雨勢漸歇，次晨放晴，陽光普照，老天似乎為了彌補先前的壞天氣，高掛又毒又辣的太陽，照得大家頭皮發麻、燠熱難耐。6月2日破曉時分，第二支軍隊〔中央部隊〕約300名士兵朝東方石門之役所在方向開拔，下午行抵石門附近、停留數小時。這支中央部隊的先遣人員於6月1日下午即先行離營探路，不幸的是有位士兵也在第一分遣隊遭難士兵被水沖走的地方溺斃。[98]

為Airan或Pairan：東部阿美族亦稱漢人為Pai-ran。譯註者聯想到Taian→「刣人」，Pairan→「歹人」、「壞人」。不知這樣的聯想與原住民的原意可相符？

97. 楓（風）港頭人為王馬首，也寫為王媽守。《甲戌公牘鈔存》（頁115）：「聞楓港之紮，非該倭本謀，實土棍王媽守圖利引誘」。他曾擔任日軍風港營會計部幫辦，處理採買雜物，也曾協助日軍召降上十八社的大龜文社人；1875年8月，周有基上任恆春知縣後，將王下獄斬首。王學新譯，《風港營所雜記》，頁14。

98. 2位士兵溺斃的地方，應是日軍射寮營區北方的車城溪，即四重溪出海下游河段。

▲原住民用藤做成的便橋〔Fischer；陳政三翻拍〕

第三支軍隊〔竹社部隊〕有400兵，也在6月2日上午〔5點先行〕出發，朝東南方的竹社（Chiksia）前進。[99]當時整體戰略及三支兵力的分工為：敵對部落總部及主體為牡丹社及高士佛社，[100]其附近的小部落是臣屬於他們的進貢「番社」，小部落皆有兩社派出的戰士進駐、鎮守；北方的禮乃（女奶）社（Ninai），[101]應也已被牡丹、高士佛社佔領了。谷干城將軍的楓港部隊奉命於6月2日拂曉向禮乃社進軍，攻下該社後，再由北方向南直取牡丹社。赤松則良將軍帶領竹社部隊先取竹社，再仰攻高士佛社。西鄉從道將軍則統率中央部

99. 竹社，排灣語稱Tatariban, 得名源於tajn一詞，形容部落很小；漢人因該社附近多竹，故稱之為竹社。位於今牡丹鄉厚殼附近。部隊出發時間根據1875年瓦生提出的報告，參閱Eskildsen, p. 245.

100. 牡丹為漢人所命名，後人附會該地盛產野牡丹花，今已成牡丹鄉鄉徽。牡丹社排灣語為Sinbaujan, 原意為「葛藤砍伐過之地」，係由茄芝來社分出、遷居今牡丹山附近開闢此社。之後，牡丹社又有部分人移出，建立牡丹中社（或稱牡丹總中社）及禮乃社。高士佛社之排灣名為Sukuskus, 原意為「削草」，與牡丹社同屬南排灣Parilarilao群。

101. 禮乃社或稱女仍（奶）社，排灣語為Chiajiunai, 由牡丹社分出，日治初社址位於禮乃溪上游右岸、禮乃山與牡丹山中間海拔300公尺山腰處，牡丹鄉牡丹村內，因山形似斗笠，或似女性胸部，漢人稱之為女奶，至於禮乃、女仍則為雅稱。

隊，先行越過石門險峻、難行的山路，再視當時狀況，決定攻打牡丹社或高士佛社。中央部隊所行之路，不但巖石重疊，而且天然障礙形成險阻，到處又有敵人設防，所以被允許以較充裕的時間來克服沿途的阻礙、到達目的地。

基於觀察戰況及其他各種可能的理由，2位美國軍官決定跟隨中央部隊行動，但沒有擔任實際的指揮作戰任務。我也選擇中間路徑，希能親訪5月22日發生石門之役的戰爭現場，而非只是從參戰日軍口中聽到二手傳播。行軍的困難度，即使事後執筆追述，仍心有餘悸，實筆墨難以形容。早上8時以前，太陽早將山徑烤熱，直透厚皮鞋底包裹的腳掌心。幸好沿途須涉渡許多溪水，儘管前幾天大雨讓水深加深2倍有餘，增添涉水的困難及危險，但我們卻得以浸濕衣裳、消暑解熱，因此不但無人抱怨，還趁機洗個三溫暖。不過上了河岸，沒多久，可又被毒辣的陽光烤昏了頭，本應貼身的衣服僵硬得割人刺痛，沿途沒太多的樹蔭可遮陽，這好像是琅嶠山谷普遍的景觀，想納涼？客倌請稍待，等走到那遙遠的山區再說吧！

3位老美走著走著，靈機一動，發現在蠻荒之地行軍、又兼皆非編制內人員，至少總保有衣衫不整的特權吧？誰還管那勞什子軍紀。才走不過幾哩，我們顧不得大家的嘲笑，早就隨性所至，脫成奇裝異服的老百姓了。來到四重溪莊（Sijukei, 車城鄉溫泉村），好死不死迎面走來西鄉中將，我有點不好意思的稍稍修飾十分隨便的穿著，沒想到都督居然很羨慕，且語帶幽默的恭喜我有機會穿睡衣上戰場。我真的沒有半點誇大或歪曲他的話，我真的身穿條狀睡衣褲（Pajamas）、頭頂草帽，還手撐陽傘，腳蹬雙草鞋，這樣的裝扮是我一向認為最適合記者在熱帶地區採訪的工作服。[102]我在日本多年，早知草拖鞋的妙用，但初抵此地一時不察，忘了準備，飽受皮鞋的折磨後才又回歸使用不起眼的拖鞋。說起中看不中用的皮鞋，浸到水即膨脹、乾了後緊縮到要你雙腳的命；要是在山區行走，尚未走完全程，尖銳的山石早將皮鞋整得不成鞋形，那藏在

102. 文獻上，老外穿睡衣「上工」的，還有1877～1878年到苗栗公館鄉出磺坑鑽挖石油的美國油匠絡克（Robert D. Locke）。參閱陳政三，《出磺坑鑽油日記》，頁91、98-99；《美國油匠在臺灣》，頁113、115。

裡面的雙腳會好受嗎？阿兵哥可不會笨到受皮鞋的鳥氣，他們在小腿部打好綁腿，足穿厚軟的草鞋，腰間還掛著一雙備用，走起山路，簡直身輕如燕，如履平地。

行近山丘邊緣，已是瑯嶠山谷盡頭，漸漸出現蒼翠、茂盛的植物，尤其下了好幾天的大雨，將樹林清洗得更加可人。內陸樹林的種類遠比海岸地帶的林木來得多，生長的環境、狀況也較好。踏上山路不久，即可看到一叢叢茂密的灌木沿小徑兩旁蜿蜒而上，遠處間雜孟加拉菩提樹（Banyan, 白楊樹），小溪旁偶有柳樹隨風搖曳。[103]這樣的綠色美景並不多見，整體而言，大部分仍是不毛之地。眼前第一座真正長滿樹木的山，是石門上面那座山——它的綠色，多多少少軟化腳下凹凸不平的硬石，也沖淡灰濛濛的地貌。

103. 李仙得在*Reports on Amoy and the Island of Formosa*（1871）提到瑯嶠山谷的植物有鳳尾草、野黃梨、竹子、椰子樹、大樟木、芭蕉樹、柑橘樹、梨木、甘蔗等，豪士顯然對植物品種不夠瞭解，所以未在植物上多所著墨。

第二十一章　石門之役的回顧

▲抵抗日軍的牡丹社戰士
〔Imbault-Huart書；陳政三翻拍〕

軍隊在6月2日中午時刻通過石門。[104]我趁機從各種角度檢視這座天然堡壘，重新回顧參與的士兵，如何把握可能一輩子只有一次走進歷史、在史冊留名的光榮機會，奮力將牡丹戰士逼出掩蔽地點，給予致命一擊的戰鬥。

今日之前，我對參與石門之役的士兵並未給予太高的評價，當時我並不在現場，對雙方所處環境可說毫無概念，因此無法想像士兵所面臨的險境，以及必須有拚命戰鬥的勇氣，才能脫離險境，進而擊潰敵人。那天此地約有175名日兵，只有不到40名士兵可擠進狹窄的石門、投入戰場，對抗牡丹社戰士，所展現奮不顧身的勇氣，實足以傲世。牡丹人埋伏之處簡直不敢想像可以被攻破——石門兩側危崖聳立，直挺衝天，一邊高約500呎，另邊450呎，崖底僅寬約30呎，〔四重溪〕奔騰而過，湍流打在巨石，冒出足以吞噬人的大漩渦，唯一的安全涉水處深及腰部，若非任務關係，實在沒有人有興趣冒險

104. 石門又叫石頭門，排灣人稱Savu—虱毋，石頭之意。因四重溪切穿山脈，形成左邊石門山（海拔375公尺）、右側五重溪山（450公尺），兩硬岩夾峙，山口狹隘、形勢險要，故稱石門，海關資料稱石頭門。昔日居民以頂加芝來社為主，所以石門原名加芝來，今牡丹鄉石門村內。1935年總督府在該地建忠魂碑、紀念碑；1945年後遭破壞，改立「澄清海宇・還我河山」碑。

涉水而過，遑論試圖攻打此一夫當關、萬夫莫敵的險地。右邊的危崖高聳入天，是侵入者的夢魘，然而卻有20位陸戰隊員克服重重險阻，攀爬到崖頂，居高臨下痛擊敵人。

5月22日當天，甫接戰，牡丹人由石門右側一座臨時搭建的簡陋堡壘，零零落落的朝日軍前線部隊的左翼開槍射擊。3名殖民兵搶攻堡壘，牡丹人立刻回撤到另一處掩體。那3位日兵在堡壘停留很長一段時間，絲毫未察覺距離不到幾碼的上游處，即有無數的敵人埋伏於巖石、林木後面，虎視眈眈的注視日軍的一舉一動。牡丹戰士可以輕而易舉的擊斃那3名不知死活的士兵，但他們顯然不打算這麼做，因為他們正耐心的等待更多的日兵進入有效射程內。不多時，約25名士兵毫無警戒心的涉水而來，完全將自己曝露在敵人的槍口下，可謂毫無防禦力可言。埋伏在不到40呎的牡丹人見機不可失，挺身一輪齊射，擊斃2、3名日兵，傷了10多位。雙方第一次交火後，都靜靜的伏身對峙，日兵仰視上游不遠處那排石門缺口中的巨石，以及狂洩而下、呈瀑布狀的湍流，那是牡丹戰士隱身埋伏處，也幾乎是士兵面臨的鬼門關。事後，根據石門附近住民的說法，當時約有70位牡丹戰士參與戰鬥。人數雖不多，但由於地利關係，牡丹人的優勢就更明顯了。

前線接戰，雙方屏息對峙；日軍後援士兵陸續進入石門峽口，各自佔住有利位置，設法回撤傷兵。牡丹人見機，又第二次起身射擊，這下曝露了位置，士兵馬上把握機會還擊，藉著交互掩護射擊，一步步逼近敵人藏身處。日兵發現某種遊戲挺管用、也很有趣的，那就是某兵故意突然站起以吸引敵人開火，其他士兵趁

▲日兵拘捕原住民婦女
〔取材自C. Imbault-Huart書；陳政三翻拍〕

機回擊或變換位置。[105]如此技倆一再反覆演出，士兵也愈來愈接近牡丹防線。但進度實在太慢，傷兵也愈來愈多，逼使佐久間左馬太中校不得不下令號兵吹響撤兵號。照說沒人敢不聽驍勇善戰、聲名遠播的長官的命令；但即使最勇敢的英國水兵，偶而也會故意漠視退兵令，所以這些日本拓荒探險家也故意「有聽沒有到」那不中耳的催退號令。我不能一直替士兵說好話，他們的確是軍前抗命，照理說可要砍頭的，但事後無人因此受罰。一位不服從退兵號令的士兵因抗命，事後被審問，他辯稱：「後退比繼續進攻危險，所以我選擇留在原地不動。」軍紀官提醒士兵：「你不是回到後方，怎麼又跑回前線？」士兵不好意思的答道：「有位戰友受傷，所以我先將他後送治療，但又不能不管冒死拚戰的那些戰友啊！」這就是他的理由。

▲日軍進擊牡丹社行軍圖
〔取材自C. Imbault-Huart書；陳政三翻拍〕

那場反常的、沒軍官在指揮的戰鬥，但憑阿兵哥的自由發揮、單兵作戰，持續近一個小時〔按：Wasson的報告稱戰鬥持續1.5～2小時〕，[106]但又何奈？也只能一步一步逼近敵人固守的陣線。要是在平地或開闊地面，日軍只要來個一陣急攻，即可結束這場困難、冗長，而又無趣的戰爭；不過士兵面臨的是水深及腰的急

105. 牡丹人用的仍是舊式前填子彈的火繩槍，須於藥室添加火藥，再以火種引火擊發，所以每射擊一次，須花時間才能再次開火；子彈係用鐵鎚打出、直徑約1公分的鐵丸。這也是為何日兵可以趁射擊空檔前進的原因。當時日軍已採用後填子彈的新式洋槍，兩相對照，戰力不言而喻。落合泰藏〈明治七年牡丹社事件醫誌（上）〉，頁93。

106. Huffman, p. 104; Eskildsen, p. 235.

流，連站都幾乎站不穩的狀況，也只能藉著相互掩護，摸著石頭過河，從一個岩石後面挨到另一個岩石了。佐久間中校眼看持續下去不是辦法，心生一計，想出派人爬到左方〔按：日軍左手邊〕懸崖頂上，以有利的位置居高臨下攻擊隱身巨石後方的牡丹戰士，豈不可以解決當下困境的妙計。於是他派了約20名陸戰隊員執行此項幾乎是不可能的任務。任務艱辛無比，尤其想爬上人跡不曾到過、呈原始狀態的懸崖，不但困難，而且危險——懸崖底部平滑如鏡，手腳毫無著力處，登岩者必須先克服這項首道難題，才能挑戰下一個緊接而來的難關。崖下的日軍仰望像昆蟲黏爬山壁的攀崖部隊，不禁為他們捏了好幾把冷汗，無人敢奢望他們能安全或順利的登頂。出乎大家的意外，陸戰隊員居然登頂了，並且發出勝利的歡呼，模糊的聲音從山上傳下來，在山谷中隆隆作響。崖頂狙擊手居高臨下，狠狠地射擊底下無處可躲的牡丹人，水中的日兵趁機湧近瀑布底下的巨石旁，並一鼓作氣跳上巨石上方探身開火，此舉嚇跑了幾位牡丹人，也動搖了其他牡丹戰士的軍心，他們一哄而散，留下16具屍體。潰散的牡丹人，有14名受到重傷——包括他們的酋長阿祿古〔這些重傷者據說後來皆傷重不治〕，輕傷的數目不詳；日方傷亡為6死30傷，傷兵中後來一人傷重不治，其餘皆痊癒。[107]

上述即是石門之役的大概經過，很難用筆墨詳述整個過程。日方拍了戰場的照片存檔，好讓世人多少能瞭解當時的情形。日軍在這場戰役取得兩項成果：首先，把握了千載難逢的機會，打贏石門之役，讓日本軍力為之聲名遠播；其次，牡丹社等仇日原住民受足教訓，從此再也不敢與日軍正面交鋒。

107. "Wasson's Report," in: Eskildsen, p. 236。5月22日因下雨的關係，使得牡丹人之火繩槍受潮較難點火擊發，因此無法抵抗日軍。據周有基探報：「日兵被生番銃殺七人，傷十餘人。故此石門不能攻入。日人分路爬嶺而上，首尾夾攻。又因天雨，生番未能放銃，日兵所用天炮子，因此得手，連殺生番十三人。各番膽寒，敗走回社」（《甲戌公牘鈔存》，頁49-50）。所謂「天」炮子，即「填」炮子，也就是後填子彈的新式洋槍，不受雨天影響，且裝填、擊發快速，火力亦強出數倍。

第二十二章　攀山進擊

即使沒有敵人阻攔，石門附近的山路仍相當難行。淺灘雖可勉強涉渡，但充滿危險，許多人稍踏錯腳步，一不留意即被激流沖到下游，幸好都沒有發生不幸的事件。我是抵達岸邊才聽說上述情事，於是對是否涉水過河顯得躊躇。正思索該如何過河之際，抬頭一看，一群軍官正在攀爬石門左側——如由下游處面對石門，反倒是石門右側——崖壁上一條臨時開鑿的小徑，[108]試圖避開湍水，通過石門窄口。看起來似乎是不錯的點子，我有樣學樣，隨後跟進，手腳並用，邊爬邊走，費盡千辛萬苦才到戰備小徑的半途，累得像隻狗似的上氣不接下氣，這才後悔這種「走」法實在不適合自己，於是決定改採涉水而過。

我乖乖的退回河旁，小心翼翼的走入河中，好不容易找到河流中間淺灘，半浮半沈的站穩腳步，暗自為自己表現出的好樣慶幸。對岸邊準備看我出糗的軍官突然整齊一致的向西側讓開，正納悶他們又在耍啥把戲，當中排開人群的可不就是西鄉都督嘛？他下了幾道命令，軍夫得令縱入溪水，在一位臉帶笑意的總部參謀指揮下，直挺挺的在河中連成一排，雖搞不懂他們在幹什麼——玩接龍？我仍下意識的向他們招手、舉步維艱的邁步前進，才三步就深陷湍流，幾乎快被沖走，尚來不及喊救命，一位健壯的役夫一把撈起我，將我「傳」給另名軍夫，我就在河中被傳來傳去，直到另端岸邊久候的役夫頭一把將我抬向堅固的河岸地面。此刻我才恍然大悟，原來他們是奉了西鄉將軍之命，協助我過河。西鄉都督見我安全上岸，未及招呼，又匆忙趕到另一個地方，親自監督營救落水士兵的救難事務。這段小插曲或許微不足道，仍足以彰顯遠征軍發自

108. 據42歲的日本第一位軍事記者、《東京日日新聞》岸田吟香的報導，日軍土工兵於石門兩側開闢了小徑，以便搬運兵糧彈藥。1886年起，岸田在清國大陸創設連鎖百貨店「樂善堂」，暗地為日本諜報機構。

內心的同袍情誼。[109]

湍流掙脫石門窄口奔流下山，流過長約一哩的狹谷平原，即注入射寮北方的琅嶠灣。部隊沿〔四重溪〕溪岸繼續東行半哩許，向左轉行，攀爬另座高聳的山崖。我們沿途經過幾座毫無人跡的小村落，皆屬漢人與原住民混血的後代居住，不過村民早已逃入深山，不知去向；原住民的部落還遠在內陸雲深不知處。在進入牡丹社勢力範圍的入口處某村，發現了琉球人的墳墓，這個意外發現喚醒日兵對屠殺案的記憶，也增強復仇的決心。[110]

琉球宮古島漂民是在距此地7～8哩直線距離的東海岸〔八瑤灣〕觸礁、登陸後遇害，但墓碑所刻碑文又讓人無法懷疑他們被葬於此地。經過一番調查，終於確定此處埋的確為漂民之骨骸。我從一些琅嶠人的各種說法中，歸納出漂民被殺案概略的經過，假如可信，整個經過大略如下：琉球漂民上岸後被誤以為漢人，牡丹社人押解漂民橫越半島，由東岸來到西方山區邊緣的漢人村莊，要求獎賞及贖金。漢人又不認識這些琉球人，當然不答應。原住民要求100元贖金，否則殺了漂民，漢人表示無所謂，根據某人說法，該村的漢人甚至表示可以協助原住民屠殺琉球漂民。有些琅嶠人表示，住在雙溪口的漢人最後的確加入屠殺的行列。很難斷定這種說法的可信度，但漂民的屍骨就葬在此村附近，似乎增加了上述說法的可信度。[111]

109. 日軍也僱用車城附近的民伕挑運物品至石門，但至石門又勒迫民伕繼續進入深山，民伕一則懼怕原住民、二則畏山路難行，紛紛逃歸。臺灣府委員華廷錫探報上書：「……適值挑運民人紛紛逃歸，據云初起不過僱其挑至石門，雖至石門，押令前進，否則要殺，不已，爬山越巖而上，飢渴欲死。刻下四散逃歸。」岸田吟香報導日軍每日僱用土人3、400名，每人約支1元搬運兵糧輜重，但自華廷錫搭船至琅嶠街（車城）探視後，可能警告土人不可再助日軍運糧搬物，土人遂不敢再協助日軍。

110. 此村為雙溪口，今牡丹鄉石門村茄芝路，位於石門東側約1公里的四重溪右岸，女仍溪與竹社溪匯流處，牡丹水庫入口處，昔日加芝來社所在。不過，瓦生卻說是6月4日下山時發現墳墓。“Wasson’s Report,” in: Eskildsen, p. 247.

111. 這種說法不足取，據周有基探報：「牡丹社二分番目哇滑骨稱：伊社只殺〔琉球人〕十六人，……至高士佛社所殺三十八人……倭人使土人向加之來社主溫朱雷取討卑職追出之琉球人首級四十四個。該社主當將此項首級如數點交，送還日營」（《甲戌公牘鈔存》，頁101）。8月17日周有基至溫朱雷家擬取走首級，遭保力庄

6月2日下午3時，累死人的登山行軍再度展開。至少渡過12條小溪以上，終於抵達進入通往牡丹社、高士佛社的山口，聳立眼前的是類似阿爾卑斯山常見到的巨大石壁，一整片大剌剌的橫在四周。老天，想爬上去，宛如在雙層斜頂屋上跳西班牙方丹果舞似的（to dance a fandango on a Mansard roof），[112]簡直不可能做到。緊接著又是持續4個小時不斷的往山頂攀爬的單調動作，一直到太陽下山，才移動3哩。

下午5時，終於越過橫在眼前的高聳山脊，俯視另一邊山谷，極深的谷底昇起裊裊炊煙。此時遠處傳來幾聲槍響，不知目的為何，但已引起軍官的關心。越過山脊，不久即遇到原住民砍倒林木所設的第一道路障，顯示本欲在此設防，但不知何故又放棄，幸好沒有埋伏，否則想安然通過，必定困難重重。接下的路途，又遇到幾處較複雜的路障，部隊逐一小心通過，迅即急行前進。

截至目前為止，士兵以單列縱隊沈默、快速的行進，表現無比的堅強，但無休止的涉水渡河，攀山越嶺，大家多少已有倦態。如按原先計畫，部隊早應在日落前即已到達牡丹社；但夜幕已低垂，仍身陷深山林內，不知身處何地，只大略知道約在臺灣南端半島的心臟地帶而已。近晚間七時，隊伍來到一座宛如迷宮的大路障，之前的與它相比，簡直小巫見大巫，砍倒的各種榕樹、巨木在山徑四周到處堆放，想越過恐非易事。每越過一堆林木障礙，要花上半小時，剛辛苦爬過，眼前又是一堆小山狀林木等著我們。雖然士兵試圖砍出一條

粵（客家）人阻止：8月27日眾粵人與溫朱雷送首級到日軍風（楓）港營（《風港營所雜記》，頁18）。據死裡逃生的12名琉球漂民供詞，他們受到漢人劉天保、楊友旺、楊阿告（九）、楊阿和等人之協助脫險。楊阿告、林九後憐54名琉球人慘死，向「番人」乞討首級，領回葬於雙溪口。1917年日本駐臺步兵第二聯隊松浦重利中尉奉命，再作現地調查，也證實漢人不但未施毒手，還盡力協助漂民逃生、遷葬。有趣的是劉天保的名字有許多不同的版本，如劉天保（西鄉從道「碑文」）、楊天寶（李鶴年奏摺）、鄧天保（水野遵、依田學海、羅大春）、奠天保（松浦重利）。不同寫法問題出在「姓」，原因係天保為客家人，如以客語發音，正確的姓名可能應是鄧天保。

112. 豪士將Mansard寫成Mansart, 或為誤植，譯文中直接更正。瓦生云，這些路障原係牡丹人伏擊處，但下午4點左右高士佛社傳來槍聲，牡丹人深怕遭前後夾擊，乃急撤兵。“Wasson’s Report,” in: Eskildsen, p. 246.

路，但大家實在又飢、又渴、又累，加上夜已深，於是每個人就在林木堆裡，隨便找處可容身處呼呼大睡，真是一個平生難忘的露營。絕大多數、甚至是全部的日本官兵處於如此惡劣的環境，不但無人抱怨，甚至還表現得甘之如飴，這就是真正的軍紀精髓——自制、忍耐、堅強、不屈不撓。日兵漠視危險，甚至挑戰危險，對苦痛的容忍度、焦慮的承擔量，不是普通西方士兵所能相提並論的。依西方軍事標準，日兵在內務、平時訓練，簡直像是未受過操練的死老百姓，不打仗時的日兵散漫無紀、小錯不斷，是西方教官最不能理解、也最無法容忍的。但一旦有事，日本士兵壓抑自我、求勝的韌性、以及隨時備戰、活力蓬勃的特性，加上心甘情願效命沙場的不畏死精神，完全壓過因率性的魯莽行動可能帶來的負面後遺症，這也是為何他們常有近乎英雄式表現的原因。

第二十三章　圍剿「番社」

我們氣力用盡、放棄繼續前進的休息地，離一座種滿蕃薯的山村只有0.25哩（約400公尺）而已，[113]只消再走一小段路程，用雙手挖出蕃薯，就可飽餐一頓呢！這真是不幸中的大不幸。只有西鄉將軍和少數緊隨他的幕僚於當天晚上抵達此安樂窩。事情經過是這樣的：6月2日晚間8時左右，精力充沛的西鄉中將超越部隊最前端，腳步不停的前行，他以為大家會尾隨前進，沒想到只有參謀跟上。我不認為西鄉將軍不知道士兵早已累垮了，可能是飢餓驅使他繼續前進，以至於當他飢腸轆轆的來到蕃薯田，馬上迫不及待的用手挖出、狼吞虎嚥一頓。食畢美食，元氣略復，他坐在田埂納悶怎麼部隊沒跟來，究竟死到哪去了？坐著癡等，最後呼呼大睡。假如士兵知道美食在望，不會在乎區區四分之一哩的距離，即使再遠，諒必也飛奔而至。但他們並不知道，所以就在山中度過一個又餓、又累的痛苦夜晚。

▲花蓮地區原住民與漂流上岸洋人所生之混血後裔
〔《臺灣史料集成》；陳政三翻拍〕

所幸6月2日的天氣很好，山區入夜的氣溫難免稍涼。大家又餓又累，卻無法找到一小塊上無木樁、大樹幹、樹枝的平坦地面歇息。整個大隊人馬就在山脊躺成首尾長0.25哩的睡姿，山脊兩側峽谷又黑又深，沒

113. 瓦生估約半哩。“Wasson’s Report,” in: Eskildsen, p. 246.

人有膽子，或尚有氣力再找較舒適的地方休息。在此陌生、帶敵意的山野，沒照例派出衛兵值夜警戒，只有幾位自認仍有精神、力氣的志願者，聊勝於無的擔任夜哨。午夜時分，山上的景物被朦朧的月色映照成陰暗、怪異如鬼魅般的圖像，士兵以各種極不舒服的怪姿，擺出睡美人的樣子——或是斜靠砍斷的大木塊、或是踡伏在灌木叢裡、或斜倚細樹枝縫隙……不一而足，少有人可找到足供半躺的空間，更別提平躺了。日本人對這種睡法甘之如飴，老美可沒法忍受。所以我和另外一位美國佬，[114]不顧可能的危險，開始找尋一處稍可安身之地。我們在不遠的山脊最高處，找到一塊數碼（yards, 一碼 = 0.9144公尺）見方的大石塊，雖然表層起伏甚大，至少尚沒變形到無法斜倚的地步。最初簡直不敢相信我們的好運氣，以為已有人先佔了那個地方，但四顧無人，也不管了那麼多，就先睡先贏，不過不是挺自在的，因為這個位置處在最高點，可說暴露在毫無遮掩的高處，搞不好隨時可能挨子彈，心生警戒之餘，也就很難安心入睡。但畢竟真的累了，閃耀的星星不再那麼明亮，寒風不再那麼刺骨，肢體的酸痛逐漸消失，福爾摩沙島、疲憊、背部底下刺人的石床都漸漸從腦海淡去。有陣子必然睡著了，好夢方酣似有鬼鬼祟祟的腳步聲傳來，待強睜惺忪睡眼，眼前一個昏暗身影排開灌木林及樹枝，向我們逼近，這下子可把我們硬生生的拉回冰冷的世界，再次感受到背頂的尖銳石床所帶來的疼痛。來人是美國

▲原住民中部分人可能流有矮黑人血統，圖右者即為其中顯例〔Davidson；陳政三翻拍〕

114. 這位與豪士一起的老美可能是瓦生（James R. Wasson）。

軍官，[115]他志願擔任守夜任務。他來到石床邊坐下，笑容滿面的拿出捲煙（rolled tobacco），捲好2支雪茄遞過來，似乎想藉雪茄的氣味，稍稍紓解壓力、驅散幽暗、恐怖的夜晚。

▲排灣族平民住屋
〔shinji Ishii（1916）；陳政三翻拍〕

哎！可惜我不抽煙，只好婉謝他的美意。他們兩人席地而坐，吞雲吐霧一番，間或喃喃低語，每吞吐一口煙，眼睛閃爍出極端享受的神采，還帶點憐憫的神色盯視我，似乎對我的無福同享雪茄之樂深表同情，他們抽煙的神態似乎已把飢渴、疲憊拋在腦後。就在那個時刻，就在福爾摩沙南端蠻荒地的中心地帶，就在那座令人難受的山脊頂端，我下定決心，誓言此後毫無怨尤的接受福爾摩沙給我的一切——不管是苦、還是樂。這個決定至少堅持了兩天，直到再次遭遇受不了的狀況為止。[116]不過我仍將永遠懷念山上的那一夜，也永遠記得山頂2位快活似神仙的抽煙者之模樣。

6月3日晨間的陽光毒辣，又是烤人的一天。部隊克服剩下的路障，快速趕到有蕃薯美食的山村，迫不及待的升起12個火堆，將蕃薯煮熟，狼吞虎嚥的飽餐一頓。吃飽後，才有空暇抽空探問「我們目前究竟在哪裡」這個疑問，不過沒有人知道答案。村內除了一隻狗、一隻猛往垃圾堆挖食的母豬、2、3隻雞，已無任何其他生物的蹤跡。從西海岸僱來的嚮導也不知道這座村莊屬於哪

115. 這名美國軍官可能是克沙勒（Douglas Cassel）。如此推論，係因克沙勒擔任實際指揮部隊的任務，而瓦生工兵出身、擔負的是陣地、軍營的構工顧問。
116. 豪士指的可能是本章稍後提到的撤退時的腳痛。

一個部落，他們並不熟悉這個地區，不過十分確定此處不是牡丹社，也非高士佛社。[117]後來才聽此地的人說該村為阿眉社（Amiya），附屬於羅（老）佛社（Loput），但離羅佛社有段相當長的距離，正確位置大約在距牡丹、高士佛社最前線的要塞各不到一哩〔1.60935公里〕的中間位置。[118]這些阿眉人很溫和，絲毫沒有牡丹人或高士佛人兇狠的特性，他們散佈南端半島各地，被視為次等種族，苟延殘喘存於各強大部落之間，被當作奴隸、苦力驅使，須繳納保護費〔，即「番供」〕給領地的頭人，李仙得於1867年估計恆春阿眉人人口約為245人。[119]後來我有幾次遇到該社的頭目——他是位逗人發笑的老人，溫和得像隻綿羊，耳朵未穿洞，會說漢語。他不斷向我指控排灣人對阿眉人的不公平待遇，不過還是以高三度刺耳的口氣，希望日軍能以和平的方式解決爭端，以免阿眉人遭殃。我從他的表現強烈感受到寬容、忍耐，而這就是阿眉人的特性與族群標誌。可惜他沒有進一步詳述阿眉人所受的不人道對待，否則我將更同情他，也會更喜歡他。

從這個山村可以遠眺海岸，雖沒有測量器，我草估往西海岸的直線距離約7哩，離東海岸約2哩，海拔高度介於200至300呎之間。小山村只有12間房屋，每

117. 中央部隊的嚮導有保力庄張連生、新街張鴻業等人。

118. 老佛山（羅佛山）為滿州鄉與恆春鎮的界山，海拔676公尺，羅（老）佛社原散居在山之東側，阿眉（美）人則散居於該山之腰，另阿眉人也散居響林村頂老佛（老佛山東側山麓）、長樂村九間厝，豪士所指的羅佛阿眉社可能是更北的散居阿眉人，而非上述所提所在。據1874年豪士估計的羅佛社戰力達126人；但至1894年屠繼善的《恆春縣志》，已不單列羅佛社，而改為羅佛阿眉社，顯示羅佛人與阿眉人已因通婚關係，逐漸種族混合；也顯示出阿美族人口、勢力的增長。

119. 恆春阿眉人係由臺東、花蓮一帶阿美族移入。據伊能嘉矩統計（1897），共六社：⑴港口庄內八姑角阿眉社，人口100餘人；⑵老佛山，8、90人；⑶九間厝，3、40人；⑷萬里得社，人口2、30人；⑸麻美望社，3、40人；⑹港仔庄社，2、30人。如以寬計，人口才330人；以較低人數計，約280人，與1867年李仙得估計比較，人口增加不多。鳥居龍藏在《探險臺灣》乙書提到一個有趣的說法：恆春當地人認為恆春的阿眉人是漢人在此打敗仗後，殘留的敗兵落籍定居的後裔。不過鳥居根據其體格、語言、風俗、習慣、口碑等項，認為恆春的阿眉人乃是花東阿美人移來。由於他們人數相對少，所以被迫依附在較強大的當地原住民部落，成為納貢的附庸、甚至類似奴隸。他們也喜遷移，有點類似吉普賽人。

間以8根插在地面的木桿撐起屋頂，上覆乾草，[120]有些屋內堆有已曬乾整理妥的煙草葉。種種跡象顯示撤村行動相當匆忙，所以有些東西、家畜來不及帶走，很可能由於遭牡丹人強迫，才不得不離開家園。附近田地只種植煙草、蕃薯，並沒有其他的農作物，村內的稻米可能種在較遠的地方。[121]

6月3日上午飽餐一頓後，西鄉將軍往南方、北方各派出60人偵察隊。往北的支隊前進一個小時，抵達一座由40到50間房子組成的大村社，房子皆用磚石蓋成，上覆茅草，[122]嚮導指出這即是久聞大名的牡丹社。不過村內空無人跡，顯然早就得知日兵來襲，全村撤離。日兵慢慢靠近，正要進村時，山上、樹林裡埋伏的牡丹戰士突然開火，打傷2、3名士兵，幸好皆為輕傷，日軍迅速向各處可疑的地方猛烈還擊，但不知敵人藏身所在，形成一陣濫射，敵人想必早已逃入深山藏匿。日兵縱火焚村，並紮營村外。派往南方的偵察隊未走多遠，即遇到赤松則良少將派來的探路信差。原來南軍——竹社部隊在赤松

▲排灣族石板屋〔陳政三攝〕

120. 排灣族住屋大致分為石板屋、木屋兩種型態。建築方式又可分為北部型（家屋屬橫廣式、基地為梯形平臺，石料為主）、萃茫型（縱深式、地基為簸箕形）、牡丹型（方型基地、竹壁茅頂、四坡式屋頂）、恆春型（家屋形制近似漢人家屋、土坏砌壁、茅頂、橫廣式基地）。此地阿眉社較近牡丹社，所以建築似近牡丹型。

121. 據鳥居龍藏探察，恆春上番社視米為禁忌，外人不得攜稻米入村，更不吃米；下番社人的漢化較早、較深，故吃米。李仙得《臺灣番事物產與商務》（頁8、15），多處提到下番社吃米、種米情節：「……中國用米，彼地則以此物為糧，亦甚貴重。……所設者飯、水及豬肉三品」。豪士稍後接受一色、小卓杞篤宴請時，也提到席中有米飯（詳第二十五章）。

122. 此即牡丹型的石板屋。

將軍帶領下，前一天晚上連夜行軍，走了不少冤枉路，試圖與西鄉的部隊會合。南軍在6月2日下午2時抵高士佛社，進村的當時伏擊四起，3名日兵陣亡、2名受傷。在南軍火力壓制下，高士佛人很快的被趕入森林深處，可能沒有任何高士佛的戰士被打中，有的話可能也不多，日兵火燒該社，由於四處環山，易攻難守，所以只在離村八分之一哩處〔約200公尺〕設檢查哨站，其餘人員於6月2日下午5時整裝出發，希望儘速趕往西鄉將軍處會合。[123]但山路實在崎嶇難行，南軍的嚮導又對該走哪一方向起爭議，有的指東，有的指北，因此走了不少冤枉路。[124]直到次日〔3日〕早上抵達石門附近，才有了確切方向，於是順著中軍走過的山徑，於當日中午抵阿眉社。

迄當時仍無北軍——楓港部隊（The Hongkang party）的消息。依據作戰計畫，北軍應於6月2日破曉前，由楓港出發，深入北方的內山。中軍派出多支偵察小隊，沿著往北的山路四處打探北軍的消息，順便控制或燒毀任何可能依附於牡丹社或高士佛社的小部落。中軍偵察隊控制了多處北方的小村社，也燒了不少廢村，但始終找不到谷干城將軍部隊的下落。3日下午，社寮來的信差也表示沿途沒有聽到北軍的任何消息。西鄉將軍決定在臨時指揮中心多留一晚，靜候北軍消息。役夫運送糧食、彈藥上山來了，更令人訝異的是，儘管山路崎嶇難行，他們仍想盡辦法運來帳篷及一門小山砲。山砲剛好用來發射信號彈，以便與失聯的北軍搭上線。當天下午即發射數發信號彈，但直到夜幕低垂，才有派往北地探路的6名士兵返營報告，稱牡丹社通往女奶社的山路幾乎已完全被路障封鎖，恐須花上幾天的時間，才能排除路障，打通山路。

北軍到底發生了什麼事？原來，谷將軍直到6月2日晚間，才排除萬難抵達女奶社，毫無意外的當然遭到抵抗，幸好無太大的傷亡。他們在村內發現一名婦女、一位小孩，於是留置下來作為嚮導之用。那名婦人當晚趁黑逃走了，小

123. 西鄉從道設中軍臨時總部於老佛阿眉社，以便北軍、南軍前來會合，並利居中策應。
124. 竹社部隊（南軍）的嚮導有來自保力庄的鐘戍（代）郎、徐錦2人。落合泰藏，〈明治七年牡丹社事件醫誌（上）〉，頁98。

孩子又太小，所以充作嚮導的算盤白打了。[125]谷將軍當機立斷，命令大部分的軍力朝石門方向前進，抵石門後等候進一步指示；另派一支小隊負責清除路障，往牡丹社心臟地帶開路。

6月3日晚上，一宿無話，平靜度過。4日上午，谷將軍終於抵達會合地點〔阿眉社〕，西鄉與兩位將軍研商行止，決定已佔據的部落村社全部焚毀，原住民全趕往深山，日軍只留下足夠的兵力，分駐山路要衝及戰略要點，[126]其他部隊撤回社寮，準備下一步對東海岸的軍事行動。情報顯示：牡丹社與東海岸的一、二個部落，尤其與八磘（瑤）社（Peigu, 含內八磘社）更有攻守同盟關係。[127]三巨頭開過會，迅即下達命令，大家各就各位，只除了薩摩殖民兵，他們要求允許其以2、3人一組的方式，進行追殺原住民的獵首行動。這項匪夷所思的想法當然不被允許。所有後撤部隊於4日上午9時開拔，儘管大部分路障已被活力十足的後勤官平野（Hirano）指揮的軍夫大致清除，山路已差堪通行，但仍困難重重，真是應了「上山容易，下山難」這句話，以致回營後，每人都精疲力竭。

返程的最後2、3哩路，可能是我畢生最慘痛的經驗，幸好最難耐時刻，某位傷兵的友善與體貼激勵了我，也支撐我繼續咬牙苦撐。下山時，幾位傷兵無

125. 據《申報》當年8月12日報導：「東兵初次進山，遇一五旬外之生番婦人，麾軍二百餘名四面兜拿，仍未追獲。歸途，遇一熟番病女年僅十一、二歲，遂即凱歌獻俘，大開筵宴；反稱『生番有術，變化無端』。」《甲戌公牘鈔存》上載周有基探報：「爾奈社番女一人，年十二、三歲為日人所獲」。《東京日日新聞》記者岸田吟香報導稱，「少女為逃走老婦的女兒，有眼病、跛足，被送回日軍龜山大本營」。後來西鄉從道替那位女孩取名為OTAI—「臺灣姑娘」之意，7月間送回日本學習日語及日式生活方式。清日談判達成後，OTAI學成歸鄉，變成身著和服、口操日語的日本少女，也成了日軍的「統戰樣板」。日軍撤兵，OTAI仍留原女奶社，不過數年後即病死。

126. 據《恆春縣志》（頁266、286），日軍除龜山、射寮港、東城、統領埔有駐兵外；另在南勢湖、楓港、刺桐腳、獅頭山、涼傘兜5處建有營盤；尖山、射麻裏、大港口亦曾駐軍。

127. 八磘（瑤）社位於滿州鄉八瑤山附近，港口溪上游支流八磘溪（今芭拉溪）右岸，排灣語稱Paliol。另有該社分出、遷居較內陸的Palioku—內八磘社。

言的仰躺在簡易的擔架上，其中有位傷兵胸前血肉模糊、手臂被子彈打碎，以致無法平躺，必須坐在擔架上才能減輕振動所引發的疼痛。當他的擔架抬過我身旁，我正邁著怪異的步伐跛行，他招呼擔架兵停下，關心的問及我的狀況。我告訴他我的腳已磨破皮、疼痛難行。他聞言，堅持我應丟掉那雙有害無益的鞋子，改穿他的布襪、拖鞋：「你看，」他說道：「反正我現在也用不著，拿去吧」。這句出自身受兩處足以致命傷的士兵口中，而且還面帶微笑、語調輕鬆，彷彿他坐的是舖滿玫瑰花的抬轎似的。我接受了他的好意，剩下來的路途，只要他在附近，只要他看著我，或我看到他，我就反射似的挺直腰桿、邁開大步，假裝已無腳痛的煩惱。

類似的相互關懷、彼此扶持的感人故事到處可見。就我個人而言，先前曾提到西鄉將軍派人將我從石門附近的河中撈起的事件。入山後，他見我連站都幾乎快站不穩，更何況還須爬山呢？因此他主動提議弄個抬轎供我乘坐，但或許是自尊心作祟，也或許不想被視為已被山岳擊垮，牙一咬，我婉謝了西鄉將軍的盛意。[128]6月2日夜宿阿眉社附近山脊的那晚，佐久間中校儘管自己又飢又渴，仍體貼的想到我們，派人到2哩外後方村落補給站，取來餅乾、紅酒，親自送到3位飢餓難耐、無法安睡的美國客人手中。

事實上，這種禮遇及體貼在日常生活中處處可見，與我近距離觀察他們在戰場的殺氣騰騰，可謂有天壤之別。這兩種矛盾的表現，全都是日本軍人發自內心深處的自然流露。我想他們可能無人真正瞭解此刻振筆疾書的我內心的感受——正由於他們的赤子之心，使我有股衝動，順筆將這些或為枝節的小事，一五一十的詳細紀錄下來。

128. 豪士有關節痛風毛病，晚年依靠輪椅長達10年以上。Huffman, pp. 2, 67.

第二十四章　三晤「番酋」

軍隊回到社寮營區，大家可以好好休息幾天，顯然暫時不會採取大規模的行動。抵臺迄今，才一個月的時間，即已完成半年前在日本預先作業的作戰計畫。原先於東京擬定的草案，不包括夏季深入瑯嶠內地的行動，主要在於對具敵意的部落之意向與戰力不明所致，所以只敢期望登陸後的幾個月內，先於西海岸建立灘頭堡、固守營區，再設法與親日的部落搭上關係。另一個不在夏季進軍內地的理由，乃是擔心過熱的天氣可能降低士兵的戰鬥意志。上述的顧慮都成了過慮。

登陸一個星期後，狀況顯示營區不可能遭到攻擊，所以外圍的防禦工事只完成一半即全部叫停。5月22日的伏擊事件引起石門之役，戰鬥結局暴露了牡丹戰士無力正面對抗日軍的事實，更激發日兵的鬥志，個個摩拳擦掌，急欲在沙場立功。此間白天的氣溫雖然高於日本，幸好晚間轉涼，大家尚能勉強忍受。回想當初匆忙由日本出發的權宜作法，如今證明是項正確的決定。此次出兵，主要在嚴懲濫殺漂民的牡丹社與其他共犯部落，這個目的似乎已經達成了。

5月22日，清國官員〔周振邦一行〕拜訪日營，除表達對日軍立場的同情，也委婉的暗示日軍可能無功而返，原因在於多年前他們也曾試圖鎮壓「番亂」，但用兵12年，卻毫無成效，最後不得不放棄。牡丹人自認天下無敵，加上天然山險憑藉，從不認為敵人有辦法長驅直入；但日軍戳破了這個神話，不到30天，即摧毀了牡丹社的堅強堡壘、村社，以及其附庸部落，並將他們通通趕入深山。假如原住民不那麼急於偷襲日兵，那麼日軍不會派兵入山，也不會發生續起的戰事。估且暫時不提3年前琉球人屠殺案，最近一個月來的大小衝突，也都是牡丹人再三挑釁所引發，所以好好教訓他們一頓，已如箭在弦上、不得不發，而既然要做，那就必須快刀斬亂麻。儘管如此，假如牡丹人或高士佛人在6月1日日軍出發前，表現出一點點悔改的誠意，雙方也不是不可以用和平的方式解決爭端。日本要的只是希望原住民保證未來不再有類似的行為，並略懲肇禍者即可，如此即能免除雙方干戈相向。

▲原住民出草、出獵圖〔Fischer；陳政三翻拍〕

部隊雖暫時無出兵行動，仍不時派出斥候進行偵蒐任務，為在東部海岸建立據點，以圍剿四處潰逃的仇日原住民，決定再與親日部落舉行第三次會議。6月6日，日方派詹漢生、綿仔入山通知相關頭人與會。6月8日晚間，各社頭人抵達社寮，約200名全副武裝的戰士隨行保護，顯然有些頭人仍對日軍懷著戒心。詹漢生勸各社頭人，將武裝扈衛暫安置到靠山區邊緣，以免萬一與日兵因誤會起衝突，恐造成不必要的傷亡與仇恨。起初各社頭人執意不肯，經詹漢生婉言解釋才終於首肯。隨扈聽命回到山區邊緣地帶候命，頭人表示希即召開會議，而且愈快愈好，最好能在次日太陽升起前即結束，以便回去部落，他們希望此次會議能與〔5月25日〕那次一樣在晚間召開，並且最好把「晚間開會」訂為永久的慣例。[129]不過日本將官對夜間活動不那麼熱衷，堅持次日上午開會，頭人們無奈，只好接受，但很多人因此徹

▲原住民出草、出獵圖〔Fischer；陳政三翻拍〕

129. 昔日原住民偏好夜間活動可能與狩獵文化有關，由於獵物大都晝伏夜出，故獵人也須在晚間出獵才能有收穫。久而久之，或許因此養成晚上較有精神的習慣。

夜未眠，保持高度的警戒。

頭人不睡的理由，不全然是不信任日軍，也可能與綿仔家正在辦喜事有關。這2、3天，綿仔的姪子，也就是社寮老頭目的孫子正好娶太太，全村顯得喜氣洋洋、熱鬧無比。新娘是射麻裏人，她的父親是一色的部下。類似這種內山馬來裔原住民與靠海岸居住的漢人間的異族通婚在此地極為普遍。[130]這裡的人告訴我，內山的原住民婦女被允許與漢族通婚，即使兩族的男人老死不相往來。[131]而如果通婚、混血的情形由來已久，那麼彼此間仍存有如此互不信任與憎恨的程度，倒是挺令人吃驚的。奇怪的是兩族的外貌及生活方式，不但不因通婚漸趨相似，反而呈現出兩極化的現象。尤其漢人的「貪得無厭」，相對於原住民的「與世無爭」，更是彼此本質上最大的差異點。如撇開不論原住民的殘酷、無知，即便漢人擁有較高的文明，但原住民具有較高水平的純真天性。原住民一旦對你不爽，會公開宣示他們的敵意；漢人卻往往笑裡藏刀，來陰的。原住民大致言出必行，遵守信用，一旦答應某事，必定堅守；漢人則很難說。[132]關於異

▲準備會晤西鄉都督的親日部落頭目攝於社寮綿仔家〔Davidson書；陳政三翻拍〕

130. 必須說明的是，豪士在此探討「番」漢通婚，但綿仔家族並非漢人，而是平埔族（「熟番」），豪士在第五章已指出。另據赤松則良、谷干城5月10日初抵琅嶠的告諭日兵文內即指出：「……然能使我奏功者，為社寮地之熟番人也，……熟番人非仇，而朋友也。」

131. 王瑛曾《重修鳳山縣志》提到：「琅嶠一社，喜以與漢人為婚」。潘文杰的母親是排灣豬勝束社人，嫁予統領埔客家人即是漢原通婚的顯例。

132. 苦學出身的「臺灣原住民通」森丑之助指出，原住民有純情、獨立自主、尚武精神三大崇高品行，臺灣因為有了他們，得以保全大自然，避免漢人大量湧入山區破壞山林。森丑之助的看法與豪士相近。

族通婚這點，據我的觀察，住於西海岸的漢人通常喜歡娶內山的女子為妻，原住民男子則喜愛同族通婚。如果原住民父親將女兒嫁予漢人為妻，他們會收到一筆不少的聘金作為補償。[133]

▲盛裝的排灣女子
〔臺灣總督府理蕃局（1911）；陳政三翻拍〕

儘管原住民囿於某些禁忌，不願外人參與婚宴或太近距離觀察，不過我實在對喜宴充滿好奇，所以我在6月9日，趁會議還沒開始前，即由營區先行來到社寮綿仔家，趴在圍牆外，由孔隙往裡偷瞄，只見院落內的桌椅零亂四散，桌上杯盤狼藉，可見昨晚鬧酒鬧到很晚，大部分人仍在熟睡。屋前路面搭有帳篷，由綿仔家屋簷拉到對門屋頂，馬路兩端擺設神案，屋子中間廳堂神桌則插上兩根仍在燃繞的紅色蠟蠋。庭院也搭了帳篷，帳下擺滿桌子，桌上仍留有吃剩的殘羹。院子角落陳列各式各樣稱得上樂器的鑼鼓、鐃鈸、橫笛、胡琴之類的東西，顯示昨晚飲宴時載歌載舞的熱鬧氣氛。廳堂內無一人，房間傳出陣陣鼾聲，[134]擠滿睡得東倒西歪的賓主。山裡來的訪客早就起床，本地人大多數仍呼呼大睡。

133. 聘金制行諸原住民與漢族間，排灣族同族結婚也有聘禮制。排灣人傳統的結婚要經過定情、求婚、訂婚、送柴薪禮、送聘禮、跳舞祈福與造橋修路、盪鞦韆、成婚等程序。過程中，男方每每都要送酒、檳榔、豬肉、頭飾、柴薪（包固）、家用品、狩獵用具、小米糕餅……等。

134. 房間，「房」指夫婦寢室，「間」係獨身者之寢室。以往稱結婚初夜為「進洞房」或「圓房」。現則房、間合用，已無此分別。

▲排灣族舂小米〔陳政三翻拍〕

▲排灣男女合飲交杯酒〔取材自臺灣總督府理蕃局,《Report on the Control of the Aborigines in Formosa》（1911）；陳政三翻拍〕

我就這樣觀察近半個小時，熟睡的人也都起床，準備吃早餐。婦女則早就在邊間廚房（the out-houses）忙進忙出，準備食物。[135]山區酋長的到訪，顯然帶給主人很多不方便，怪不得連一向好客的綿仔，也不只一次的把詹漢生拉到一旁，低聲探詢會議何時可以結束？那些不受歡迎的酋長什麼時候回山區？我也成了被懷疑的對象，主人家為了某種毫無理由的顧慮，認為我會偷看新娘子。不過當他們發現我沒有這種企圖，反倒慫恿我進新房「訪問」新娘。[136]新娘房佈置得十分華麗，新娘靜坐床緣，旁有2位伴娘相陪。[137]新婚生活還沒正式開始，新娘、新郎仍被隔離，新郎尚不能進洞房。新郎身著白衣，在房外不遠處徘徊，臉上充滿很明顯的壓抑表情。年輕的新娘也穿著白衣，[138]頭

135. 豪士於第六章提到綿仔家為前後相連的雙併式長屋建築，後棟房屋後面另有間廚房。一般長屋形建物的廚房（昔稱灶腳）通常在前後進的中間，但如分家，則由大房擁有，其他房須另設廚房。可能因此才有邊間廚房。

136. 傳統的排灣婚俗，洞房花燭夜時，媒人會和新人同寢室，以便「採訪」新人的情愛。看來豪士被邀入內採訪，倒是符合排灣古制。

137. 另有一種古俗，新婚夜新娘須帶一位女伴陪她，並把自己的內衣褲縫死。新郎必須費心説服新娘，才能與他交歡成為真正的夫妻。但上述説法沒有交待新人辦事時，伴娘何在？但總不會是超現代的3P吧？所以應該是已見機自動離開。

138. 為何新人都穿白衣？譯註者只能如此推論：排灣最初用苧麻編織的布料原色為白色，再用天然植物作成染料著色。但平民限用白色、淺黑或淺藍，頭目才能用大

飾繁複得令人目不暇給——銀圈、穗狀水晶流蘇、各種閃亮的金屬飾物，多得幾乎蓋滿整個頭，看不清藏在飾物底下的面貌。

走進新房，我被安排坐在新娘對面，她起身端起裝有糖果之類的盤子，彎身敬我，臉孔才由頭飾裡露了出來。[139]她長得並非漂亮到足以吸引新郎不辭辛勞、長途跋涉，遠到射麻裏去提親，但挺清秀可人、身材豐滿，而且臉上沒有福爾摩沙美女常有的刺青。[140]

山裡來的「番社」頭人用過早餐，久候遲到的日本軍官。後者遲到，乃因加芝來社（Kuchilai）頭人〔溫朱雷〕與猴洞社（Kaotan）頭人〔陳阿三〕，提前至日營求見西鄉都督所致。[141]2位頭人宣稱他們從未攻擊日兵，也不敢有這種企圖，希望日軍提供保護，以免其族人遭到報復。西鄉很客氣的表示會詳加調查，如果事實果如所言，那麼日軍將善盡保護之責。

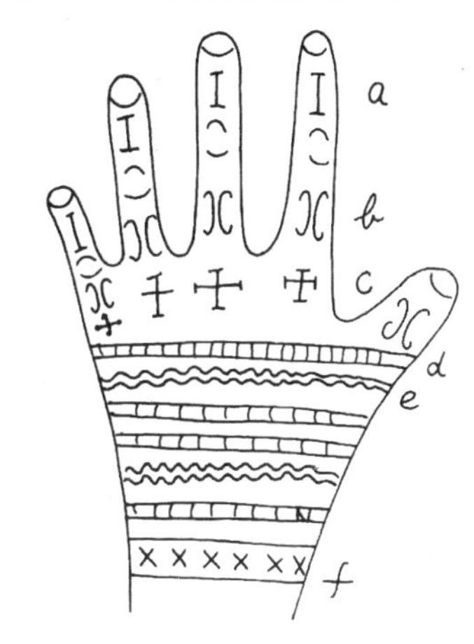

▲排灣女人手部刺紋
〔伊能嘉矩繪；陳政三翻拍〕

紅、深黑或深藍。新娘為排灣平民，可能因此穿著白色禮服結婚。或是他們與福建山區的畲族有關？畲族舊婚俗有新人身著白衣的習慣。

139. 豪士忘了提恆春人迄今的一句口頭禪：「有成嘸成，檳榔菸走在前」中的檳榔。《恆春縣志》也述及：「婚姻大事，及平時客至，皆以檳榔為禮」。事實上，檳榔也是當時南部原住民、漢人敬客之物。即便現在，較傳統之婚宴送客時，新娘捧的禮盤中，往往也有檳榔。

140. 豪士可能被半調子的臺灣通所誤導，因此以為臉部刺青是原住民女人的常貌。在臉部刺青（俗稱「烏嘴」）的只有泰雅族婦女，以及更早期的北部平埔女。排灣女子只在身上、手部刺青，一般是在月經初潮後，至出嫁前一定要紋身，出嫁後不再施行。另適婚年齡的少女，在17、8歲時，通常將每個家族特有的圖騰刺在手臂，稱作「紋手」。

141. 石門昔稱加芝來，岩石之意，加芝來社並轄有附近的雙溪口（今茄芝路），雙溪口為被殺琉球漂民原埋骨處，故日本人曾遣人向加芝來社頭人溫朱雷索討出44個琉球人首級。猴洞社位於今恆春鎮城西里猴洞山，頭人陳阿三，係由鳳山移來之平埔族。1875年築恆春城，該社被迫東移至山腳庄。

稍後於社寮舉行的會議為時不長，主要是分發日方曾答應的保護旗給親日部落，各社只要將紅旗插在部落入口處，即不致遭受日軍的攻擊。接受保護旗的有射麻裏社的頭人一色、[142]文率社的加禮帶（Kalutoi）[143]、巴龜角社（Pakolut）的辛曉（Sinjio）[144]、羅（老）佛社（Loput）的魯林（Lulin, 或稱「魯孟」）[145]、龍鑾社（Lingluan）的兵也來（Pinali）[146]、豬勝束社的Minat（萬仔？）[147]，以及龜仔甪社頭人派的代表。龜仔甪社因涉嫌攻打日艦，頭人不敢前來，連他派來的代表也面露恐慌的神情。派發過旗幟，接下來討論日軍有意在東海岸取得一塊土地，供做打擊未參與會議的仇日部落之基地，起初

142. 射麻裏社又稱紹貓釐（《鳳山縣志》）、小麻利（《番俗六考》），今滿州鄉永靖，社名原意不詳。嘉慶初年即有客籍移民進入。一色任頭目為時甚長，至少從1867年至1889年的文獻記載中，皆有他的存在。

143. 克沙勒稱頭人為Kalu-Toy；水野遵稱加禮帶（Karitai）；落合泰藏稱Karutō。文率社在今滿州鄉滿州，亦稱為蚊蟀山頂社、蚊蟀埔。昔日原住民打獵後，將不要的禽獸腐屍棄置，形成惡臭，故文率或蚊蟀為「臭氣、惡臭」之意。

144. 克沙勒稱Sin-Gio, 落合泰藏稱Shinshā；水野遵則稱該社頭人為冷目（Ranmu），而辛曉（Shingiyou or Shingyō）則列為貓仔社頭人。參閱附錄「瑯嶠下十八社對照表」考據。根據20年後、1894年的《恆春縣志》，巴龜角社已更名為八姑角阿眉社，又稱為巴龜角或巴龜兒阿眉社；該社位於今滿州鄉港口，原泛指港口溪出海口、豬勝束山南麓一帶聚居的阿眉族，可能包括了八姑角社、溪北阿眉、溪南阿眉等社。

145. 克沙勒稱的Lu Vin, 水野遵稱的魯孟—Ruume, 落合泰藏稱的Rūban.

146. 龍鑾社，《甲戌公牘鈔存》（頁59）稱「龍灣社」，位於今恆春鎮南灣里，也分布在龍水里龍鑾潭附近，其人種屬卑南移入而排灣化的斯卡羅人，也有人認為是馬卡道平埔族。鳥居龍藏採訪到當地傳説，云係鄭成功征伐恆春時10多名留下士兵與排灣人混血、結婚之後裔。鳥居由人類學角度，認為該社既非漢、也非「蕃」，而是混血的民族。至於Pinali, 依豪士的寫法為龍鑾社的頭人。克沙勒稱該社頭人Pin-ah-lee；水野遵稱龍蘭社頭人兵也來（Pinnarai or Hinnarai）；落合泰藏稱Piranai.

147. 豬勝束社原意為「適於居住之地」，為臺東卑南族知本社人於200多年前移入，與排灣族混血而成，屬清末日初「斯卡羅四社」（其他三社為射麻裏、貓仔、龍鑾）之一，位於今滿州鄉里德。1873年底或1874年初老卓杞篤剛死不久，小卓杞篤—即朱雷繼位，據《甲戌公牘鈔存》（頁58）記載，朱雷也於6月9日赴日營；不過豪士在第二十五章（原著p. 148）提到赴東岸時才首度見到當時的大頭人朱雷（小卓杞篤）。Minat不知是否為克沙勒稱的豬勝束社頭人Mun-kat（潘文結）之誤？或指該社另位小頭目「萬仔」—日治時代伊能嘉矩、森丑之助記載的Vankim（潘萬金）？《甲戌公牘鈔存》，頁58、67；Eskildsen, p. 255; Fix, p. 36.

與會頭人不同意，經一番討論，終於首肯。日方為了不使頭人太過為難，表示願提供借地補償金。但就如我提過「他們對物質需求很淡泊」的特性，頭人並未接受。會議結束，日本將官邀請頭人到營區參觀，引起他們一陣驚慌。很顯然，頭人迄今仍不相信日軍，也不確切瞭解日方的企圖。頭人竭力掩飾心中的不安，表示在外過夜已打破未曾有的慣例，為免族人擔心，最好馬上返回部落，所以實在歉難接受邀請。日方以禮物尚放在營區為由，仍力邀，但無法說動他們。

不知是一時的衝動，還是基於前次來訪的承諾，一色突然站起，表示願意到日營走一趟。這個舉動迫使其他頭人不好再拒絕，遂相繼表示同意。於是他們排成一縱列，有點遲疑，又有點怯寒的向日營方向前進。走在最前面的是八姑角阿眉社的酋長新久，他看起來表情輕鬆、愉悅，或至少狀似如此。相反的，龜仔甪社的代表則是臉色大變，一開始即退縮不前，甚至還想躲在綿仔屋內，似乎面臨生平最恐怖的時刻。到達距日營不遠處的溪北渡河處[148]，大家費盡口舌，連拉帶勸的，才把他拖上渡船。到了營區，這位龜仔甪代表擺出英雄似的姿態，圓瞪雙眼、一副無所謂的樣子，但臉上的滿頭大汗，洩露了他的不安。

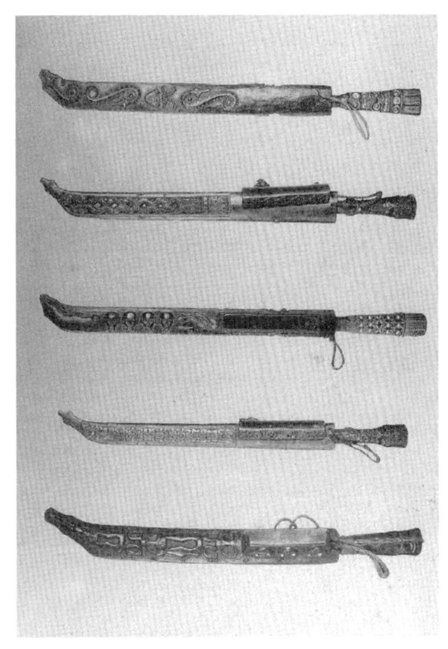
▲各式原住民配刀〔陳政三翻拍〕

頭人被引進西鄉都督的中軍帳篷，更顯得坐立難安，半封閉的空間似乎給了他們很大的壓力，不待端出飲料點心，即行出帳，要求參觀加特林多管機槍（Gatling guns），不過希望取消預定的射擊示範。事後我們才知道，這都是翻譯詹漢生搞的鬼——原來他曾加油添醋的向頭人簡報機

148. 日軍大本營此時仍在新街海濱第一處紮營區，故此溪乃營南社寮北方之保力溪。

關槍彈可以打穿過整個半島、射穿高山，甚至可以穿越時空，打擊那些與日軍為敵的人，包括打擊已過世之人的靈魂。乖乖，連死的人都不放過，那還了得！[149]

看過令頭人為之色變的機關槍，日方送上一些花色布料、畫作等禮物給神色不定的客人。參觀日營時，龜仔甪社代表刻意與大家保持距離，似乎深怕被誤為已歸順。相反的，一色十分投入，而且還把握機會，要求日本醫官診療他的眼疾。一色的視力與很多原住民同樣，早已嚴重受損，醫官以藥水清洗他的眼睛部位、上妥藥，才不多久，一色高興的說眼睛再沒有刺痛的感覺，而且看得很清楚，臨走還揩油一罐藥水備用。

6月9日中午過後不久，參觀節目告一段落，7位頭人帶著保護旗、禮物離開，[150]加芝來社、猴洞社頭人也領了同樣的東西返社。日軍舉行千人大閱兵歡送頭人——士兵穿戴整齊，以整齊劃一的分列式走過閱兵臺前，想必讓這批深居簡出的山區酋長印象深刻。[151]不過這只是戰力的展示而已，應不至於過分打擊他們的信心吧？因為石門之役、擊斃牡丹社頭目阿祿古、日軍鏖戰於原住民視為天險的山區，如入無人之境，這些才是真正擊垮原住民鬥志的要素。

149. 其實排灣族及卑南部落都擁有祖傳的神秘武器Kris神劍，傳說當部落發生大變故，神刀會自動飛行斬敵首於遠處。鳥居龍藏、鹿野忠雄、瀨川孝吉都親眼看過被部落頭目珍藏的寶刀：長約1日尺（約30公分）的鐵製匕首，劍柄為銅質、上刻立體人頭。但顯然當時排灣族的神刀沒有對日軍施展神力。

150. 周有基委員（光緒元年出任首任恆春縣知縣）紀錄「〔四月〕二十五日〔陽曆6月9日〕所有姑仔律、龍鑾珠、力索、四林角、快仔社、八之愿、八姑律、小蔴裡、網卒、蔴仔社、加之來等十一社生番頭目，俱到日營投降」。當時尚未降者為「牡丹社、中社、爾奈、高士佛、八傜、竹社、射不力社等七處之番」（《甲戌公牘鈔存》，頁60）。另外清軍探報云日軍要求各社頭人「每四日到營一次，有無事體，均要通報」，此點豪士未提及。

151. 這種展現軍力的作法是日軍慣用技倆，如潘霨於6月底赴日營（詳第二十七、二十八章），日軍也同樣展現兵力，但據《申報》同年8月12日之報導，日軍似乎沒討到便宜：「……節載寓臺友人家函：東兵〔即日兵〕於琅嶠營內請欽憲〔潘霨〕視師，其刀劍各技頗見靈妙，運用火器殊非熟手。欽憲護勇四十餘名在東營試洋槍，東兵氣奪。」

第二十五章　紮營東岸

如前章所述，日軍與親日部落酋長在6月9日已達成在東部海岸取得一塊土地，作為日軍營地的協議。大本營遂於6月10日決定派遣日進號驅逐艦運載士兵，到〔5月16日～19日〕曾勘查過的東岸地點設立前進營區。於是從不知疲倦為何物，且膽子特大的翻譯詹漢生與綿仔，奉命先由陸路前往豬勝束社，通知新營區預定地附近的原住民。

▲百多年前無港口建設，上岸、離港者，皆須搭有帆竹排〔陳政三翻拍〕

6月11日上午，日進號由赤松則良將軍指揮、福島九成少校輔佐，上載50名陸戰隊由社寮港啟航。就我所知，這次航行是外國人搭乘日艦到東海岸的首例，故全艦上下對美國賓客照顧得無微不至。船上軍官都是受過良好教育、有文化素養、見過世面的紳士，大都能說數國語言，尤其其中一位的英語簡直就像他的母語，說得十分道地。[152]由社寮到東岸預定營區處，船程只須5小時，我們在上午10時出發，所以下午3點應可抵達。中午12時許，日進號航經羅妹號慘案發生的海灣，海灣縱深不到1哩，不過倒是福

152. 傳統的近代海軍軍官訓練，皆極注重外國語文，以符「四海為家」之生活方式。加上19世紀後半及20世紀初，英、法為海權強國，航員必須學習輪機用語的法文、航海用語的英文。

▲西鄉從道登陸的社寮海邊（今車城鄉新街村沿岸）〔國立臺灣博物館提供〕

爾摩沙島最大的港灣。[153]

我們停泊、登陸地點是東海岸一處小海灣缺口，沒有標誌在航海圖上，是3周前日進號所發現的〔赤松就以座艦命名為「日進灣」〕，[154]那次還被岸邊不明敵人開火射擊呢！灣口地形可稍避海風的吹襲，雖非絕佳的港口，但已是東岸少有的最佳登陸地點之一。當我們仍在相當遠的海上，慢慢航進海灣時，岸邊出現一群高舉三面紅旗的原住民，他們一邊沿著海邊奔路、一邊搖旗吶喊，歡迎我們，似乎有意試試這些紅旗是否管用。波浪甚大，登陸作業有些困難，每人或多或少都被濺溼了，那位美國海軍准將一個不留意即被海浪掃進海中。[155]如此遭遇，在熱帶地區大太陽下，我認為倒也不賴。我們終於在小河河口找到適當的登陸地點，[156]岸邊已有射麻裏社的一色、八姑角阿眉社的辛曉、老佛社的魯林，以及他們的隨扈恭候多時。他們還體貼的升起一堆大火，示意我們先在火堆旁烤乾衣物，但太陽已曬得我們頭皮發麻，故實在無福消受此番盛意，酋長似乎也察覺，也就不勉強貴客。

東岸原住民此時的穿著與赴社寮時的盛裝相比，相當的簡單，不只沒有

153. 羅妹號慘案發生地點為必麒麟筆下的南岬（South Cape），也是豪士書中所附地圖上載、西方人通稱的Kwaliang Bay—南灣，為鵝鑾鼻（南岬）與貓鼻頭（西南岬）間的海灣，昔日為恆春八景「金沙拍浪」之處。

154. “Wasson’s Report”, in: Eskildsen ed., p. 229.

155. 克沙勒被日軍授予海軍准將（commodore）銜，年俸9千日圓，故豪士指的即為克氏。

156. 日軍在東岸登陸地點為今滿州鄉港口村港口溪出海口，據當時周有基的探報：「〔日軍〕分兵二百餘名，用火船載至大港口駐紮，內即姑仔律、珠力索〔按：即豬勝束〕兩社。又到日火船一隻，所載米糧伙飲木板等物」。可見除了日進號外，另有艘豪士沒提及的補給船，隨後到達此地。港口溪昔俗稱大溪，出海口有大港口庄。

華麗的飾物，而且簡樸到幾乎沒穿。[157]倒是身處自己的地盤，腳踏山艾樹（Sagebrush）生長的土地，有了安全感，所以已無拘束感，他們表情自在，常互開玩笑，即使所開玩笑讓我們不知所指。只有一色例外，仍然那副酷酷的表情，像個木頭人，他配戴西鄉都督賞賜的武士刀，暗向日軍表示領情及友善之意。由於詹漢生未能及時趕到，這時又有50名陸戰隊及50位水兵上岸，少了翻譯溝通下，發生了小誤會，幸好無傷大局。[158]日本軍官決定先到已故卓杞篤的老家豬勝束社打聲招呼，再到海岸方圓一哩的小村社拜訪。[159]從海岸即快速隆起的丘陵地面，樹木叢生、景色翠綠，比琅嶠的景觀好看多了，連漫步沙灘的感覺，也頗令人心曠神怡，但原住民可不時興起這一套，所以沒跟來。沙灘晾曬長排的捕魚網，竹筏已推至海邊，似乎準備出海捕魚。沙灘中段有道隆起的沙堆，約2呎高，30呎長，恰巧就在上次日進號遇襲處，極可能是附近原住民所堆積，用來伏擊登陸的敵人，地點絕佳，後面即可隨時撤退至山區。

6月11日下午，人們三三兩兩從不同的地方前來，有些是兇猛的原住民，有些是漢人後代，從誇張的大耳朵，即可分辨出是否為原住民。原住民的耳朵穿孔，套上圓形金屬或石塊，耳孔大小約等同於墨西哥鷹洋的直徑。他們的大耳朵不禁使人懷疑是否與百多年前曾佔領臺灣的日本人有關。[160]許多日本早期英

157. 百多年前，排灣族平常穿著，男人在夏天上身赤裸，下身僅著丁字帶護陰；女性上裸而下圍布裙，不穿內褲。冬天則上身加衣或披布。而愈漢化的部落，則衣物愈多。所以在光緒十二年（1886）恆春知縣武頌揚與副將張兆連稟呈臺灣府的公文上載有：「恆邑番社雖經歸化，各頭人到官，每多不著衣褲，只用短布遮圍下身，未免不成禮節；應請酌發衣褲，轉領穿著。」

158. 豪士對這個「小誤會」語多隱諱，幸好清國靈通的探子告訴我們，那裡差點打起來：「日兵同花旂人攻龜仔甪社，將到大埔角地方交戰。小卓杞篤勸和，即往番社中相會。」探報雖也有所誇大，或失真，應是龜仔甪社誤以為登陸的日兵係攻打他們的部隊，而有所騷動，甚至幾乎動武。但種種探報都反映了地方（恆春一帶地方文武、探子）很努力，但中央（臺灣道臺與總兵）卻是推諉再三。

159. 日軍在東岸紮營地屬豬勝束社所有，所以先向小卓杞篤——朱雷打招呼，當時大港口住民已有巴龜阿眉社，該社臣屬於豬勝束社。稍後，據《恆春縣志》載，日軍也在射麻裏紮營。

160. 17世紀初，漢人主要係由李旦、林錦吾兩集團在魍港（蚊港，臺南北門鄉至急水溪一帶，有稱在嘉義縣八掌溪口的布袋鎮好美里虎尾寮一帶，似以前者正確）引進移

▲點鼻禮為部分南島民族見面打招呼方式。圖為毛利人歡迎客人的點鼻禮〔陳政三攝〕

雄或聖人的圖像、銅雕都有大耳朵，是否與此地原住民的大耳朵有關聯？譬如鎌倉的大佛像（Statue of Dai Butsu, at Kamakura）即為著名的例子。當然，大耳朵造型無疑傳自印度，保存這種習俗的福爾摩沙原住民，稱得上是稀有人種了。

前來的各路人馬都全副武裝，以五花八門的方式向我們致意，包括單手置於胸前的方式，據云那是誠心誠意的表示。[161]有些漢人念過私塾之類的書，懂得寫字，自娛娛人的在沙灘上寫出簡單的字句。部分原住民看得懂，但不會讀、寫，就我所知，原住民沒有文字。就在東海岸那片沙灘地，我們、漢人、原住民間的三角溝通，像煞鴨子聽雷，有聽沒有懂；又如霧裡看花，霧煞煞。

直到詹漢生和綿仔趕到，才算彼此辭能達意，恢復正常的溝通。紮營地選妥，並經豬勝束社頭人〔朱雷〕的批准，他再度婉拒日軍的補償租金（回饋金）。稍後有位龜仔甪社戰士加入我們勘察軍營的行列，他的態度從容，充滿自信，臉上毫無懼色，經打聽，原來是鼎鼎有名的龜仔甪社酋長〔巴也林（Pallalum, Pallaleem or Payarin）〕[162]，這位僅次於牡丹社，半島上最嗜血、最好戰的部落領袖，居然是個矮冬瓜，長得毫無陽剛氣，眼睛大而柔和，頭戴

民拓殖，內也有日本人；日本海盜主以北部基隆社寮島（今和平島）為據點，並深入臺北盆地。即或更早的林鳳集團中，也有日人成員，如他的手下大將庄公（又稱蕭哥）——Sioco（戰死於攻打馬尼拉）。稍後的鄭芝龍、鄭成功集團，也有日本武士參與。

161. 豪士未記載早期南島民族通行的「點鼻禮」，《重修臺灣府志》記載：「親朋相見，以鼻彼此相就一點」，這似乎只是排灣族的獨有風俗，森丑之助在日領初期，即常看到排灣點鼻禮。目前紐西蘭毛利人仍保有這種習俗。

162. 水野遵記為巴也林（Payarin），並兼為竹社頭人。D. Fix, p. 36, 40; Eskildsen, pp. 255, 281, 282.

野花編成的花環。跟隨在他身旁的同伴裝扮類似，只是誇張到連樹枝、樹葉都「種」到頭上了！豬勝束的頭人，則在頭上插了一支很長的松雞毛；[163]他的弟弟，也就是「卓杞篤最小的兒子」（Tokitok's youngest son），沒有任何打扮，有對顯示聰明的濃眉毛、一雙漂亮的眼睛，是我見過原住民裡唯一稱得上英俊的人，硬要挑缺點的話，只有穿洞的大耳，以及檳榔汁污黑的雙唇，算是美中不足。[164]龜仔甪社的酋長也稱得上英俊，但仍比不上卓杞篤的小兒子。

傍晚時分，人來人往，攜帶裝滿食物的竹籃、藤盆，在山丘的另一邊準備一場原始迎賓盛宴。說是盛宴有點勉強，不如說是場原住民社會常有的臨時隨興款待。火堆旁擺滿米飯、蛋之類的食物，最特別的是好幾罈裝滿蕃薯釀造的三酒（Samshu）。燒酒溫熱，酒杯不斷傳過來、傳過去，不喝不行，好客到勸酒勸得太勤快、也太具侵略性了。酒說不上可口、烈得很，氣味很像劣等的愛爾蘭威士忌酒（Irish whiskey），[165]要是拒絕加入每輪的乾杯，主人們就表示遺憾萬分，我只有以「多留一些美酒給大家飲用」為藉口，才得脫身。「乾杯、斟滿、再乾杯、再倒酒」的過程，成了「詹漢生醫生」（Dr. Johnson）宣稱的「喝酒的唯一目的」。[166]大家愈喝愈興奮，稱兄道弟起來，流露原先深藏的感性及柔情，連向來沈默寡言、表情嚴肅的一色，也說起笑話、開起玩笑，他甚至好幾次扭曲著臉，硬擠出應該算是笑容的笑容，實在難得。

酒宴結束，一色陪我們走回岸邊小艇，沿途他下意識的邊走邊踢沙堆，又裝作只是出於好玩，他甚至試圖直直穿過橫掛在眼前的漁網，那當兒他可真醉

163. 據森丑之助的觀察，排灣族男女都採花草，自行編製花環戴在頭上。羽飾——排灣語「巴・拉樂」，分為貴族身分戴的「阿布」、勇士戴的「迪亞迪飛」，平民不可穿戴。朱雷戴的長松雞毛，應屬「阿布」。

164. 依據潘文杰移居牡丹鄉旭海的後代保存的潘文杰的畫像，他看起來不高、瘦小，濃眉、大耳、頭小、腿短，表情嚴肅、剛毅。

165. 今日標準的愛爾蘭威士忌加有白奶酪，略甜，喝時略加溫味道更好。豪士指的劣等愛爾蘭威士忌酒，應不是這種好酒。

166. 豪士一向貪杯，卻喝不過排灣人，可見後者酒量驚人。他為何要稱詹漢生為Dr. Johnson呢？Dr.可為醫生、可為博士，當時博士很少，不像現在滿街跑，所以可能是詹漢生博學，又有草藥之類的醫術，譯註者乃譯為「醫生」。

了，醉得連祖宗八代以前的世仇是誰，大概也都忘了。此行最大的收穫在於與原住民建立了感情，之前任何試圖接近這個地方的人，沒有不遭到不測的；而才在20天前，就在此時此地的貴賓，還差點被殺了呢！

次（12）日，士兵忙著趕建營舍，海岸有艘英國炮艇停泊，似在監視日軍動態。[167]6月13日，日進號啟程返航西岸，留下少數駐守兵力，以及一群想由陸路探險橫越半島內陸的好奇軍官。[168]

6月14日，谷干城將軍搭乘一艘小運輸船啟程回長崎，攜帶最新的捷報，該船也載著傷兵回去。[169]

6月16日，赤松則良將軍與福島九成少校搭日進號航往清國，同樣攜帶捷報信息給〔當時正在上海的〕日本駐北京公使〔柳原前光〕。[170]

167. 這艘砲艇是巴克斯船長（Capt. Bonham W. Bax）率領的侏儒號（*Dwarf*），6月12日由西岸跟來，一直監視日軍的行動。

168. 瓦生稱7月中旬，東岸營區撤守，可能係下令日期；因為西鄉曾於7月24日巡視豬勝束駐軍。落合泰藏，〈明治七年牡丹社事件醫誌（上）〉，頁104; "Wasson's Report," in Eskildsen, p. 249.

169. 樺山資紀隨行返日，主要可能是谷干城一直是樺山的老長官，都屬九州熊本兵團，所以6月初進攻內陸時，樺山也是跟隨谷干城的楓港部隊行動。樺山返日，旋於7月23日奉派至上海支援柳原前光的外交，但當時柳原公使已北上，樺山迅速北上，於8月7日抵北京，此後即一直留在北京，迄10月底外交交涉結束，再陪大久保利通訪臺。谷干城攜回西鄉「臺灣蕃地討撫之情況報告」，主張應儘快提出措施，曠日持久對日軍不利。此報告促使日本強硬派抬頭，主張以戰逼和，並在臺開創新殖民地。

170. 柳原前光於5月28日抵上海，但一直留在上海，遲遲不肯北上履新，主要係在等候日軍在臺灣南部的軍事捷報，以及西鄉從道與潘霨會談的進一步結果。柳原等到7月17日時機成熟、事態明朗，才離開上海北上，於21日抵天津，31日才抵北京展開其強硬外交。日本軍官安藤定在谷干城、赤松則良離臺時，寫了兩首起程送行詩：「春風三月發京城，花笑鳥歌送我行。前途所期君識否？臺灣欲弔鄭延平」；「大業七辛八苦間，坐劍跋涉幾江山。霸吞瓊埔臺灣景，二十五橋十二灣。」詳《甲戌公牘鈔存》頁69。

▲牡丹社事件援臺淮軍操練情形
〔Imbault-Huart書；陳政三翻拍〕

▲排灣族少年會所〔總督府理蕃局（1911）；陳政三翻拍〕

§外交折衝及落幕

▲李鴻章〔陳政三翻拍〕

反應遲鈍的清廷，在日軍已打垮抗日派原住民後，新派任的欽差大臣沈葆楨才於6月17日抵達臺南安平視事，可是朝廷與北洋大臣李鴻章要他來臺不是打日本，而是像下圍棋般的佈局，用重兵團團將日軍限制、圍堵在恆春半島上，想辦法使其知難而退——詔命的用詞是「以巡閱為名，前往臺灣生番一帶察看，不動聲色，相機籌辦」，「或諭以情理，或示以兵威」。這樣的差事可難辦得很。

沈葆楨知道海軍實力不如小日本，且臺灣孤懸海外，既然上級要他演戲，他就派潘霨去見西鄉從道。自6月22日至26日，雙方會晤四次，達成口頭協定。但後來雙方又為了是否有「西潘密約」而撕破臉，日方認定潘霨同意送錢給日軍，日軍也可退兵；潘霨則矢口否認曾答應過這種喪權辱國的行為。但豪士在書中卻點明確有「西潘密約」。不過既然是密約，那麼任一方就有解釋，或反悔的可能與權利。雙方爭執不下，日本第四任駐清公使、明治天皇的內兄——柳原前光一氣之下，放棄再與臺灣官員協商，由上海趕赴北京，路過天津，又被李鴻章倚老賣老，海訓了一頓，氣沖沖的跑到北京，與總理衙門不懂外交的大臣吵了幾架，雙方不歡而散。

7月以後，至12月初日軍撤軍，西鄉軍隊面臨的威脅已不是排灣原住民，也不是沈葆楨帳下的清兵，而是悍衛臺灣最兇猛的天然防禦網——風土病、瘧疾、熱病等。日軍征臺共死了573人，但戰死的才12人，其他全是被臺灣的瘧蚊給叮死的。日軍未染風土病的百中不得其一，所以西鄉從道一再要求日本政府儘快決定對清是和、是戰，這迫使征臺幕後黑手大久保利通親自披掛上陣，以全權欽差大使的身分至北京，跟清國官僚體系口舌大戰七回合（另說九次會談），日本人眼中的「冷靜得如一座冰山」的大久保運用威脅、恐嚇、開戰、退出和談等方式，再加上巧妙的打「英國牌」，把英駐清公使威妥瑪拉成親日派，終於逼使清國於10月31日簽下「清日臺灣事件專約」——清國付錢了事，順便把琉球的宗主權，送給了日本。不過清國也不是完全沒有收獲，至少把臺灣內山（山區）及後山（東部）真正的劃入自己的版圖，並且獲得各國的正式承認。

沈葆楨雖然奉命不得開戰，但他終究不是一位見事推責的官員，他提出了「開山撫番」政策，打破限制大陸人移居臺灣的限制、開了北中南三條山路、廣修各海口砲臺、擴大調整臺灣行政區，這些政策都是眼光遠大的建設方案。但對安居樂業、天高皇帝遠的原住民而言，卻是大夢魘，從此，必須抵抗源源不絕入侵其家園的漢人武裝拓墾集團。

得了琉球宗主權的日本，終於在5年後（1879），廢掉琉球藩，改設沖繩縣。1880年清廷居然不接受日本提出的「琉球分島改約」提議（將琉球群島三分，北歸日本、中還琉球、南屬清國），從此琉球全屬日本，更有甚之，釣魚臺好像也只能供日本人釣石油了。

第二十六章　龜山大本營

日軍最初的大本營夾在琅嶠山谷的〔車城溪、保力溪〕兩條河之間，由於已無防禦上的需要，且進出不方便，加上經常淹水造成環境惡劣、不適合居住。龜山新營區於5月中旬選定後，即由後勤總部軍官平野負責監督興建新營營房，其中幾間草房供作醫院及軍官宿舍。建材有限下，這樣的居住環境，對前一個月仍住在泡水的帳篷的人而言，已經有如遷居華廈的夢幻感。

病人於6月初全數由舊營遷入新營區內的醫院，[1]每位病患大致對日本軍醫的技術評價極高，只有一位有所抱怨，傷兵陸續於2周內康復出院。連來探望的所有英國船舶上的醫生，對傷患的衣物、居住環境、醫療待遇，也甚為稱道。[2]我也很樂意有既勇敢，又聰明的軍醫在戰場常相左右，他們隨身攜帶醫療、急救器材，還配戴步槍、武士刀，以便應付各種突發狀況。

曾來訪的外賓原先對日軍是否可依嚴格的軍事要求，興建一座合格的營區，抱持著懷疑的態度；事實證明，在挑選一個既舒適、景色又怡人的地點，日本人確有獨到的眼光。車城南邊、社寮之北的老營區，設立之初主要著眼於防禦上的需求。當日軍發現不可能遭到原住民的攻擊後，那座舊營也就失去繼續屯駐的功用了，於是進行中的構工、挖戰壕完全停擺，所有工事移至社寮港

1. 龜山基地總醫院於5月30日成立，「陸軍二等軍醫正」桑田衡平出任院長。
2. 出現在琅嶠附近的英國船隻，由清、日、英文獻中加以比對，有賈美綸船長的大黃蜂號、巴克斯船長的侏儒號（此二艘為英海軍炮艇），另可能包含法樂船長在內的海龍號等民間船隻。譬如陽曆7月13日，即有小火船自旂后來，上載「怡記和記洋行三、四英人，並傳教之洋人到日營。聞其隨人云，日人託買火船，來與議價」（《甲戌公牘鈔存》，頁95）。有戰爭的地方，就有商機，敏感的商人不可能沒聞到金錢的味道。另外，根據Bax, *The Eastern Seas,* p. 269, 俄國砲船*Gornosty*號亦在打狗附近出沒；可能也負有來臺觀戰的任務。

登陸點南方二哩遠的新營地。日軍從一開始，即以選擇一座永久性的大本營的角度，來挑選新地點，相對於舊營，新營確有很多優點——舊營區帶來很多悲慘的後遺症，它引發的熱病（the fevers）於8、9月間，奪走了許多士兵的生命，減弱日軍的戰力。[3]要是一開始，即選擇海拔較高的地方紮營，而不是在常有濃霧、常積水的低地屯駐一個月之久的話，那麼傳染病也不至於爆發。但最初由於顧慮可能遭受攻擊，某些人依據戰術準則，建議並說服日軍決定駐紮在一個極不衛生、令人很不舒服的環境，即便後來移營，但病毒的種子已埋下日後無法避開的悲劇。[4]

社寮南方那座高約250～300呎的小山〔按：目前實際海拔高度72公尺〕，形如烏龜，漢人稱作龜山（Ku San——Tortoise Hill），日本人稱之為Kame Yama, 也是5月7日軍官勘察營地所登的同座山岳。由龜山再往南，有塊面積約20英畝的平地，比海平面略高，四周有山丘環護，可避開惡劣天氣之影響，海風又經常徐徐吹進，比舊營燠熱難耐的環境實在好太多了。因此，日軍選定這塊地為大本營所在，事實證明是正確的選擇。[5]即使兩處營區的氣溫同樣，即使

3. 軍醫落合泰藏留下的手抄本著作《明治七年征蕃醫誌》寫道：「9月中旬，連醫生都病倒，患者人數一日平均600人，每日4～5名重病患者死於診療室。入院者120人，每日有15人死亡。棺材趕製不及，連洋酒桶都派上用場。日軍投入牡丹社之役軍人、軍夫約5,990人次〔不含海軍〕，因病後送日本治療者達1萬6千409人次，平均每人接受2.74次的治療，以致臺灣蕃地被稱為『日本醫院』，令日本人聞之色變」。明治天皇為此特僱德國醫師，並把製冰器送到臺灣急救。據水野遵統計，日軍死於病者達550餘人；林子候統計死者573人（病死者561人，戰死者12人）。
4. 豪士文中「某些人依據戰術準則，建議並說服日軍……」所選定的紮營所，似乎暗示第一個紮營地係由美國軍事顧問克沙勒及瓦生所建議、選定。
5. 清國臺灣府派駐枋寮的斥候探報，日軍由舊營（清港浦營盤，今車城溪出海口，俗稱清港）移往龜山新營次數，計有⑴陽曆5月19日，大水沖入，日兵一半移至統埔莊外，一半搬至龜山頂。⑵5月25日，日兵分兵千餘人往龜山後灣仔駐紮。⑶6月28、29、30日，日人僱用牛車2、30架，將清港口營移在龜山下後灣仔。⑷7月23日，倭人前存清港口之兵，約於是日盡撤回后灣。龜山西側，舊稱「龜山後」一帶及位於龜山南方、後灣港東北的海岸低地，原為日軍新營所在，目前已是「國立海洋生物博物館」的用地。館內有日軍登陸紀念碑，其實並非真正第一個月的登陸點（應為車城鄉新街村，舊稱社寮港，也為原住民所稱的龜壁灣）。至於後來是否改在後灣登陸，倒有可能，如《恆春縣志》

下雨量也同樣的豐沛，但不論白天或夜晚，新營區隨時有涼風吹進，而且排水良好，使得大家逐漸淡忘熱病病菌可能的侵襲。

我想如果有人樂於在這片安靜、平和的海邊住上一段較長的時間，專注某種值得奉獻、值得追求的生涯，應可體會出此地耐人尋味的迷人之處。新營附近氣候很溫暖，卻不至於太燠熱，極目四望，山、海變化多端，景色相當怡人。日本官兵這批臨時住民，是不會因亂發脾氣而失去理智的民族，完美的禮節是他們奉行的準則，活力十足的天性又不致失控。

附近各村畜養的家畜不多，也無特別吸引人之處，主要以水牛（Water buffalos）為主，奇怪的是沒有馬，只有大概為數6匹由日軍引進的小馬（駒, ponies）。[6]瑯嶠地區以前曾有馬的存在，由居住在西海岸的漢人引進。起初漢人認為原住民應該不會想吃馬肉，所以引進繁殖，但那些馬都被山區的原住民抓去吃掉了，自此之後，再也沒有人有興趣進口原住民腹中的美食。至於原住民是否想吃日軍的小馬呢？原住民表示從未動過這樣的念頭。我想他們也應該知道日軍的小馬，並不是那麼容易消化的。至於人類最好的朋友——狗呢？這裡的土狗可兇猛得很，對陌生人極不友善，即使千方百計想引誘土狗靠近，都歸失敗，不小心還可能被咬上一口呢！

當然也有鳥類、昆蟲、爬蟲動物。鳥類極多，但我不是專家，實在搞不清楚牠們在鳥類學的分類及名稱。牠們是天生的歌手，聽過優美的啼聲，不禁為射殺牠們的獵人深感可恥。每天清晨，群鳥啼聲飄揚於薄霧中，白天偶而也聽得到幾聲鳥鳴。到了傍晚，鳥兒飛回棲息地，那裡總是停滿了昆蟲，蟲鳴聲甚

（頁263、265-266）上載：「〔同治〕十三年牡丹番之役，日本兵船泊車城之後灣……其兵由後灣穀蓁登陸」；「車城之南二里，曰後灣，水深無石……臨岸曰龜山，龜山之下，曰穀蓁，沙平路坦，易於登岸」。因此，日軍移營後，其登陸點應該也往南移至穀蓁一帶，不會捨近求遠。

6.《甲戌公牘鈔存》（頁68）載清兵斥候探報：「〔6月14日〕日船載來物件，盡龜山中椅棹百餘付、馬六匹，鞍數百餘個，醫生二名」。此6匹馬應是豪士指的駒，較適合山區使用；鞍數百個，暗示往後將引進更多的馬—包含原住民傳說中的，西鄉的黑色寶馬。

至還蓋過吱喳的鳥叫聲。我在日本多處森林聽過各種昆蟲叫聲，從不曾覺得悅耳；但此間的蟲鳴卻讓我有股不同的感受，竟覺得還挺輕快、優美的。正如鳥類靠吃昆蟲維生，爬蟲類亦然。以最愛叫的壁虎為例，特喜歡攀爬上天花板覓食，或將身體嵌入各種角度的窗戶縫隙內，然後從那個陰暗的角落發出短促、如口吃般一再重複的哀叫。事實上假如沒有「歹戲拖棚」，搞到三更半夜，偶而叫幾聲，還勉強可當作小夜曲來聽。7

其他有毒的爬蟲類，雖不受歡迎，但仍偶而親切的拜訪我們，譬如蠍子、蜈蚣、蛇等，幸好除了蜈蚣經常大量出現，且造成困擾外，甚他有毒爬蟲倒還不常出沒。通常人們第一眼瞥見蜈蚣，常在恐慌中把牠誤判成有8吋長，待連吸兩口氣、稍稍冷靜，這才發覺也不過才4吋長。有天早上，我還從外衣口袋搖出一隻4吋長的蜈蚣呢！奇怪的是，我們無法從任何人口中獲知這些有毒爬蟲動物的習性，原住民怕死牠們，但卻從未告訴我們，萬一被咬到，可會要人命的！

撇開鳥類、壁虎不談，其他叫得出聲音的動物似乎不多。舊營區常見的小販，不被允許進入新營區內做生意，我們因此再也沒有機會聆聽那尖銳、高吭的叫賣聲。這裡尚有一種歷史悠久，同時也是最常聽到的噪音——牛車聲。塞萬提斯（Cervantes）在《唐・吉訶德》（*Don Quixote*）這部夢幻騎士小說裡，提到「牛車笨重的輪子磨出粗糙、尖銳的嘰嘎噪音，

▲載運甘蔗的二輪牛車隊
〔柯維思攝（1896）；陳政三翻拍〕

7.臺灣南部的的壁虎會叫，北部的壁虎不叫，大致上以大甲溪為界，可能是氣候或緯度影響所致。不過近幾年，溫室效應影響，北部壁虎似乎也會啼叫了。

聽說常把野狼、熊嚇跑了」。也許古代西班牙牛車的輪軸聲，真的刺耳難聽，成了小說家調侃的對象；但琅嶠的牛車聲似乎還算可以接受，[8]至少我常將沒上油的車輪所發出的聲音，想像成遠處傳來的號角聲，有些人甚至把它誤以為是遠方的船笛聲呢！

最後，值得一提的是營區定時的號角聲。雖然號兵每天吹12次，但在這片蠻荒邊境聽到號角聲，每次仍有怪異的感覺。號兵吹法倣效歐美，雖常出現叉音或吹走了調，但自從我在戰場親眼目睹那些小鬼號兵的身手及勇氣後，再也不會介意他們荒腔走調的吹奏了。小號兵大都只14、15歲，經過上個月的實地磨練，已使他們有老兵油子的架式。他們不只攜帶小喇叭在戰場指定的位置待命，而且與士兵一樣全副武裝，所表現出的堅毅、勇氣，實不輸久經沙場、有男子氣概的老兵。[9]

日常的軍事操練，讓年輕士兵好動的心多少獲得發洩，但太久沒行動，以及往後不知還須多久的漫長等待，使得每個人都顯得懶散。新鮮事實在少得可憐，每周總有派駐山區分營或東海岸支隊回到龜山大本營換班休息，在此之前，接替的支隊已先行出發換防，日子就是這樣在過。偶有郵輪由日本帶來英文報紙，讓我們享受短暫的讀報娛樂，這種娛樂在於比較那些在日本發行的英文報，在絲毫不知實際戰況下，如何以奇特的角度，大肆抨擊在臺日軍的軍事行動。簡言之，稱得上是「為批評而批評」的「唱衰日本」。其中有家報紙的報導較客觀、深入，倒挺難得，上面有句評語令我印象深刻：「光會批評日本出兵臺灣，就好像自己站在泥堆中，抓起污泥擲向日本一樣」。除了這家報紙還算客觀外，其它的都是一丘之貉，一個鼻孔出氣，用意及立場只不過反映他

8. 昔時牛車只有兩個特大的輪子，由木板拼成實心輪，有的地方在木輪外環再包一層鐵皮。至日治初期才改成四輪牛車，前面兩輪較小，後面兩輪較大，輪與軸之間用粗木條支撐，這種形式在某些地方，一直沿用迄今。1931年左右，牛車輪有的改用橡皮輪胎。

9. 克沙勒建議而設立的信號士官46名，由退役尉級軍官中選出。西鄉隆盛組織一支以士族為中心的300人信號隊，支援其弟西鄉從道出征。豪士所指的小信號兵，應是西鄉隆盛300人信號隊裡的成員。這些人都由瓦生根據美國軍隊通訊法改良，以字母、旗號、燈號方法加以訓練；後來由於沒時間集訓，大部分送回日本。“Wasson’s Report,” in: Eskildsen, pp. 218-219, 249-250.

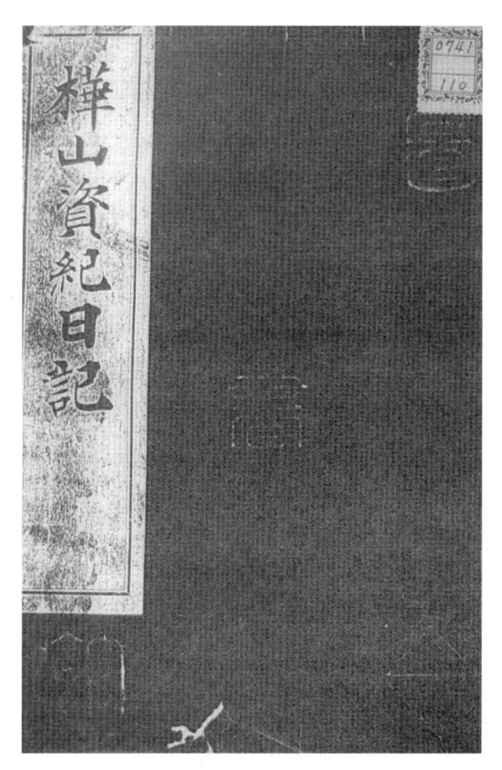

▲國立臺灣圖書館館藏之《樺山資紀日記》手抄影本封面〔陳政三翻拍〕

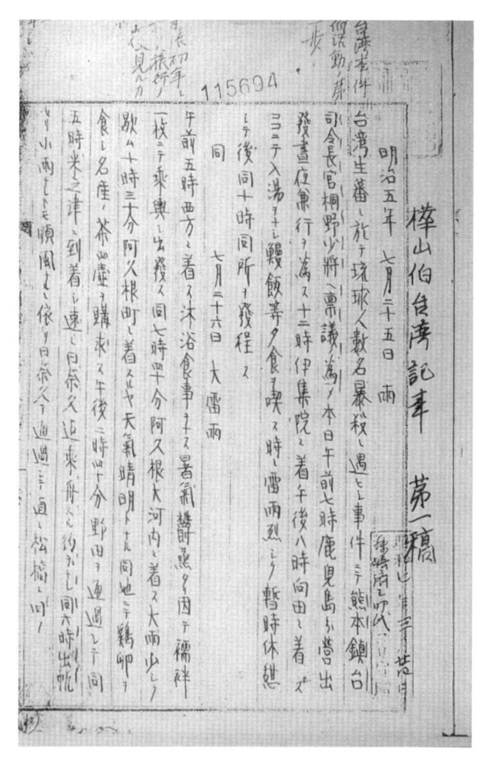

樺山伯台湾記事 第一稿

明治五年 七月二十五日 雨

台湾生蕃ニ於テ琉球人数名暴殺セラレヒシ事件ニテ熊本鎮台
司令長官桐野少将ヘ稟議ノ為メ本日午前七時鹿児島ヲ営出
発昼夜兼行ヲ為ス十二時伊集院ニ着午後八時向田ニ着ス
ココニテ入湯ヲナシ鰻飯等夕食ヲ喫ス時ニ雷雨烈シク暫時休憩
シテ後同十時同所ヲ発程ス

同 七月二十六日 大雷雨

午前五時西方ニ着ス沐浴食事ヲナス暑氣甚タシ因テ襦袢
一枚ニテ乗輿ニ出発ス同七時四十分阿久根大河内ニ着ス大雨少シク
歇ム十時三十分阿久根町ニ着スルヤ天氣晴明トナル同地ニテ鶏卵ヲ
食シ名産ノ茶四壺ヲ購求ス午後二時四十分野田ヲ通過シテ同
五時米之津ニ到着シ速ニ白茶久近乗所ヘ行カント同六時出帆
セシモ小雨ナレトモ順風ニ依リ白茶久ヲ通過シテ直ニ松橋ニ向フ

▲《樺山資紀日記》首頁〔陳政三翻拍〕

們自己國家的外交政策而已。日本出兵只為報復琉球漂民被殺案，並確保類似事件不再發生，樹立安全的航海環境而已。總之，最後的結局，將證明所有出自不同動機的抨擊，究竟正確與否。

對於外國勢力經常指控「日本企圖征服臺灣」的說法，有天晚上我聽到西鄉都督提到他最想引進臺灣，而且如果時間允許，一定會引進的「侵臺勢力」（invading army），是一群教師，而非軍隊，因為教師可以拯救「生番」（Savages）的無知。關於政治控制的構想，西鄉表示應將這個地區交在一位尚堪信任的強勢頭目手中，對於不適任的頭目，則應設法剷除。不過，這種方式是在清國無法、也不願承擔對原住民的管轄權，亦無法提供任何外國漂民適當的保護之前提下，日本才不得不做的接管措施。

為了打發無聊，我們偶而聚在剛從內山打探消息返營的斥候身邊，聽取一些有趣或驚險的故事。日本派人蒐集內山及後山情報已行之多時。事實上，早在遠征軍出發前幾個月，就已展開偵蒐行動。我書中經常提到的福島九成少校，即是最早的調查者之一，但他只在漢人居住地區出過任務，其他人則多次深入臺灣內地。[10]這些在臺灣各地活動的人所提出的報告，皆指出臺島從北到南的原住民，仍生活在原始、野蠻的狀態，只以最簡單的耕種方法生產米（rice）、[11]菸草及山芋，卻對唾手可吃的東西——如甘蔗等物，卻棄之如廢物，不知珍惜。[12]

原住民完全不承認漢人對他們有任何管轄權，彼此衝突、對抗的情形普遍存在。他們憎恨漢人，經常出草（馘首），將獵得的人頭擺在部落最顯著的地方展示。日本偵探的報告書指出，原住民各族群的習俗大致相同，只在個人裝扮、服飾方面有較大的差異。譬如刺青（tattooing）的方式，有些族群有此習俗，有些則沒有。[13]有些地方已婚婦女有打掉兩顆上門牙之俗。[14]

10. 福島留學清國期間，於1873年6月底偽裝成畫家來臺，還在臺灣府碰到小田縣漂民佐藤利八等4人，福島給漂民10枚洋銀。他於同年9月返日，向岩倉具視提出「臺灣偵察報告書」，鼓吹日本征臺。此外最有名的情報員，要屬為了征臺共三度來臺、企圖在蘇澳附近建立殖民地的樺山資紀；在打狗、瑯嶠活動的水野遵；在東岸蘇澳、花蓮活動的成富清風、城島謙藏（化名劉穆齋），自導自演1874年6月初「失銀案」等，皆為顯例。
11. 百年前原住民種米、吃米的有平埔族、阿美族、以及較漢化的族群，如瑯嶠下十八社等。內山原住民基本上不種稻米，也不吃米，甚至視米為禁忌，他們以小米、旱稻、粟、稗為主食。
12. 豪士這種說法可能係根據福島、樺山或水野等人之以偏概全的觀察。種植甘蔗的至少有平埔族以及某些恆春下十八社的部落。1869年李仙得探訪瑯嶠（恆春）半島，即將甘蔗列為重要土產。
13. 臉上刺青的為泰雅族男性及受其影響的賽夏族男人，曰「黥面」，他們也在身上刺青。女性刺在頭部嘴巴兩旁的「鳥嘴」，只有泰雅族，以及早期北部平埔族女性。2、300年前的平埔族，愈往北部愈有在臉上及身體刺青的習俗。
14. 打掉兩顆上門牙之俗，不限於已婚婦女，如《裨海紀遊》所載平埔族男女在訂婚或婚後，有鑿門齒相授之俗：「……男女各折去上齒二，以相遺」；《東瀛識略》亦載：

偶而到友善的部落訪問，或部落頭人來訪，[15]也算得上是放鬆自己或打發無聊的方式。頭人來營，表現仍然拘謹得很，不過卻又很好客的邀請我們前去做客。偶而去一趟或許好玩，但他們烹煮的半生不熟的豬肉、雞肉，實在不敢恭維，所以後來我們也不太敢去打擾了。6月初，西鄉都督派遣醫生入山義診，很受歡迎，稱得上是最佳的親善活動，原住民實在很友善、又熱情，從那次起，各社頭人即一再抗議我們不夠賞臉、不接受他們誠心誠意的邀宴，這對他們而言，算得上侮辱[16]。在這麼卻之不恭的狀況下，福爾摩沙島的豬仔假如有點直覺，或有點觀察力的話，只要聽到我們走近他們部落的腳步聲，最正確的反應恐怕是馬上昏倒在豬舍裡吧？但原住民準備的食物實在乏味，[17]連彼此溝通也極困難，只有互相灌酒、打哈哈了。「友誼的翅膀不掉羽毛，而且不須用力搧動，即可吹起歡樂的和風」（The wing of friendship never moulted a

「既婚，男女必斷旁二齒」，這個記載更進一步指出，所斷之齒是門牙中央2顆兩旁的側門齒。高山部落的泰雅、賽夏、布農及鄒族，也有這種習俗。

15. 據清方探子的情報（《甲戌公牘鈔存》，頁59），日軍似於6月9日的會議，規定各部落頭目須每四日到日營報到：「並限各番頭人，每四日到營一次，有無事體，均要通報」。或許限制太嚴，但「日營」的解釋可能是到日軍駐紮的大本營或分營皆可，當時日軍營區已遍佈恆春半島，如此或較不擾民，也較可行吧？

16. 依田學海根據水野遵的《征蕃私記》，改寫成《征番〔蕃〕紀勳》，內載西鄉從道曾於8月間赴射麻裏、豬勝束等社作客，酒席上的食物有燒酒、醃豬肉、煙草、檳榔，日方喝酒輸原住民，西鄉笑道：「武則贏，酒則輸」！西鄉喝醉了，靠在床上睡，鼾聲如雷，「番人」駭服。雖有點誇張，但至少讓我們知道西鄉從道睡覺時會打鼾，而且聲音頗大。西鄉臨走命水野遵等人與醫師巡視各地，為施藥，「立癒；番人驚以為神……曰：『吾輩永為大日本民矣』！」這個記載與豪士略同，只是時間有別，且豪士未提及西鄉曾親至各社之事。豪士係於7月中旬返日本，之後不曾再來臺（詳第三十一章），所以西鄉赴各部落的時間，應以依田學海記載的為準。水野遵《征蕃私記》第十一回記載，西鄉於8月某日應邀赴上述各社作客。根據落合泰藏，〈明治七年牡丹社事件醫誌（上）〉（頁105），西鄉曾在8月10日訪問豬勝束等三社。

17. 由註16可知部落款待貴賓的食物甚為簡單；即便老卓杞篤於1869年2月，宴請李仙得的那一餐，也不過是「飯、水及豬肉三品」而已。水野遵書載1874年8月，小卓杞篤宴西鄉都督之料理為「鹽汁豬肉、鹿肉乾、鳳梨、甘藷飯、燒酒」，比他老爸慷慨。這是依現在的標準，但就二、三十年前，一盤「三斬」（五花切肉）便是美食；遑論百多年前，那個物質匱乏的年代。

feather, so far as I know; but it did not fan with sufficient vigor to rouse the breeze of exhilaration），這是我與他們交往的感受。為了不太打擾，只好對他們頻繁的邀宴，來個「恭敬，但歉難從命」。

不過對方敬的檳榔，可千萬不能拒絕。有次我嚐了一粒，足足咀嚼半小時之久，也嚐不出特別的味道。檳榔最普遍的吃法是將之剖開，塞進石灰，再包上葉子，吃起來類似鹿啼草果實（Checkerberry），但除可吐出紅色檳榔汁，嚼個老半天，實在搞不懂所為何來？我就只試過一次，打死我再也不幹了。

日軍經常很慷慨的提供各種服務，但卻常造成自己的困擾。譬如西鄉將軍有次推動建立小型實驗農場計畫，引進外國品種植物試種。如果該計畫成功，屆時日軍恐早已不在本地，未必享受得到果實；而半島上的住民如能好好學習栽種法，肯定看得到、也吃得到纍纍的果物。但計畫才剛宣布，附近數哩的地主聞到大把白花花租金的錢味，紛紛趕到營區，開出令人幾乎昏倒的天價地租。計畫被迫中止，對日軍而言無關痛癢，但當地人卻失掉栽植新品種植物的機會。[18]

18. 日軍引進182種西洋植物，並非如豪士天真的想法而已，而是福島九成於6月22日寄給大隈重信的報告上所提的「為鞏固殖民地，須建設自給自足的開墾殖民地」。福島提出在豬勝束社種堅固木材、蔬菜，並開辦漁業。有趣的是，清方探子發現日軍除了引起植物，也招來倭婦10餘人，是否為早期的軍中「慰安婦」？沈葆楨上奏朝廷文，內引探子情報：「〔陽曆7月4日〕船中倭婦十餘人……農器，以及松桐杉、草種、花種各數百株……。」《甲戌公牘鈔存》，頁89。

第二十七章　潘霨來訪

單調的生活終於有了改變，雖事出突然，倒不至於不受歡迎。6月21日晚間，兩艘清國軍艦由北方航近，[19]停泊於新營區北邊2哩許的琅嶠灣內——那裡較安全，也是最常被用來登陸的地點。清船派來信使，遞交通知云幾位北京政府派來的大官已抵此地，準備與日軍在臺最高代表磋商，達成雙方皆可接受的條件。西鄉都督旋即覆函，表示可在明天上午接見。

翌日清晨，清國高官在隨扈陪同下上岸，岸邊早有兩支護衛軍隊恭候多時——一隊為日本薩摩兵，打扮異乎平常，身穿舊式日本戰袍，另一支穿著現代軍服，[20]一路護送到距舊營北方1哩遠、由日方安排的車城臨時招待所。[21]日方在接待方面的安排，

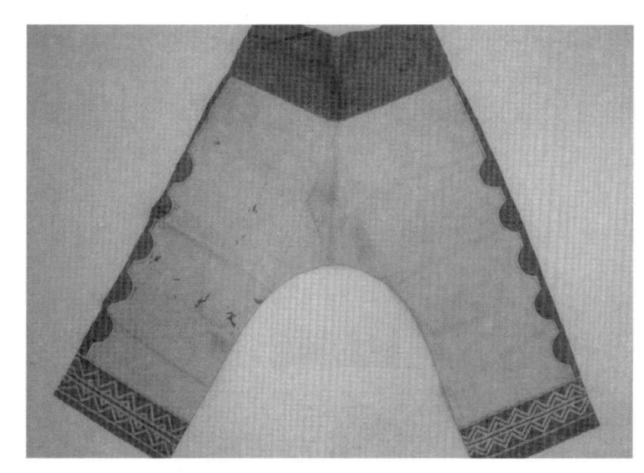

▲男子大襠長褲（軍服）
〔國立臺灣博物館提供〕

19. 這兩艘清國軍艦為伏波號（潘霨坐艦）、飛雲號（法籍顧問日意格、斯恭塞格坐艦）。Bax（p. 263）記載清艦三艘；如是，第三艘船名不詳。

20. 據豪士在二十八章文中更正，兩隊都是清兵。據《清季申報臺灣紀事輯錄》，該年陽曆8月12日《申報》報導，潘霨帶了40多名衛士前往，清兵、日兵還曾比劃身手：「東兵於琅嶠營內請欽憲〔潘霨〕視師，其刀劍各技頗見靈妙，運用火器殊非熟手。欽憲護勇四十餘名在東營試洋鎗，東兵氣奪。」

21. 據沈葆楨、潘霨聯名上奏朝廷文稱，潘霨一行於6月21日下午抵琅嶠，當晚即宿車城；並非如豪士所言，於6月22日早上才登岸，還令人不可思議的住在日人安排於車城的館舍。事實上，豪士甚至將一隊清兵誤指為日兵，可能當時他未在現場。

▲清兵營弁服〔國立臺灣博物館提供〕

可說考慮得鉅細靡遺，對已熟悉日本人十分拘泥形式且注重禮儀的人而言，或許不是新鮮事；但甫抵此地的清國官員，卻印象深刻，根據我第一手的觀察，他們的確有點受寵若驚。隨行的清方法籍顧問日意格（Mr. Prosper Giquel）[22]即毫不保留的對日方精心安排，以及接待人員的多禮、體貼表示驚訝及欽佩。他甚至說，如改由清方接待日使，可能無法辦得如此得體，更何況接待的人員全是大老粗出身的日兵，而卻進退得宜，這點恐怕連歐洲國家的士兵都做不到。

清國使節團只在車城稍作停留，立即赴日軍舊營會晤西鄉將軍。雙方見面，免不了先來上一套東方社會必不可缺的繁文縟節。清國代表包括有「間接代表北京當局」的潘霨（Pan Wi）、[23]臺灣道臺（Taotai）夏獻綸（Ya Hen Lin）、道臺的助手，[24]以及日意格、斯恭塞格（de Segonzac）兩位長期服務於福州兵工廠，並深受清國信任的法籍顧問。日本方面，西鄉都督單槍匹馬接見來使。[25]初次會議雖然有趣，但未達成任何協議，只是為往後進一步的協商

22. 日意格（1835～1886）曾於寧波組「常捷軍」洋鎗隊抵抗太平天國紅毛軍。後助左宗棠創辦福州船政局，訓練清國海軍人才、自製軍艦。牡丹社事件來臺協助沈葆楨佈防。事平，光緒元年帶領船廠選出的魏源、陳兆翱、陳季同、林泰曾、劉步蟾等5人，遊學英、法。他後來入籍清國。日意格對建立近代中國海軍確有功勞，惜所引進皆為較舊式的造船術，加上官場大染缸及派系傾軋，終使近代海軍在清法戰爭（1884～1885）、清日甲午戰爭（1894）不堪一擊。

23. 豪士使用“indirectly represented to central government,”用意在貶低潘霨不夠格代表北京政府，這也是日本整體外交的策略—將欽差大臣沈葆楨、幫辦潘霨撇開不理，由柳原前光、大久保利通逕與總署交涉。

24. 道臺的助手，指的是代表團隨員張斯桂、賈寶鼎。

25. 當時谷干城、赤松則良皆已不在臺灣，據清方資料，在座的有佐久間左馬太等日本官數人。

鋪路。為讓讀者熟悉東方典型的所謂意見交換之範例，我在此稍作詳細描述。首先必須先點出，清國代表在討論事情時，完全拘泥外交慣例及外交辭令；反之，西鄉則以化簡為繁、直截了當的方式，逕指問題核心。兩種不同行事風格，常導致令人絕倒、且意想不到的插曲。

6月22日的會議在雙方說完客套話後正式開始，首先潘霨表示欽差大臣沈葆楨（Shen Pao Chen）現在在臺灣府，因身體違和不克前來，囑他代表出面磋商，並代致問候之意，為使事情儘速解決，沈欽差授權他及隨員全權代為處理。潘霨緊接著詢問西鄉將軍是否已收到他與日本駐北京公使柳原前光（Yanagiwara Sakimitsu〔按：Yanagihara Sakimitsu〕）在上海晤談的會議紀錄？西鄉答曰尚未收到。潘霨表示他是在柳原公使赴任順道經過上海時，與之意外的相遇，並〔於6月6日及7日兩度〕進行會談。為讓讀者瞭解整個背景，須先將柳原公使的出身背景、出使經過做一番交待。

▲沈文肅公真像（沈葆楨）〔佚名畫〕

柳原前光出身京都（Kioto）貴族，也是能幹的外交官，後者才是他出任駐清公使的主要考量。[26]他出使清國，後來造成清日兩國談判期間高潮迭起。他本可以提早赴清履任，但由於外國的介入與干涉——最早為英駐日公使巴夏禮於4月9日發函質問日本出兵意圖；緊接著美公使平安於4月18日跟進，要求「美國人、船均應停止參與針對清國的敵對行為」——使得柳原出使的行程延遲了。柳原前光係於4月8日被任命為駐清公使，迄5月19日才帶著到任國書、相關照會出發，5月28日抵達上海。[27]柳原公使赴上海途中，清國總理衙門（the Tsung li Yamen, 又稱總署）致日本外務省、

26. 柳原前光的妹妹柳原愛子嫁明治天皇，所以他是明治天皇的內兄、大正天皇的舅舅。「京都」目前拼為Kyoto；「柳原」的正確拼法為Yanagihara。Eskildsen, p.297.
27. 豪士寫的日期為5月29日，不正確。據清、日史料，皆為28日。譯文逕予更正。

抗議出兵臺灣的外交照會〔於5月11日〕已發出，[28]照會內容概以：「清國承認副島種臣在1873年出使北京時，確曾向其提及日本將派人到臺灣與『生番』溝通——『若臺灣生番地方，祇以遣人告知；嗣後日本人前往，好為相待……其意旨非為用兵』，故實不敢相信日本竟會派兵興師問罪。」

清國如此天真的說法，對不管是清國、日本或任何西方國家來說，真有夠荒謬的。總署還於照會中表示，得知日本出兵臺灣，還是由駐北京各國公使告知。這樣的說法，顯示清國似乎還不是很重視此事。日本外務省〔於6月4日〕接到該照會，僅〔於7月15日〕簡短的函覆，表示「早有我欽使柳原前光派往貴國；想已由該使當為辯覆見悉畢矣」。柳原公使也於同日〔7月15日〕發函答覆總署〔於6月11日發給他的〕照會；當日，日本任命人在日本的李仙得，趕赴福建支援柳原之外交。[29]

柳原前光抵上海後，潘霨正巧途經上海赴福州、臺灣。潘霨主動求見柳原公使，而柳原知道潘霨赴臺灣的任務，也想打探清國的觀點及意向，遂同意舉行非正式的會談。柳原身負日本外交重任，他關鍵的角色允許其避開正式管道，私下接觸適當的對象，蒐集有用資訊，[30]同樣的，他也可利用機會，表達日本的立場。柳原公使從潘霨口中獲知沈葆楨也在趕赴臺灣的途中，希到臺灣能與西鄉將軍面對面協商。柳原表示，與西鄉將軍協商，恐是浪費時間、於事無補，因為西鄉雖負用兵臺灣全權，但無權過問外交事宜；即或西鄉同意聽取沈葆楨的意見，也只能照轉回東京，由日本當局決定。柳原緊接著又表示，為

28. 總署於5月11日發出第一封抗議日本出兵臺灣的照會，託英籍雇員麥堅帶往日本外務省。但麥堅先到上海十里洋場盤旋近一個月，才赴日，而於6月4日，才將照會交到外務省手中。外務省也技術性拖延到7月15日才覆文。譯文所有加在〔〕中之日期、名稱等，皆為敘述更明確，由譯註者補入，原文並沒有。

29. 日本整體的策略為「北使節、南用兵」，由柳原、李仙得在大陸以外交手段爭取日本談判籌碼；西鄉則在臺用兵，取得戰果支援外交談判，而且步驟一致，由外務省、柳原的二封覆總署函，任命李仙得至福州，日期通通在7月15日，即可看出日方如下圍棋般的在下一盤外交兵棋。

30. 柳原除會晤江蘇布政使應寶時、蘇松太（上海）道沈秉成，另指揮駐上海品川領事、福島九成、平野佑之等人，多方蒐集情報。柳原的外交可謂集談判、用兵、情報於一體之運用。

了雙方共同的利益，他願出具信函，內文聲明日本的立場，[31]請照轉沈欽差供其在事件進一步惡化前參考辦理，俾利兩國言歸和好，潘爵同意轉達該信件。但事情的發展顯示潘爵未能說服沈葆楨，甚或可能沒照原先答應柳原的方式去做。潘爵在福州與沈葆楨會合後，立即一齊前來臺灣，[32]並如前述在6月21日抵瑯嶠會晤西鄉。[33]

以上即為潘爵造訪西鄉將軍之背景。潘爵詢問西鄉，是否已收到柳原公使的來信？西鄉表示未收到。潘爵遺憾的說道，由於並未事先收到日本擬派人來臺訪問，順便討伐違法亂紀的「生番」之通知，否則清國一定派軍協助；而今日軍既已完成使命，看來清國想派兵參與，也就來不及了。西鄉答道，他事先已將日本政府的立場與出兵目的告知清國，何況副島種臣在一年前赴北京時，亦曾向清國總署請益過。潘爵迅速接話，云有信差最近攜帶日本外務省之照會上京，但福州到北京的路況不佳，故尚未及時送到。他似乎暗示外務省的照會可能對日本撤兵有所表示。西鄉回曰日軍來臺任務尚未完成，仍需停留一段時間，以便安排日後確保日本船員的安全相關措施。清使者答曰，他完全瞭解也尊重日本的立場，對將軍奉命執行任務亦毫無意見，也承認日軍所作所為均屬正當，但臺灣究屬清國領土，住民不論是「生番」與否，均為清國子民，如要查辦3年前屠殺琉球漂民之兇手，那是清國之責，也是他此行所負的要務。臺灣道臺〔夏獻綸〕在旁插話，詢問日軍似有意攻打東海岸卑南覓（Pilam, 臺東）原住民部落，不知傳聞是否屬實？基於某些未明原因，日方未回答這個問題，可能日本對卑南覓原住民沒有理由加以問罪吧。[34]潘爵主動拿出與柳原公使會

31. 柳原於函中寫出著名的「柳原三條件」：⑴捕前殺害我民者誅之；⑵抵抗我兵為敵者殺之；⑶番俗反覆難制，須立嚴約，定使永遠誓不剽殺難民之策。
32. 沈葆楨、潘爵及法將日意格，分乘安瀾、伏波、飛雲輪，於6月14日由馬尾出發。潘爵直接先航安平（6月15日抵達），沈葆楨、日意格沿途巡視福建沿海邊防及澎湖，而於6月17日方抵安平。
33. 原文寫為6月20日，可能是排版錯誤，譯文直接更正為6月21日。
34. 清使者在6月22日下午4時，西鄉回拜時，詢問：「卑南覓地方，貴國有無事故？答曰：無事。」事實上日軍早已暗中託人，往勾卑南「番目」陳安生，所以沈葆楨乃派同知袁聞柝坐輪船，於6月28日（陰曆五月十五）至卑南（臺東）召集二十五社頭人

晤的紀錄，西鄉接過一看，內容不過是柳原重申日本政府出兵的旨意而已，也是西鄉奉命辦理的三件事——捕前殺害我民者誅之；抵抗我兵為敵者殺之；番俗反覆難制，須立嚴約，定使永遠誓不剽殺難民之策。

潘霨趁機詢問日軍下一步計畫怎麼做，如能事先告知，當可避免雙方未來可能的誤會。西鄉表示的確仍有行動，但目前原住民尚未降服，軍事行動仍在推動中，日軍又散在半島不同的地方，故不便透露。潘霨仍不死心，云其奉命來臺旨在取得日軍指揮官的合作，以平息戰端，故希望與聞日軍計畫，俾能配合。西鄉回了個軟釘子，稱其亦奉命前來懲兇，並確保類似慘案不再重演，從未期待得自清國的任何協助；何況他抵此地後，發現琅嶠地區說漢語的住民並不屬清國管轄，而野性難馴的「生番」更不受約束，唯有鐵腕才能馴服他們。何況日軍已自行以武力解決了，所以目前日軍既不期盼外力之協助，也不主動或被迫接受何任幫助。

可能是出於隨行法籍顧問的提醒，這點我不十分確定，潘霨再三籲請雙方另行開會，俾達成協議。但他又一再重申清國擁有全島的主權，及對島民的管轄權，西鄉對此頗不以為然，何況這點早由副島代表團在北京向清總署大臣探詢過，所以西鄉也不想再費口舌。西鄉甚至表示，假如清方繼續針對這點與他辯論，將毫無結果，倒不如交由日本公使與北京大臣去費心推敲較適宜，而非在遠離北京的邊陲地帶，由兩個不夠資格的人私下解決。西鄉此話一出，結束了第一次會談，雙方訂妥24日舉行第二次會談，議題究為何？清方代表不願事先透露。

6月22日下午〔4時〕，西鄉都督赴車城清方代表下塌處回拜，雖只是禮貌性的回拜，原不涉公事，但潘霨把握機會，重申未來「撫番」之責，必須完全由清國主導，不必假手他國。[35]

51名、部眾2、300名，剴切開導。原住民以剃髮、出具切結，表達歸順之意，並有5名酋長隨船到臺南府，獲賞銀牌、衣物。《甲戌公牘鈔存》，頁78、85。

35. 潘霨等人利用西鄉回拜時，詢問四件事：(1)日本是否將用兵卑南覓？(2)攻打牡丹社是否已算完成？(3)牡丹社辦完，是否即行退兵？(4)現有馬鞍甚多，以後有馬來否？其中(1)、(4)兩事，西鄉皆予否認，第(2)、(3)事則支吾其詞。

海上世家——沈葆楨

陳政三

▲沈葆楨
〔Berthault攝；陳政三翻拍〕

沈葆楨（1820～1879），字幼丹，一字翰羽，福建侯官（今福州市）人，道光二十七年（1847）進士，選庶吉士、遷御史、外放九江知府，後出任江西廣信府，力敵來攻太平軍。咸豐十一年（1862）超擢江西巡撫。同治五年六月（1866年7月），左宗棠創辦福州造船廠，因1866年9月調陝甘總督辦理西征，改薦丁憂在籍的前江西巡撫沈葆楨出任船政大臣，同年11月發布沈接任之詔令。翌年陽曆7月，沈到任續建船廠、創辦船政學堂、派遣留學生出國學習。同治十三年（1874）因牡丹社琉球漂民被殺案，

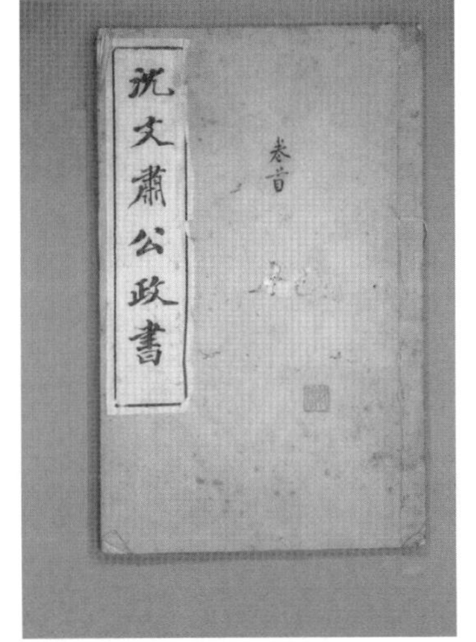

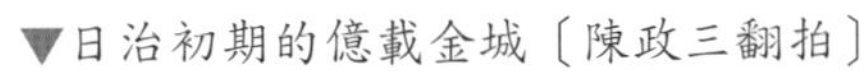
◀沈文肅公政書卷首〔國立臺灣博物館提供〕

▼日治初期的億載金城〔陳政三翻拍〕

▲沈葆楨改建之赤崁樓
〔取材自連雅堂日文版《臺灣通史》（1920年）；陳政三翻拍〕

日本派兵攻佔恆春半島，被派為欽差大臣—「欽差辦理臺灣等處海防兼理各國事務大臣」。

沈葆楨為籌防臺灣，曾兩度來臺。第一次在1874年6月17日至1875年1月30日；第二次為1875年3月25日至同年8月22日。他第一次來臺時，奉朝廷及李鴻章的對日軍「諭以情理、示以兵威」的限制下，不能也不敢對在臺日軍開戰；外交上，也只派潘霨出面與西鄉從道談判，日本第四任駐華公使柳原前光在「南都督（用兵）、北公使（外交）」的指導原則下，避開與沈的交涉，使得沈幾乎沒有舞臺發揮，整天坐困愁城於臺灣府（臺南），還曾因大雅、安瀾兩艘兵船遭颱沈沒，自劾，被下了「未能先事預防，殊屬疏忽！著交部議處」之罪。

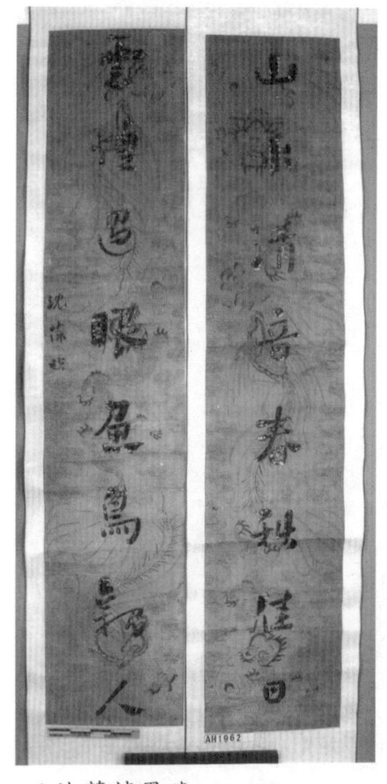

▲沈葆楨墨蹟
〔國立臺灣博物館提供〕

幸好他不是不想做事之官，在「開山、撫番」、「理諭、設防、開禁」大政策下，打開了「鎖島」190年（1684～1874）之久的臺灣，也開啟臺灣邁向近代化的腳步，其中影響較大的有：

㈠開山事業：以十四點方法——屯兵衛、伐林木、禁草萊、通水道、定壤則、招墾戶、給牛種、立村堡、設隘碉、致工商、設官吏、建城郭、設郵驛、置廨署。在此指導原則下，遂有羅大春開北路（蘇花古道）、吳光亮開中路（八通關古道）、袁聞柝開南路崑崙坳古道、張其光開射寮卑南道。也有了恆春的建城，以及臺北城的築牆計畫。

㈡「撫番」事業：以選土目、查「番戶」、通語言、禁仇殺、教耕稼、修道路、給茶鹽、易冠服、設「番學」、變風俗等十一項方法。

㈢建議移福建巡撫駐臺。後清廷採納一半，命閩撫每年冬春在臺、夏秋駐閩。

㈣建議招募人民墾殖後山，打破臺灣鎖島、禁止大陸人民移民臺灣及拓墾內山、東臺地區之禁令（1875年1月起）。

㈤擴大行政區，在原有「一府四縣（臺灣、鳳山、諸羅、彰化縣）、三廳（淡水、澎湖、噶瑪蘭廳）」架構上，於1876年1月（光緒元年十二月）調整為「二府八縣（新設恆春、淡水、新竹、宜蘭縣）四廳（保留原澎湖廳，另加設卑南、基隆、埔里廳）」建置，新設臺北府，並將淡水廳分為淡水、新竹、宜蘭三縣，使臺灣行政中心略往北移，加速了北部的發展。

㈥裁撤大陸來臺班兵，改在本地召募精壯充補，使得臺灣出身的本地人，有更多機會「做兵」。

㈦建造臺南億載金城、澎湖、鼓山、旗後、東港等砲臺。

牡丹社事件後，沈葆楨於光緒元年（1875）調升為兩江（指上江安徽、下江江蘇）總督，兼任南洋通商大臣，參與經營輪船招商局、訓練南洋水師，卒於任上，贈太子太保，謚文肅。他娶清朝首位重視海軍的林則徐之女。他的在臺後代沈大陸、沈寶妮、沈珠妮曾於1970年代組成臺灣泳壇的「沈家班」、沈呂巡知名於外交界。即連1946年12月24日發生於北京的「沈崇事件」——該沈姓女學生「疑似」被美軍污辱事件——引起反美運動，據說她也是沈葆楨的後代。

▲臺灣歷史地圖中標明了牡丹社之役的戰事地點〔國立臺灣博物館提供〕

第二十八章　西潘密約

據我所知，清方代表於6月23日，派人至附近沿海各村莊與住民建立聯繫管道，另派信使攜帶禮物，沿日軍打通的路徑，深入內地探訪原住民部落。要是沒有日軍的努力，清國官員無法安全進入內山，遑論與他們接觸。但原住民一向仇視漢人，尤其對遠道而來的陌生人，兩者語言又不通，所以儘管清國官員極力討好，但效果似乎有限。清國的信使已可進入被日軍招降的部落，如射麻裏等社，但仍不敢深入牡丹社或高士佛社。他們此舉用意何在？目前仍不清楚，日方也未深究，因為不管清國如何努力，終究不能改變原住民對日軍所抱持的態度。[36]

雙方在6月24日下午舉行最後一次，同時也是最重要的會議，議程延續到6月25日才結束，[37]達成「日軍立即停止行動」的協議。雖然西鄉將軍仍不同意

36. 潘霨、夏獻綸利用會議空檔期間，派人進入「番社」，傳喚各社頭目，並張貼公告，計有⑴6月23日，派縣丞周有基、千總郭占鰲，於申刻（下午3～5時），召喚150多人到車城行營。⑵6月24日（在另件公文，則寫為6月25日），傳齊各社共十五社頭目前來具結（只牡丹社、女奶社、高士佛社未列），「皆謂日本欺凌，懇求保護……，均呈不敢劫殺押狀」。《甲戌公牘鈔存》，頁78、86；Bonham Bax, *The Eastern Seas*, pp. 264-266.

37. 據潘霨之記載（《甲戌公牘鈔存》，頁77-81），他與西鄉共有四次會晤：⑴6月22日（陰曆五月九日）上午；⑵6月22日下午（西鄉回拜）；⑶6月25日下午；⑷6月26日上午。至於豪士寫的6月24日下午舉行會議是否正確？據潘霨云當天（24日），西鄉「竟託病不見」。再由6月21日於碼頭迎接潘霨等人之兩支軍隊，豪士於前章寫為一隊為薩摩兵、一隊為清兵；而於本章稍後，則更正為那兩支軍隊皆為清兵，可能係因豪士視力不佳的關係（Huffman, p. 66）。豪士親日立場使他有先入為主觀念，對他的某些論述，應稍加保留。不過，新聞撰述是「急就章的文學寫作」（Journalism is literary in a rush），所以也就不必太苛責於豪士了。

「琅嶠屬清國領土，應由清國派兵處理」之說法，不過認為清方代表的提議似有利日本，因此同意照轉政府參考。假如清國來使之提議能獲其上司支持，且可立即付諸實施，那麼或許可以改善雙方往後的互動。

想詳述為時數小時冗長會議的細節，委實困難，且沒有這個必要，特別是某些論述又與主題毫不相關。雙方代表各有風格，也反應出不同的國民性格，清國代表審慎熟慮，言辭、語調極盡修飾之能事；反之，日本代表則表現得直截了當，雖有禮貌，但與清方的滿腹春秋大意、迂迴含蓄相比，則顯得略為粗俗、率性。茲舉一例，即可瞭解雙方的差異。討論未來如何管理原住民時，潘霨宣稱他們保證以充足的軍力維持地方治安。西鄉反駁道，雖不懷疑清國的保證，但卻對如何確實執行該保證，實在毫無信心。潘霨詢問何以致之？西鄉諷刺的答道：清國對臺灣事件的處理一向口是心非，兩年前清國已知悉日本抗議的理由，但現在卻裝作不知道；幾週前還聲稱對「生番」地區無管轄權，現在又以未獲邀加入作戰為憾……，種種事實，實令人無法相信清國可以約束原住民的許諾。

潘霨聞言，勃然大怒，但又不敢將箭頭指向西鄉，反指責日方翻譯官錯譯西鄉的說辭，潘霨斷言日本都督不可能說出如此無禮言詞，要求翻譯官照轉，並希望西鄉重述。[38]可是依西鄉直率的個性，不可能因對方的反應而有所規避，他先表示翻譯官沒有錯譯，繼而將觀點再重說一遍。說完，西鄉強調，假如清方無法抑制憤怒，或不同意日方意見，那麼可以暫時擱置此議題，他日再議。[39]類似插曲，當然不是經常發生，但由這個偶發事件，可以看出日方不會輕易接受清國無法保證一定做得到的解決方案。

38. 這位被潘霨責罵的日本翻譯官，可能是彭城中平，因為當時福島九成、樺山資紀等通華語之人已不在臺灣。彭城中平曾於1872年偽裝成商人，至上海、華北、東北等地蒐集情報。1874年5月22日，隨西鄉同船抵琅嶠，後病死（可能在10月間）南臺。

39. 潘霨對翻譯官不滿，乃提出改用「筆談」：「〔6月25日〕後派其通事彭城中平來約……因其通事說話不甚明白，改用筆談……」，用雙方皆懂的「漢字」的確可通。這段敘述，也可間接證明那位「談話不甚明白」的通事，應即為彭城中平。《甲戌公牘鈔存》，頁80。

打從一開始，潘霨唯一的企圖，似乎只在強調清國擁有全臺灣的主權。同樣的，西鄉都督則再三強調清方代表實在太過多慮，保證日本根本毫無奪取臺灣的念頭，而且始終只抱著懲罰兇手、確立安全保障的目的。上述的討論，係針對清國是否有能力擔負維持臺灣安定的疑慮而起，漸漸的大家覺得清國既堅持對臺島擁有主權，那就應負起維持安全的相對責任與保證。日方暗示，假如瑯嶠地區屬於清國，那麼日本派兵之事，本為清軍應做、但未做之責，既然如此，軍費開支就該由清國來負擔。[40]原先只是不經意提出，並非刻意，但甫提出即引起熱烈的討論。假如北京政府願意補償日軍的軍費支出，如此可否解決爭端？雙方代表覺得至少是一種善意的表達，於是再就相關細節交換意見，終於在6月25日晚上，達成「日本應暫停在臺軍事行動」的初步結論，並擬定解決草案，各自呈交其政府作最後的考量。《西潘密約》草案條款如下：

▲漢人警戒原住民的偷襲〔Fischer；陳政三翻拍〕

㈠清國應補償日本出兵之費用。

㈡清國應確保臺灣「生番」地區不再發生類似暴行。

㈢本條款生效後，日軍應即撤離。

我託人以最快的速度，將該草案送到廈門，再以電報傳給《紐約前鋒報》（*the New York Herald*），後於7月中旬披露。但歐美各

40. 這個由清國買單的建議，清方云係由西鄉從道提出：「西鄉云：……惟該國興兵來此，費用已多，請我〔按：潘霨〕代為想以後如何是了。……西鄉云：原共籌銀二百一十萬元，現已用去一百二十萬元，如何貼補……我告以貼補兵費，是不體面之事，中國不能辦理。既係貴國擅行興兵前來，更無貼補之理……」；不過，瓦生稱係清代表主動提出。潘霨在奏摺中全盤否定有答應貼補軍費之事，但日方、豪士、瓦生皆記載此事，成了「公說婆說」之爭。《甲戌公牘鈔存》，頁81-84；"Wasson's Report," in: Eskildsen, p. 250.

國駐清及駐日公使，均對該報導嗤之以鼻，認為老大的大清帝國，不可能同意付錢了事，而且小日本也無膽強求。這則報導使我成了全球新聞界、政壇的笑柄，連在日本的各國英文機關報，也毫不保留的抨擊此草案存在的可能性。清國報紙算是比較客氣、比較節制的，但也認為斷不可能。[41]到了11月，事實勝於雄辯，日本經過4個月辛苦的協商，堅持一貫正確的立場，面對東方最狡詐、最固執的國家，以及各界施加空前的壓力下，仍能精誠團結，全國上下一致對外，終於達成目標。

這是後話。當時潘霨宣稱他的政府一定會同意此協定，因為他是以全權代表的身分處理本案，呈送北京只是必要的手續而已。[42]有了這項保證，大家相信日軍可在很短的時間內結束在臺灣的任務，也將很快撤兵。事實上，自此之

41.《申報》於陽曆8月15日，譯載東洋《尼審報》：「清國欽使許我以五十萬兩以賠出師之費，仍請撤兵。惟中將以所許之項不敷所費，且未得君命，故未接受。」尼審報可能為《東京日日新聞》，該報派有隨軍記者岸田吟香到臺採訪。由豪士、岸田吟香的報導，以及潘霨答應給的50萬兩貼銀與最後兩國商定的50萬兩相同，實在不得不懷疑確有其事，而且「五十萬兩」（約為125萬日圓），是否是清國早就藏在口袋的補償底線？而潘霨是否由清總理大臣（如有，可能是恭親王奕訢）授意，銜命先來臺試探日方接受度？

42. 柳原前光赴北京途經天津，派隨行書記官鄭永寧（Tei Nagayasu, 鄭芝龍後代）往見李鴻章部屬孫士達，鄭云：「西鄉來信，潘藩司詢及兵費幾何？西鄉乃請貼補，該司允俟與沈大臣商酌……」。李鴻章得知大怒，連次寫信給李鶴年、王凱泰（福建巡撫）表達不滿：「兵費一節，偉如〔潘霨〕允與幼帥〔沈葆楨字幼丹〕商議，殊為失體……殊未可遽允兵費，致辱國體……」。沈葆楨在奏摺上提到日軍「退兵不甘，因求貼費。貼費不允，必求通商。此皆萬不可開之端……」，顯然潘霨曾向沈葆楨提及貼補日軍兵費事。閩浙總督李鶴年見李鴻章討厭潘霨，於是在同年11月27日奏參：「福建布政使潘霨由捐納佐雜出身，心術陰柔、人品卑瑣，差委員缺多係捐班人員，以致物議沸騰且有袒護同鄉、結為朋黨……。近日辦理日本事宜，卑詞下氣，求悅夷人，大失國體……」。不過朝廷將該參案交給沈葆楨查辦，潘不久過世，也就不了了之。牡丹社事件期間，李鶴年的表現讓清廷很不滿意，同治批他「李鶴年於此等重大事件，至今未見奏報，殊堪詫異！」李鶴年也參奏過提督羅大春「畏葸不前，居心巧猾、貽誤軍機」，卻忘了也是他奏請羅大春暫緩赴臺，駐紮廈門鎮守的。此舉害得羅大春被交部議處、革職留任、迅赴臺灣。李鶴年另參過署臺灣鎮楊在元及北路協副將林珠，罪名為侵冒營餉、濫委營缺。說到李鶴年，實在「內鬥內行，外鬥欠佳」！

後一直到12月初撤兵為止，日本在臺官兵即無特殊的行動。原以為可提早離臺返日，但由於北京政府在談判期間一直未顯露解決誠意，故而撤兵就不得不拖延了。儘管後來清國千方百計的規避，但對日本遠征軍的主謀者而言，出兵任務不但已經完成，而且遠比原先預期的成果還令人滿意。做壞事的掠奪者已被徹底的教訓一番，這種教訓將永遠留在他們的記憶中，不敢或忘。出兵臺灣也向世人宣告，任何膽敢在亞洲水域傷害日本屬民的人，都必將遭到應得的報復。而這片多年來遠東航海者聞之色變的海域，在此次用兵征伐後，從此免除災難。當然必須清國政府嚴遵上述協定的保證。目前該做的似乎都已完成，也不過由清國國庫搬出些許蠅頭小利給日本而已，想起來還挺令人欣慰的。

清國使節團停留期間，日方將他們上層階級待客之道，發揮得淋漓盡致，務使客人有賓至如歸之感，如此也為彼此之互動帶來潤滑作用。清使團初抵此地上岸時，有批身穿不同服裝，代表舊時代及現代化的兩隊清國士兵迎接他們，不知是否藉由這種奇怪的對照來間接彰顯他們的進步，但外人實在很難領會如此用意。[43]每次清國代表團到日營開會，總有一隊清兵護衛，這些勇壯（the braves）配備的武器新舊雜陳，服裝古今皆有，外表顯得死氣沈沈，相對於日軍的精神飽滿、信心十足、動作劃一，兩者實在相差不能以道里計。但清國大官出巡，總是大擺排場，即使他們到內山巡視，也是如此，似乎在避免大官受到不必要的騷擾。遺憾的是，沒有敲鑼打鼓的樂隊伴隨，也沒有「肅靜」、「迴避」牌子開道，似乎少了點壯觀，以致無法讓民眾清楚的知道轎中坐的是多大的官。

▲打狗旗後
〔Berthault攝（1874～1875左右）；陳政三翻拍〕

清國代表團在6月26日離開琅嶠，

43. 豪士在二十七章，將穿古戰袍的清兵誤認為薩摩兵，幸好他在此已更正。穿著舊式軍服的可能是鄉勇之類的扈衛。

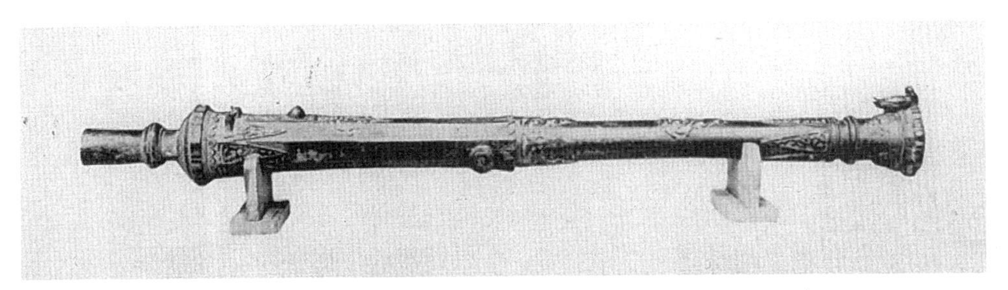

▲清軍使用之小火砲〔《臺灣史料集成》；陳政三翻拍〕

但他們的船因暴風雨關係，已先於25日開往北方避風浪，所以被迫由陸路走到40哩外的打狗，然後再由打狗或臺灣府登船〔、回大陸〕。[44]遺憾的是，聽說有幾位水兵在上述地方靠岸時，不幸落水溺斃。[45]

根據我的觀察，雙方談判策略最大的不同為：日本的現實手法對抗清國的古典方式。在交鋒中，沈葆楨、潘霨試圖「以下駟對上駟」，和官階比他們高的日本官員對話，期望獲得較大的優勢及外交勝利。清國一開始即以較低階的潘霨來貶抑其談判對手——而這個對手〔指西鄉〕又是身處海外、遠離權力核心的狀況。日方早就識破，所以柳原前光、西鄉從道將計就計，分別與潘霨會面，以瞭解清國底牌但又告訴潘霨，他不是日方想接觸的人，假如沈葆楨前來，或許可有較佳的結果。但自此之後，日方即堅持將協商對象指向清國更高的當局〔指總理衙門〕，以尋求最終的解決。[46]

44. 據潘霨奏文，他們是在6月27日離開琅嶠，但原船因風浪太大，已退至澎湖避風，所以一行用走的，於6月30日抵臺灣府。

45. 西鄉派兩名信使攜信予柳原前光，曾希望潘霨允諾他們搭便船（一赴上海、一赴天津）。豪士應是聽了信使其中之一說的，才知悉清水兵溺斃事。

46. 沈葆楨為海軍大臣，兼欽差大臣，潘霨雖被命為沈之助手，但畢竟只是地方官，後來柳原前光放棄與沈交涉，直接北上找總理衙門，在外交戰略係將地方層級，昇級到中央層級的「擒賊擒首」策略。沈葆楨雖因稱病、派潘與西鄉會談，企圖「以小搏大」，但也因此失去了在外交舞臺表現的機會。

第二十九章　恒德森領事

7月1日下午，有艘清國小砲船進港灣，一名信差下船，宣稱他是美國駐廈門領事館的副巡查（deputy marshal），攜來領事之私函，要面交克沙勒、瓦生兩人。[47]克沙勒另外接到莫諾卡西號（*Monocacy*）船長寇茲（Kautz）的信件，內附一紙美國太平洋艦隊司令平諾克（Admiral Pennock）的公文。內容均屬忠告性質（admonitory character），用意為警告兩位美軍官勿參與對抗清國的行動。

我們有兩個理由，可以證明該警告純屬多餘：

第一：日軍的行動並未對清國帶有敵意。

第二：克沙勒及瓦生從未參與日軍的作戰行動。至少從登陸後的第三或第四天起，他們只扮演觀戰者的角色，即便於少數幾次接戰過程，也全然置身事外，未參與戰鬥任務。

清國當局常受到外國勢力的影響，將兩位美國軍官當成天大的事來處理，某些駐清公使則力促清國大官應發函美國駐清公使館，要求美國軍官退出日本攻臺行動。[48]據悉，克沙勒、瓦生兩人商妥回覆簡短聲明，將實際情況告知領

47.《申報》於7月24日譯載《香港西字日報》〔即《孖剌西報》（*Hongkong Daily Press*）〕刊登打狗7月5日投書云：前數日，有一美國兵船〔應是清兵船〕至琅嶠，以「不准美人以預此役」之示告於東軍內之美國人，且許以可即附船駛回；而美人皆不從。

48.清總署於5月17日照會美駐北京署使衛廉士，要求照清美條約第一款彼此相助的精

事，否認參與了日軍的任何軍事行動，另答應萬一日軍、清軍發生衝突時，兩人即行退出。

副巡查也攜來領事館印的傳單，雖只有3名美國人直接、間接地涉入遠征，但美國駐廈門領事館卻誇張到大量印製傳單，實在浪費公帑。無疑地，領事館並不確知到底有多少美國人涉入，所以寧可多印，以策安全。這份傳單的內容如下：

通知　　　　　　1874年6月16日

美國駐廈門、兼管附屬地領事館[49]

特此通告所有參與日本在臺遠征行動之美國公民——著即退出，俟後不得再與聞該行動。違者將依違反中立法予以逮捕、審訊。

美國領事　恒德森（J. J. Henderson）[50]

奉美駐北京代理公使衛廉士（S. Wells Williams）指示辦理

事後證實恒德森領事顯然誤解了署使衛廉士的指示，而發出這項通知。但我們3位老美卻毫不在乎此警告，且幸虧不理它，否則恒德森會出更大的紕漏，因為後來國務院並不認可他的處理方式。信使沒有帶來太多的新鮮事，只除了

神，嚴禁美國人、船隨日軍對臺。但衛廉士卻大踢皮球，後經派到日本的容閎寄回平安公使宣布美國局外中立之資料，衛廉士才無法逃避，於6月6日下令廈門美領館，禁阻美國人助日。

49. 美國駐廈門領事館兼轄福建各口及臺灣口岸事務。

50. 李仙得於1872年10月初離開廈門領事乙職，暫由美國茶商施智文代理副領事，但總署於1873年4、5月間，要求各地方官衙不得與商人兼任之領事公文往來，以崇體制。可能因為如此，美國才派恒德森為正式駐廈門領事。他的正式漢名為恒德森約瑟，另用過恒德申約瑟，本書採「恒德森」。《清季中外使領年表》，頁182、268；《近代來華外國人名辭典》，頁202。

廈門風傳日軍可能來攻的謠言，搞得人心惶惶，有些商人甚至結束營業，準備隨時逃亡呢！[51]

沈葆楨與潘霨在西潘會談後，立即返回大陸將會談結果稟報其政府。自此，日軍暫時中止所有的軍事行動，西鄉將軍遵守會談時的承諾，暫停原先預定在戰略要地設置的新營區。[52]不過原先與原住民的會面仍持續進行，日方終於也與牡丹社、高士佛社會面了，[53]兩社頭人卑恭的承認他們已被打敗了。日方保證只要他們安分，就不再作進一步的攻擊，並以對待其他社的慣例，邀請兩社頭目到日軍大本營參觀。但他們執意不肯。[54]據親日部落表示，牡丹人自被打敗後，深覺屈辱，也不再與其他部落往來。

51. 這種「恐日症」不限於廈門，舉鎮江地方官為例，《申報》7月11日刊：二東洋人至鎮江投書官府，道憲接書，「神色張惶，手足幾不知所措。迄稍平，始下令將城下尚存之木砲一尊即行整頓，權以示威」。當大官的都如此怕日本人，何論升斗小民？

52. 日軍不但未設新營，還因風土病使兵力大減，於7月5日撤回豬勝束、大港口兵丁，7月11日撤雙溪口營盤。不過仍由日本補來正規軍，漸替代染病的殖民兵。

53. 牡丹社新酋長姑柳、高士佛符也冷煙於7月1日在保力莊與日人見面，西鄉從道召見姑柳時，姑柳「膝行而進，面如土」，又召高士猾（佛）、爾乃兩酋，「皆頓首乞哀」。引自依田學海〈征番紀勳〉，頁82-83。

54. 據清方探報，牡丹、高士佛頭人要楊天保擔保，方敢去日營，但楊天保不肯。而楊不肯之因，乃是陳阿三、林阿九等人事先先與二社商妥，如擔保其至日營的安全，可獲賞60隻水牛。楊沒份，所以不肯。

第三十章　避颱廈門

7月1日，遇到這個季節臺灣著名、且常有的颱風之侵襲，狂風暴雨堪稱生平僅見。[55] 7月6日，我搭乘高砂丸（*Takasago-Maru*）[56]號準備回航日本，從甲板眺望龜山大本營，我已遠離戰爭、瘟疫的威脅，營區在傳染病的肆虐下，呈現出破敗、荒蕪的景象，對我已絲毫不再是個值得留念的地方，幾乎無人倖免於疾病的侵襲。[57]

7月6日晚上，一陣強烈的西風刮起，迫使登陸或卸貨作業完全停止。7日上午，高砂丸派出一艘小汽艇試圖上岸，但風浪太大，小艇幾乎無法操控，只好暫拋錨、停泊中途。午時稍過，停泊外海的高砂丸被風浪吹向岸邊，船底被岸邊石塊磨得嘎嘎作響、險狀環生，船長被迫下令割斷錨索，儘速駛向有良好避風港的澎湖。但當晚風勢加大，放棄原停靠澎湖的計畫，改往廈門。經過有驚無險、極不舒服的航行，終於抵達風平浪靜的廈門港。高砂丸原屬英國「半島及遠東輪船公司」（the Peninsular and Oriental Steamship），本叫「三角洲號」（*Delta*），雖已老舊，但仍堪使用，她是4月間，因美駐日公使突然宣布禁止美籍紐約號（*New York*）租供遠征軍使用，日本被迫倉促買進的數艘輪船之一。[58]

55. 日軍在南臺近半年的夏季，至少遭受兩次颱風的侵襲，據《申報》11月23日轉譯載東洋《西字新報》：東營已遭二次颱風之患，吹壞房屋（兵營）二十五間。
56. *Takasago-Maru*正確寫法為*Takasago maru*.
57. 7月之瘟疫尚非最嚴重，至8月中旬日營已有十之八、九罹病，連西鄉從道也不例外，除熱病外，尚有瘧疾、赤痢。日兵於7月5日撤東海岸駐紮豬勝束社、大港口之兵營，乃是因「水土不服，患病者多」。西鄉也曾因兵力折損，要求政府儘速決定是和是戰。
58. 日本以150萬6千8百美元（約410萬日圓）購租十三艘輪船（買入七船、僱用四艘日船、僱英法各一艘），無條件交予岩崎彌太郎的三菱公司，造成三菱集團的壯大。

這次被迫重訪廈門，使我有機會瞭解當地人民對臺灣戰事的真正感受，以及得以查詢為何美國駐廈門領事會發出上一章所提到的通告。我在臺灣已聽說部分廈門百姓，已出現深怕戰事蔓延到該地的現象，這種傳說似乎不是毫無根據的謠傳。我不認為廈門地方官府對此毫不知覺，可他們似乎未試圖阻止或消弭日兵可能內犯的謠言的散播。廈門地區舉家遷居內地的情形不在少數，而且已有許多商人暫停買賣，做好隨時可以逃亡的準備。舉幾個例子來反映百姓的普遍想法：美國駐廈門領事館某位華籍員工，他相信日軍可能進犯廈門，於是懇求恒德森領事，讓他上了年紀的老爹娘，暫時獲准住在領事館外圍的庫房裡，以免遭受兵禍。住在臺灣府的百姓更是惶恐，每周都有許多人由安平港搭戎克船逃難到大陸沿海港口。加上清國已調集大軍在臺灣及福建備戰，這種多年罕見的調兵遣將，看在老百姓眼裡，難怪會有隨時可能開戰的預期。[59]

至於美國駐廈門或駐清國的外交官員為何要求美國公民退出日軍遠征行列呢？我迄今仍堅信那是應付清國的官樣文章而已。我為此訪問恒德森領事，試

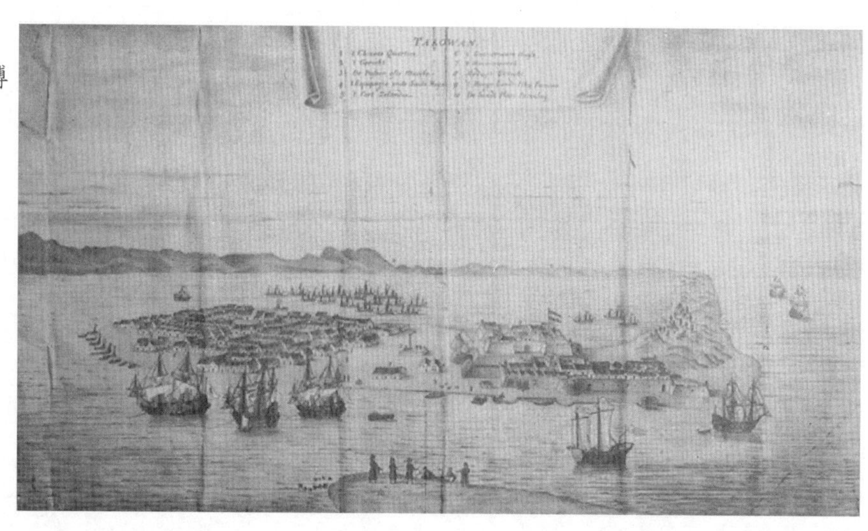

▶安平港古圖〔國立臺灣博物館提供〕

59. 除了廈門，其他各地亦患了「恐日症」，《申報》9月15日刊載：寧波訛言肆起，一日數驚，甚有挈家口、遷輜重，避入山谷中者。另舟山居民皆懼東人來擾，故定海郊外之人多移居城內。

圖瞭解事情始末，他說要求美國公民退出日軍的通告，是奉駐北京代理公使衛廉士的指示而發出的。領事館也曾收到閩浙總督李鶴年嚴厲的抗議函，使恒德森首次警覺事態的嚴重性。總督的公函充滿對美籍人士參與日本遠征軍的遺憾與關切，而且幾乎是史無前例的以總督之尊，直接行文該領事館。[60]這是罕見的外交創例，顯示小日本的遠征，已在多方面打破大清老帝國行之有年的慣例。我獲准謄寫總督的照會，除略去開頭禮貌的寒暄辭句，茲照錄如下：

據臺灣道臺及揚武輪艦長呈報，知悉日軍征討臺灣「生番」係由前美國駐廈門領事李讓禮及名叫克沙勒者籌劃，[61]並由其他美國人襄助。查臺灣久屬我國，「生番」亦在我統治之下，非他國所能參與。此次日本事前未得總理各國事務衙門之同意，而日軍總司令未待本人之通知，擅自帶兵在琅嶠設營，完全違反國際公法及清日間之條約。我等兩次以書面通知日軍總司令要求其撤退軍隊，而兩次由商部（Board of Trade）函知　貴領事查照辦理在案。[62]我們接到來電，知　貴領事願負條約上之義務辦事，遵守和平及友誼不渝，對此我們不勝感荷。我們任命商部同知（second in the Board of Trade）前署福州知府（formerly acting Prefect of Fuchow）沈（Shen）來廈門，而另命廈門水師提督李〔成謀〕（Li, Admiral at Amoy）待沈來後與美國領事接洽，[63]共同採取辦法。咸豐（Hienfung）八年即一八五八年所訂〔天津〕條約之第一條明文規定，兩國為維持邦交應彼此合作，茲請 貴領事要求日本總司令帶兵返日。[64]倘若來臺之船。上有美籍人員助日本者，無論其在海上或陸上，以其違反條約十一條以及貴國國內法，要求嚴予懲罰。自從　貴領事來我國接任以來，辦事嚴正，賢名播於街閭，深為感謝。現事關臺灣，臺端身為領事，請以友誼至誠

60. 正常程序為地方總督行文總理衙門，再透過駐北京各國公使轉達；或地方總督透過各省通商總局轉函。
61. 清國尚不知李仙得已改名，仍一直沿用舊名李讓禮稱之。
62.「商部」指福建通商總局。
63. 廈門水師提督李，指駐在廈門的福建水師提督李成謀。
64. 原文寫為「咸豐元年（1858）」，應為咸豐八年之《天津條約》，譯文逕予更正。

相待，遵守條約與李提督、沈知府洽辦為荷。我們業已函知李提督、沈知府賦與全權與臺端接洽。請貴使推心置腹與此二人接洽。

稍後的訪談，自然獲得比得自書面資料更多的內幕消息。清方堅信，只要美籍傭兵退出，那麼日本征臺註定失敗。清國官員從事件開始到結束，一直都不清楚美國傭兵究竟扮演何種角色或提供什麼協助，但仍堅持他們必須退出日軍陣營，一再要求恒德森領事應帶著武裝人員親到臺灣處理；但恒德森卻認為沒有足夠的理由必須如此處理。原先美國駐廈門領事已將警告美國公民退出日軍的通知託人送到打狗，[65]但清國福建當局仍不放心，要求另派專人親手送到在琅嶠的美國人手中，並提供專輪載送。這就是前章提到的，美駐廈門領事館副巡查搭乘清砲艇至琅嶠送公文及警告信的背景。

清國官員對涉入本案的李仙得之角色至表關切，要求恒德森必須斷然採取強制手段。恒德森再三解釋李仙得已離開公職，目前身分與其他涉入本案的美國公民一樣，並無特殊之處，不過清方顯然不以為然。領事也說明清日兩國迄未宣戰，日軍也未對清國採取敵對行為，而且臺灣內地原住民並未具有國家的條件，美國與原住民也無開戰，所以整個實際狀況皆不適用於清美兩國在1858年訂的《天津條約》，[66]或1860年的《北京條約》。

恒德森是在7月9日及10日，將他對整個事件的看法，毫不保留的告訴福建當局。但後來他於8月6日下令逮捕李仙得，顯然在一個月不到的期間，他的看法有了很大的改變。至於為何有如此的大改變呢？迄目前為止仍是一個謎，我

65. 恒德森在6月9日，將通告送交水師提督李成謀，李將之轉送臺灣道夏獻綸。該通告經公文旅行，於7月10日才送到日營轉交，遠慢於7月1日副巡查送到之同一通告，克沙勒等人對後到的通告不接受—周有基7月10日探報：「又合眾國領事等諭美國人洋字告示四紙、漢文告示一紙，由日營管事黃亨發轉交。據云美國人不肯收領，且將文件棄擲」。看來，清方的顧慮有其道理。

66. 原文（p. 179）將《天津條約》寫為1818年，顯係排版錯誤。譯文逕予更正為1858年。

尚無法由美國已公佈的外交檔案找到足夠的資料來解讀。[67]

另一件事頗值得一提，福建當局重視李仙得的影響力，甚至邀請他離開日本，加入為清國服務的行列，提出認可讓李仙得及追隨他的美國人瞪大眼睛的金錢誘惑，同時強調如果「敬酒不吃，吃罰酒」，終將身敗名裂。這封利誘李仙得的信函，透過一位已離職的前美國領事館職員帶到東京，約在7月10日左右面交李仙得。李仙得未接受清方提出的條件。[68]

由於各界盲目地反對日本的征臺，使得原先並不存在的「清國擁有全臺灣及島上人民的主權」之假設漸成形。這種假設只是事後諸葛的後見之明，毫無疑問的，也是非常緩慢的追悔式作法。有太多例子可以充分證明這種後見之明，並非出自清國本身，反倒是由外國公使提醒清國。我目前不便找出確切的證據以資證實，但外國公使涉入本案，是舉世皆知之事，而且未來必將有充分的證據證實我的看法[69]。試舉潘爵面見西鄉中將的言詞，與幾乎同時發生的閩浙總督照會恒德森領事函，兩者都聲稱「生番確隸屬中國轄下」，這些與我在廈門親眼看到的1867年「羅妹號」事件發生後，美駐廈門領事〔按：當時為李仙得〕再三要求清國負起責任，該年6月〔初〕，福建通商總局官員〔總辦尹西銘，同治5年曾任臺灣知府〕回覆的公函，該函首先表示清國當然負有賠償在領土、領海內遭暴行受害洋人之責，「但羅妹號船員並非在本國疆土內或海面遇害，而是在生番所據地遭難。因此歉難負起條約上載之救濟之責。蓋生番地區並不在本國法律管轄之內故也……吾人相信此輩生番猶如野獸，任何人皆恥與

67. 主要係因美駐上海總領事西華（George Seward）奉衛廉士代理公使下的「在華美國人，此時應守中立」之令，指示恒德森逮捕李仙得。而衛廉士又是因總理衙門再三的施壓下，乃下達該指令。

68. 這個利誘李仙得的計畫，未曾在其他歷史檔案中提及。李仙得有可能將清方文件出示給日本政府，導致他馬上在7月15日被日本任命為特例辦務使，派到福建與地方官署交涉，支援柳原在北京的外交活動。而豪士身為李仙得的兼差秘書，因此知道這件外交秘辛。

69. 其實如由同治帝硃批來看，清廷一直都堅持臺灣全島均為清國疆土的看法；不過只要發生「番害」，少數中央大臣及大多數地方官，都見事推諉，大打太極拳，造成各國根深蒂固的誤解。

之爭辯」。

上述的公函所述內容，實足以否定清國擁有臺灣全島主權之假設，也足以壓制詆毀日本為侵略者之中傷言論。福建通商總局官員與福州知府甚至在1868年1月12日，聯名發出公函，明言承認（依據《天津條約》）外國政府有直接與「生番」交涉的權力，清國不會干涉，公文裡甚至建議應付野蠻「生番」的方法。該函太長了，所以不在此引述，但用字遣詞十分明確，可用在這次日本出兵，或其他歐美國家派遣兵船到臺灣「懲番」的依據。[70]

假如還需要更進一步的證據，我可以站在恒德森領事的立場，替他說幾句話：直到1874年5月，在日本派出第一支征臺船隊之後，在有功丸抵琅嶠灣之後，清國駐廈門水師提督〔李成謀〕，仍對美國領事反覆陳述清國對臺灣「生番」所為暴行不負任何責任的陳腔濫調。因此，最近才出現的「反對日本出兵清國轄下的臺灣番地」之言論，明眼人一看，就知道不是清國原有的立場及政策，而是那些暗中希望東方兩國失和，以便從中攫取利益的外國勢力所推波助瀾的結果。

70. 日特使大久保利通在9、10月間，與總署辯論時，常引用福建、臺灣地方官員推責之說法，如「前年美國漂民逢難，華官答美領事，有生番不能收入版圖等語」。總理衙門答得很好：「……當時美領事駁覆華官生番不入版圖一語，彼已切指番地實係中國所屬……貴大臣既見初次華官給美領事公文，獨未見美領事照覆及謝華官之文歟？……豈得執往年向他國一語之誤，輒以為終始有違之據歟？」參閱《同治甲戌日兵侵臺始末》，頁161-162。文中「美領事」即為受盡清國官僚之氣的李仙得，當時他就在北京，隨時向大久保獻策。而「他國一語之誤」常導致外交之困頓，故而目前臺灣「大官」每在失言後，常以所言「只代表個人意見」，實在「失言」，真不知「一言喪邦」之理。

第三十一章　告別福爾摩沙

天氣一轉好，高砂丸即由廈門航回福爾摩沙，準備運載即將返回日本的軍官及傷兵。我利用停留期間短短的幾小時，匆匆探視兩座琅嶠灣海邊的兵營。軍營外觀如昔，士兵作息、出操、巡邏也一如往常，他們大部分的人還不知道西鄉中將與潘爵會談的經過及有可能導致撤兵的結果，領導階層也對會談的初步協議守口如瓶，除非得到政府最終的批准。

龜山兵營比較像遊樂村，而不像軍事據點，營區街道經常有阿兵哥在閒逛，福利社也常有購物的人，理髮廳則擠滿閒嗑牙的士兵，一些軍官在總部前廣場的相撲土堠旁，談論時事，以及清國是否信守承諾這個他們最關心的話題。軍官認為，如果清方夠聰明的話，應會選擇這種可輕易解決臺灣問題的方式，不過軍官們對此沒有把握。事實證明軍官的疑惑並非無的放矢——接下來的2個月，就發生清國主權者竭力反對原先的協議，甚至否認有此協議的存在。

西鄉都督的臨時官邸來了幾位不尋常的訪客，他們穿的軍裝都是高階將官之服飾，稍作打聽，原來是天皇（the Mikado）派來道賀西鄉都督打勝仗的特使——前大名、目前擔任「宮中行走」的穗城（Hojio），以及兩位戰爭部（the War Department）〔按：可能是陸軍省〕的將官。

營區後面小徑，充斥著以頭、肩頂物、來回叫賣的小販，他們高吭的叫賣聲再次迴繞山谷，彷彿回到初抵此地在舊營區的情景。日軍為敦親睦鄰，並未徹底執行原先禁止攤販的禁令，睜隻眼、閉隻眼的默許小販們在營區外圍兜售土產。海灘滿布7月7日及8日遭颱風摧毀的船隻殘骸，包括高砂丸派出的那艘小艇，也只剩下殘缺不全的骨架、船體碎片四散在一片荒蕪的沙灘。

燠熱的天氣一如往常。雖即將離開，但實在對這片乾燥、不友善的土地，絲毫沒有依依不捨之情。對一個不知此地曾發生許多慘事的旅客來說，山村、溪谷、河流、海岸，或許挺吸引人的；但對曾於此苟延殘喘熬過2個月的人而言，[71]除了不愉快的回憶，實在無法激起任何好感。只不過從正面意義來看，日本的成就極高，他們讓島上的人民知道何謂人道、何謂文明。而不論臺灣島以後究竟歸屬何國，日本的出兵樹立了一個典範，建立了一層保護網——不只有利日本國民，也造福所有航經臺島海域的各國人士。可以確定的是，福爾摩沙海岸航道從此免於兇災，不再有無辜的漂民慘遭殺害；不論英國或美國，不須再面對一個在強大壓力下，才肯負責的國家之自醒或推諉。

清國從未正視過，也從不認為值得去做的任務，如今已由日本執行完畢。但西方列強，以及他們派在東方國家的公使，卻在日本小帝國替他們復仇的道路上，佈下重重阻礙。過去3年來，日本獨自對抗列強駐日公使的集體打壓，達成了兩項人道立場上的成就：

首先，在1872年，日本勇敢的對抗秘魯國〔瑪利亞・魯斯〕苦力船違法輸出事件，使野蠻的苦力交易之醜名，不再沾污這個世界。[72]

第二，1874年日本出兵南臺灣，終於清除近25年來危害太平洋航線的兇地。

由於日本這一次的努力，再也不會有類似羅妹號慘案那樣，被置之不理。西鄉都督離臺的那天起，島上的原住民將不再是東方航海者的夢魘。犯過錯的人已為往昔的罪行付出代價，所有的人也從日軍懲兇的過程，學會未來必須遵守的規範。那些有罪行的部落之武力已被摧毀殆盡；那些仍不知收斂的部族也必將遭到懲罰。這些成果都是日本回顧此役所做所為，足以自豪的，也可以大聲的說：「我獨力做到了！」（Alone I did it）——就像古代征服者曾說過的豪語。

71. 豪士在5月7日上岸，7月7日登上高砂丸，避風至廈門，整整在恆春半島待了兩個月。他於7月16日再由廈門返琅嶠，不過數小時，即啓航回日本。他只在臺兩個月，除了軍事行動已終了，可能與《紐約前鋒報》只給600美元經費（約2個月薪水）有關。Huffman, p. 90.

72. 此即「秘魯華工船事件」，日本當時的外務卿為副島種臣，他將本案交付各國駐日公使公評，順利以國際壓力解決本案。詳細過程，請參閱第二章及該章註35。

回到長崎港已近7月底。[73]這個寧靜的小港都已陷入高漲的愛國情緒。當時日本人民對日本代表正與清國進行的秘密磋商仍毫不知情，[74]只知道清國在西方列強慫恿下，突然力主它對臺灣的主權，而且干涉了日軍的行動，實在侵犯日本的國家利益及冒犯了日本的尊嚴，因此每人皆憤憤不平。雖然民眾不知如何宣洩受辱的感覺，但普遍認為清國企圖干擾日本尋求獨立自主的努力，所以應立即對清宣戰。日本政府也正盤算對付清國之法，假如東京的主政者真正感受到民眾的強烈心聲，那麼所擬訂出的對策，必然非常直接、非常有力。諸多跡象顯示日本已在備戰，譬如日本艦隊大調動，齊集長崎，戰備物資、藥品也正

▲明治八年（1875），吉備川撰「征臺軍人墓碑」（位於長崎）拓片〔國立臺灣博物館提供〕

73. 據豪士標在本章偶數頁上之返抵長崎日期為7月20日。

74. 指柳原前光公使在上海的秘密活動，以及西鄉從道與潘霨的談判。柳原於6月6日抵上海，至7月17日才束裝北上，近一個半月一直躲在上海進行他的秘密外交、情報外交，並藉以觀察日軍在臺軍事進度、清國反應，以訂北上談判應採之立場。由於日軍大勝，而清派在臺之軍隊毫無作為，促使柳原決定採取強硬的談判立場。

緊鑼密鼓地運送至長崎。[75]儘管政府完全否認有大規模開戰的可能性，可人民心知肚明，主動且有效的將愛國心發揮到自動蒐集國防物資，備供政府隨時徵用，他們察覺一項偉大的出征即將發生，爭先恐後的投入備戰行列。

由長崎港到東京途中，沿途每一省的省都到小鄉鎮，都同樣表現出積極備戰、期待宣戰的熱切期盼及準備工作。東京百姓似乎未表現出像其他地方人民那麼強烈到近乎焦躁的行為模式，此乃由於政府要員的謹言慎行，促使首都民眾有所節制使然。雖然首都的人民知所節制，但愛國熱忱完全不輸任何地方之人士。

當時全國人民普遍的共識是：假如清國規避應負之責，或對日軍征臺橫加干涉，那麼只要政府一聲令下，他們一定馬上投入從軍行列，死而後已，絕不會有任何人敢發出反對的聲音。這種舉國沸騰的高漲愛國心，可謂史無前例，每個人對未來的國運充滿無比的信心，也堅信最終必定克服一切阻力、獲得最後的勝利。

75. 山縣有朋於6月30日提出「對清三策」，力主「對清開戰策」；7月8日上奏天皇，獲「不得已時不惜開戰」之決定，同日命陸軍卿的山縣有朋兼任臺灣蕃地事務局出仕，並命艦隊集結長崎待命。7月28日又通過「海外出師之議」、「宣戰發令順序條目」。日本可說是「備戰」與「外交攻勢」雙管齊下，反之，老大的清國則採「避戰」、「虛張聲勢」的龜縮態度。加上左宗棠用兵新疆（邊防）、李鴻章著眼日本（海防），兩人瑜亮心節，想作為也難。

第三十二章　捉放李仙得

儘管日本人民集體表現充分支持政府渡過挑戰的決心，但主政者卻不容許來自民眾太過激烈的言行，影響到現階段的決策與行動。東京當局目前首要推動的是，將已大獲全勝的「征臺之役」，轉移至外交戰場，達成令人滿意的和平落幕。《西潘協定》的初步成果，露出清日雙方可以用和平方式解決爭端的曙光，但稍後的阻力卻一一浮出檯面，完全違反日本原先的預期。[76]日本不得不採取必要的備戰措施，不過排山倒海而至的民氣，以及某些要求立即與清國宣戰的主張，政府也只能盡力安撫，以免事態失控，表面上裝得若無其事，但已在做萬一談判破裂，立即宣戰的最壞打算。[77]政府的立場及苦衷迅速獲得全民的諒解及支持，民怨略作發洩後，化悲憤為力量，投入政府的各種備戰行列。[78]

▲主張立即由臺灣撤兵的工部卿伊藤博文。〔陳政三翻拍〕

76. 這裡指的阻力是潘霨及沈葆楨曾分別於7月1日及19日照會柳原前光，要求日本撤兵，以及陸續增派洋鎗隊到臺協防。柳原因之怒而指責潘霨出爾反爾。

77. 當時主戰派代表為陸軍卿山縣有朋，主張立即由臺灣撤兵的為工部卿伊藤博文，主張先透過談判，如不成再宣戰的內務卿大久保利通。另外《明治建白書集成》第三、第四卷，收錄涉及征臺之役的共有47封建白書，大部分係由士族所提出，其中主張對清強硬者，大都含有追隨政府既已出兵之事情，有些採擴張主義的想法，有些提「棄北方領地，避開與俄衝突」，取南方清國之策略。反對政府的建白書，有從對雙方實力的評估、有從出兵理由牽強、有從殖產興業的內治優先角度反對日本的征臺。參閱吳密察，《臺灣近代史研究》，頁273-283。

78. 日本政府於7月28日通過「海外出師之議」、「宣戰發令順序條目」，並積極備戰。

7月底，清國採取強硬的新立場，日本並未因此放棄打開和平之門的想法，立即派遣李仙得赴華南，準備向閩浙總督解釋日本的立場。不過李仙得毫無施展的機會，甫抵廈門，即被美國領事館的巡查（marshal）率幾名揚狄克軍艦（the *Yantic*）的官兵所逮捕。這次逮捕行動事涉複雜，用意在屈辱李仙得，以及日本政府，但這件粗糙的「捉放李仙得案」，最後卻由碰了一鼻子灰的逮捕者自行撤回。拘留期間，李仙得被禁止不得赴福州，並被強押至上海，旋釋放。[79]他就這樣，被不明不白的逮捕。此時，他原奉命到福州活動的時機已錯過，所以放棄了；而如果沒有這次捉放案，那麼他是否可達成原先擔負的南方外交之旅呢？又能造成什麼影響呢？這些都是未知數，在此就無須深究、推論了。這是繼美國駐東京公使干預日軍遠征行動後，美國外交官再次毫無預警的阻攔日本的不友善之舉。第二次干預造成的可能傷害遠大於第一次，所幸及時化解，未釀成大禍。

而涉入這件霸道且非法逮捕行動的相關領事及公使館，為擺脫可能的責難，迅速否認蓄意涉入，用「誤會一場」自圓其說，故無人因此負起應負的責任、或被免職，也因此不必要再深入探討或重述此件令人遺憾的事；雖然住在遠東地區的公正的美國公民咸認為，這件烏龍案已沾污了美國國家聲譽，也充分顯示美駐清外交單位的無知與無能——大家公認美駐上海總領事〔西華（George F. Seward）〕應負最大的責任，在旁慫恿、附會的美駐華代理公使〔衛廉士〕及駐廈門領事恒德森則是幫凶。[80]日本駐廈門及駐上海的領事館人

79. 李仙得在8月5日抵廈門，住在德記洋行，6日被捕，經日進號艦長力辯，以及德記洋行茶商施智文（N. C. Stevens）、米利敦以1萬元「番銀」作保（《甲戌公牘鈔存》，頁109），乃獲送至上海，18日獲釋。這件烏龍案，破壞他想到福州活動、並到臺灣加入遠征軍的計畫，憤而於8月下旬在上海匿名出版*Is Aboriginal Formosa a Part of the Chinese Empire*?（《〔臺灣〕蕃地所屬論》），大力為日本出兵辯護。藤井志津枝《近代中日關係源起》（頁165）引《處蕃提要》及《大日本外交文書》，均稱保釋金為2.5萬日圓。另參閱庄司萬太郎著，薛餘譯，〈1874年日本出師臺灣時Le Gendre將軍之活躍〉，《臺灣經濟史八集》（研叢71種），頁50-51；庄司萬太郎著，賀嗣章譯，〈牡丹社之役與李善得之活躍〉，《臺灣文獻》10：2，頁71。

80. 美駐清人員在清總署及閩浙總督施壓下，加上美國國務院訓令駐清公使語帶含糊，致使駐上海總領事西華奉衛廉士之訓令，轉指示恒德森：「美國人此時應守中立」。恒

員，面對此毫無前例、令人難堪的事件，雖乏經驗，但展現謹慎、認真解決難題的用心，以及無比的睿智及能力，著實令人刮目相看，也足以令某些西方外交官汗顏。[81]

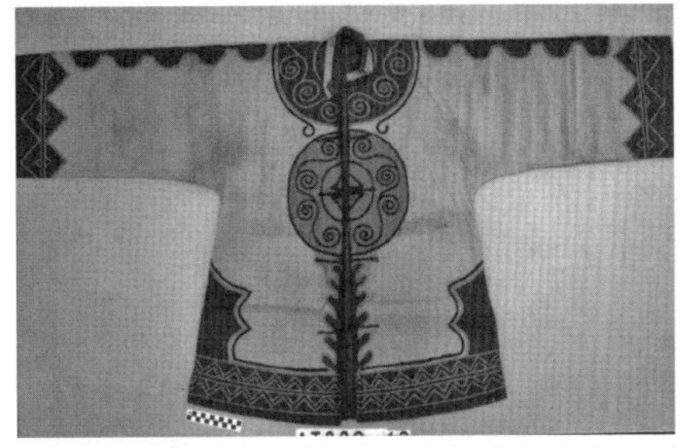

▲淮軍對襟軍服〔國立臺灣博物館提供〕

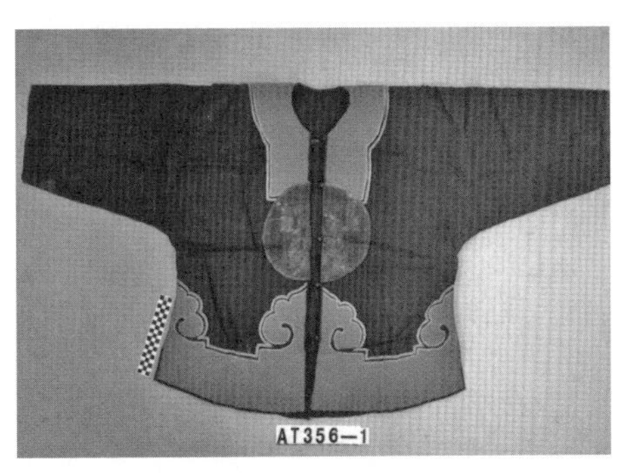

▲淮軍軍服（對襟衫）〔國立臺灣博物館提供〕

李仙得離日赴華南，不過幾天後，傑出的大臣大久保利通（Okubo Tosimiti〔按：Ōkubo Tosimichi〕）[82]再次由他原擔任的〔內務卿〕乙職，被調召出任赴清國談判的「全權辦理大臣」這個重要且具關鍵角色的職位，即將面對心意不定、且頑固的大清帝國朝野之壓力，展開折衝長才。大久保曾在日本最危急時，多次挺身而出，化解國家危機，[83]能力因而受到各界的肯定，此次明治天皇授以全權，代表天皇行使和戰決定特權，以他集行事謹慎、意志堅強於一身的特質，是公認處理這次清、日糾紛的

德森又擴張解釋，遂有此案的發生。西華為曾任美國務卿西華德（William Seward）之侄，1861～1876年任駐上海總領事，1876～1880年任駐清公使，著有*Chinese Immigration in its Social and Economical Aspects.*

81. 當時駐廈門領事福島九成與駐上海領事品川忠道都十分活躍，一直扮演情報蒐集、轉接工作。加上化身於上海的田代屋雜貨行，以及隱身中國、臺灣的情報人員，構成一張綿密的情報網。

82. Janet Hunter, *The Emergence of Modern Japan*, p. 352; Eskildsen, p.297.

83. 大久保利通與同是薩摩出身的同鄉西鄉隆盛同為倒幕英雄，但兩人後來在「征韓」議題上出現矛盾。1874年3月，大久保平定佐賀之亂；同年9、10月出使清國獲得外交勝利；1877年西南戰爭，迫使曾為好友的西鄉隆盛舉兵造反、兵敗自殺；但大久保在權傾日本後，於1878年5月14日，死於為隆盛復仇的征韓派6人組的暗殺，得年才虛歲49，死時被暗殺者大罵「奸賊落此下場」。有評論大久保的整個行事動機，完全是排擠西鄉隆盛的權力慾作祟使然。

不二人選，也認為他必定在不損及日本國家尊嚴下，達成爭取最大利益的艱鉅使命。8月1日，政府公佈大久保新職任命狀，各界咸表滿意。[84]

大久保在9月1日抵達天津，[85]李仙得將軍立即加入大久保的外交特使團，幫助此行的磋商、談判任務。特使團在天津稍作逗留，於9月6日離津、10日抵達北京。[86]

讓我們再回顧先前美國駐日公使平安的所作所為。當清國宣稱擁有全臺灣的主權及管轄權，並將該聲明照會送到日本後，平安公使以權宜的手法，發出通告——「禁止美國公民涉入對抗清國之敵意行動，違者將面臨美國法律的懲處，並將因此而喪失公民權」。事實上，平安公使已從私人及公務管道，得知在日軍的美人並未違反美國法律或條約規定的訊息，但仍執意採取毫無根據的反對立場。[87]雖然他目前無疑地，已明瞭事實的真相，但為時已晚，大錯畢竟已經鑄成。

平安公使曾命令美國駐橫濱副領事密契兒（Mr. Mitchell），向外界宣佈他下的禁制令，但副領事認為有所不妥，似不必用這種方式處理，所以抗命不發，並建議如一定要公佈，那麼應該請平安公使自行宣佈。密契兒副領事的立場的確尷尬，因為他處在——假如拒絕執行命令，遭受批評；但如果他執行那個後來國務院不認可的公告，則將受到懲戒，且無法將過錯歸諸「奉上級指示」。

84. 原文寫為8月5日。據日方資料，大久保在8月1日獲任命，6日從東京出發，19日抵上海。

85. 原文寫為9月2日有誤，依日本外交檔案及《申報》記載皆為9月1日，譯文逕予更正。

86. 李仙得與大久保於8月19日已先在上海會過面，李仙得自行搭北京輪赴津，9月3日於天津加入特使團。大久保在天津時，並未往見李鴻章，只透過美駐天津副領事畢德格（William N. Pethick）打探李之態度。《申報》刊登了不少清兵恐日症：「哦古坡〔大久保利通〕搭鐵甲船抵沽北河口，鎮守砲臺各員弁……無不皇遽」（9月8日《申報》），「大沽以上砲臺一座內之營兵攜械逃亡者，已有七百名之多」（9月10日《申報》）。畢德格厚辭職，長期擔任李鴻章英文秘書。《近代來華外國人辭典》，頁383。

87. 清總理衙門曾兩度去函日本外務省，三度致函柳原公使，四度照會美署使衛廉士，另亦派容閎赴日本晉謁平安公使，所根據者，及一再的努力，當具說服力（詳《臺灣對外關係史料》，頁85-98），當非豪士所言，平安的立場毫無根據。

第三十三章　外交戰場

大久保利通所需面對的複雜問題，並非只在於清國聲稱擁有全臺島主權所造成的干擾，此外，清國政府奇怪的態度、前後不一的言行，也造成雙方協商過程的不必要困擾。譬如，潘霨與柳原前光在上海會談後，他保證會將日方的要求稟報上司沈葆楨，以利雙方代表在談判桌上儘速解決歧見，而不會與西鄉從道做不必要的討論。但他到了臺灣仍逕與西鄉磋商，會談後又不承認口頭答應的《西潘協定》，這還不是潘霨最後一次或最壞的脫線表現。

▲李鴻章畫像〔吳士銘繪；國立臺灣博物館藏〕

早在6月底，[88]潘霨在上呈總署的公文表示，他已處理妥原住民保證不再犯類似暴行之事宜，而且獲得西鄉中將同意暫時按兵不動，只待日本政府一聲令下，即率兵回日之保證。[89]潘霨也將他與西鄉會談的結果透過上海道臺〔按：蘇松太道沈秉成〕於7月1日將上述子虛烏有之事函告柳原前光，表示西鄉已同意退兵，整件事已可告一段落。[90]不過柳原公使已接獲西鄉函告正確之

88. 原文（p. 192）寫為6月初，但西、潘是在6月底會面，故譯文逕予改正。

89. 潘霨在公文稱：「貴中將應先將各社之兵調回勿動，並知照貴國以後不必添兵前來。西鄉應允。……此舉非貴國朝廷之意，前柳原曾告我係受美國人唆使……西鄉云：亦知為西洋人所欺弄，使伊國與中國不和……」。潘霨文筆發揮不少無法查證的筆調，也是中國官場公牘隱惡誇善功夫，可謂「官字兩個口」，怎麼說都有理。事後證實，日方完全否認有類似的對話與承諾。

90. 潘霨係於西潘會談後，趕往上海求見柳原，柳原不接見，潘於7月1日發函，謂西鄉已

▲李鴻章與養子李經方（右上）〔陳政三翻拍〕

會談經過版本，故未被誤導。精明能幹如柳原者，即便未接到西鄉的通知，也不可能被誤導。柳原向上海道臺表示，再也無法相信潘霨等人的任何承諾；加上再滯留上海已失意義，所以立即束裝北上，到北京直接與總理衙門交涉[91]。柳原於7月21日抵天津，[92]〔於7月24日〕與直隸總督兼北洋大臣〔李鴻章（Li Hung-chang）〕交換歧見，後於7月31日抵北京。

沈葆楨、潘霨在柳原公使與總理衙門初步會談期間來了幾封信，仍老調重彈，聲稱已和日方早就達成解決臺灣問題的方案，所以只須由他們逕與柳原解決、簽約即可。[93]眾所周知，這顯然不合外交慣例，但清方卻執意以為恰當，且再三提出以這種方式來解決的要求。清國最主要的立場是，不厭其煩的再三強調對臺灣全島的主權，也反對他國不當介入、佔領該島之任何區域。這是清國念茲在茲，在每一語詞、字句最為強調的事。會談進行不久，柳原公使發現磋商不但無法順利進行，而且清方明顯的表達出不願繼續類似協商的態度，以不斷的耽擱，試圖讓柳原失去耐性。[94]

同意退兵，要求柳原通知日本政府照辦。但這種退兵承認是潘霨的謊言，故柳原置之不理。原文寫為7月8日，譯文逕予改正。

91. 柳原接獲潘霨函，於7月10日函覆，責潘違反《西潘協定》，並意圖歪曲事實。

92. 原文寫為7月24日抵天津，有誤。正確為7月21日抵津，24日是他與李鴻章會面日，照例又是被李訓斥一頓。大久保較聰明，所以稍後路過天津，沒送上門，挨老李的訓戒。譯文逕改正日期。

93. 柳原前光於8月13、15、17日，與總理衙門舉行三次會談，最後不歡而散。

94. 柳原談判的態度強硬，他於第三次（8月17日）會談，要求總署3日內對他「番地果為臺灣之一部分，清國政府為何未在日軍抵臺的消息傳到時，要求其撤退？」之詢問答覆，否則他將派人回東京向日本政府報告，云清國對日本征臺無異議。他另於8月24日照會恭親王，表示日本有主權與決心對臺灣番界「漸次撫綏，歸我風化」，並警告不容清國干涉。對柳原之蠻硬，總署於8月26日強硬覆文，警告柳原「從此不可再以不清國這種技倆於〔9月10日〕大久保利通抵達〔北京〕後，即告失敗。日方使節團在大久保指揮若定下，一切都漸次就緒，他擁有天皇授予之和戰決定全權及指揮日本所有在清官員之特權，故不須凡事向國內請示，使得談判進行比較順利，即便清方官員仍不時找碴，藉故拖延談判。

日本新任全權代表大久保與清國總理衙門，於9月14日舉行第一次會議。大久保提出質疑，表示經檢視柳原公使與清方會談的紀錄及歷史文獻，發現清方只不過一再強調臺灣隸屬於該國；但柳原前光則陳述臺灣「番地」是獨立於臺灣島的。大久保因此提出他個人對這個歧異點的兩點總結看法，並以書面提出備忘錄：

第一：貴國既以「生番」之地謂為在版圖內，然則何以迄今未曾開化「番民」？

第二：貴國聲稱擁有「生番」之地管轄權，而見「生番」屢害漂民，置之度外，曾不懲辦，是不顧憐他國人民，惟養「生番」殘暴之心也。有是理乎？[95]

9月16日，大久保與總署大臣二度會議。清方對第一次會議大久保所提出的兩點書面意見提出書面答覆，內容連熟悉清國官僚氣息的人，也對厚顏至此為之咋舌，讓我們看看清方是如何強詞奪理的：「查臺灣生番地方，中國宜其風俗，聽其生聚，其力能輸餉者，則歲納社餉，其質較秀良者，則遴入社學，即寬大之政，以寓教養之意，各歸就近廳州縣分轄，並非不設官也。」不過他們也承認「特中國政教，由漸而施，毫無勉強急遽之心」。至於外國漂民橫遭不人道虐待、屠殺乙事，清方如此答道：「查中國與各國通商交好，遇有各國官商民人船隻，意外遭風，及交涉案件，各國商民受虧等事，一經各國大臣將詳細事由情形照會本衙門，必為立即行文，查明妥辦。雖

和好之言相迫」。談判遂告僵持局面，清廷也拒絕柳原入覲同治帝呈遞國書之要求。

95. 大久保提出福島九成與社寮、車城一帶居民林明國、廖周貞、林海國等人的筆談紀錄，用來否認清國擁有「番地」的實際控制權。參閱《同治甲戌日兵侵臺始末》（文叢38），頁142-144。

辦理有難易遲速之不同，卻從無置擱不辦之件。即如此案生番，貴國如有詳晰照會前來，本衙門無不查辦。且本衙門甚不願有此等情事，此後尚須設法妥籌保護，以善將來。」[96]

上述書面答覆由清國總理大臣面遞大久保，他們表情嚴肅、正氣凜然，在日本人眼中看來猶如怪物，這種廟堂如戲場的表演身段，也只有清國的大官才表演得出來。大久保對清國有關「番地」屬其所有之說明，提出幾點詰問後，就結束第二次會談。

9月19日舉行第三次會談。大久保率直的表示無法接受清方於第二次會議中的說明，反提出書面問題七點，要求清方逐條解釋。[97]總理大臣聞言，不耐煩的道，他們已提出詳細的書面答覆，而如仍無法被接受，那麼如此反覆辯論，終無善了。日方企圖以國際法駁斥清方，清總理大臣〔文祥〕表示：「國際法淵源於西方的新發明，其中所列條款並不盡通用於中國的制度，蓋中國制度早在西方制度出現之前已經存在。」再繼之的口舌往來過於廣泛，有時甚至與主題無關，故不在此詳述。值得略提的是，清國大臣曾提及「關於臺灣生番地區，或許有些模糊之處，但今後中國會將法律、行政管理及於該地區，以遏制野蠻之行，並維持兩國友好關係之策。反之，若貴國不信任中國之處理方式，那麼悉聽尊便，吾等再也無話可說矣」。

大久保認為清方對其所詢各點，皆未提出足以服人之證據加以說明，實令人無法心服。清方不置一詞，大久保遂將話題轉至各國共同的利益，他說：「目前東西方海上交通十分發達，維護航海者安全已成為大家共同的責任。臺灣是非常重要的商船航線必經之地，不幸的是，島上人民的行為卻仍如海盜！」

第三次會議結束，至第四次會談的空檔期，雙方不斷公函往來，派人傳話。清國代表引經據典，提出無數歷史檔案，一再主張既定的立場，但卻提不

96. 請參閱《同治甲戌日兵侵臺始末》頁144-145，總署答覆大久保第1、第2條。
97. 大久保就清國答覆1、2條中，摘錄7點，再駁詢總署。總署再就所詰回覆，字裡行間，已有點火氣：「……貴國之兵涉吾土地，中國並未一矢加遺……原望妥洽辦事，曲全和好。若如此詰責，幾等問官訊供矣……嗣後儻再如此，則本衙門不敢領教……。」

出日方質疑的無實際統治、管轄「番地」的明確證據。由於總理大臣曾坦承不甚瞭解國際公法，所以大久保送了一本簡明的國際法漢字譯本《公法彙鈔》給清方，以便未來雙方談論問題時，不致鴨子聽雷，可以有點交集。[98]休會期間，日本代表團的睿智、沈著的表現，實為後來達成和議的最佳保證。

10月5日舉行第四次協商，論辯甚為激烈，清方大臣語調幾至威脅，顯然係因日方拒絕他們提出的「將問題交予各國公使仲裁」提案所引發，他們甚至強烈建議大久保，在他尚能安全離開北京時，趁早打包回國。[99]大久保駁斥道：「關於貴方希將本案委由各國干涉乙事，事關鄙國主權，恕難遵辦。而貴方如認為無法進一步討論，且不就我方所詢確實答覆，那麼會談就到今日終止。本來滿懷解決問題、維持兩國友好關係誠意而來的我方代表團，也將自今日以後，完全停止活動。」

當天原擬將全案妥善解決的打算，被清方大臣突發的一陣脾氣給打斷了。會談在大久保宣稱儘速束裝返日，以便向其政府報告經過的聲明中結束了。清大臣見狀，立即有人出面扮白臉，好言挽留大久保，並禮貌地建議將不愉快的對話言辭從會議紀錄刪除。大久保堅持不能隱瞞或更改會談過程中的任何細節，以免被有心人利用。清方仍不放棄，但在大久保再三婉拒後，最後達成對於不當言辭，可用公文通知對方予以更正之協議，但原始的會議紀錄，仍必須忠實地保留原貌。

98. 大久保有兩位國際法顧問，一為李仙得，一為借調自司法省的法籍顧問鮑生奈德（Gustave Boissonade），故常在辯論中，或書面質詢時，從西方所著國際法的書中，尋章摘句以支持其立場。

99. 仲裁案，最早由美駐天津副領事畢德格向李鴻章提出（9月4日）；英駐京公使威妥瑪（Thomas Wade）繼之（9月22日），李鴻章甚至向法使熱福理（F. L. H. de Geofroy）明示，可請各國公評。但恭親王似態度保留。可見熱心「臺事公斷」者為李鴻章，至於清總署似未向大久保提出此案。

英雄與梟雄——一生糾纏的西鄉隆盛與大久保利通

陳政三

▲西鄉隆盛（左）

▲大久保利通（右）

〔取自《幕末群像》；陳政三翻拍〕

西鄉隆盛（Saigō Takamori, 1827～1877），生於九州鹿兒島城下下加治屋町，幼名小吉，名為吉之介，號南洲，改名甚多，「隆盛」一名較為世所知。大久保利通（Ōkubo Tosimichi, 1830～1878），幼名正袈裟，名正助，後改為利通，通稱一藏，號甲東，與隆盛是小同鄉，自幼即熟識。1862年倒幕運動正興，隆盛得罪薩摩藩主島津久光，被流放，利通為久光之隨從，因無法勸服久光，與隆盛相約「互刺而死」，當然兩人沒這麼幹，否則也無法在1868年合力推動「江戶開城」，完成大政奉還的倒幕運動。但由此可見兩人交情之深。

明治維新之後，相繼推動版籍奉還、廢藩置縣、全國徵兵制、武士帶刀禁令，逐步將士族階級的特權一一打破，造成士族之不滿，為了安撫士族及薩摩子弟兵，隆盛遂推動「征韓論」，以為失勢士族找到出路；但大久保利通卻認為「內治優先」，須基於殖產興業之觀點與立場建設日本，不應再對外用兵。兩位好友自此分道揚鑣，中間事實上摻雜了彼此同列「維新三傑」（另位是長州派的木户孝允，1833～1877）之心結，以及權力鬥爭。

「征韓派」（又稱「大陸派」或「武斷派」）趁「內治派」（「內政派」）要員隨岩倉具視考察團出國考察時，取得了優勢，但大久保利通聞訊先行偷溜回日，大力反對征韓，再等岩倉考察團返日後，全力反撲，內治派終在1873年10月逼使征韓派大將西鄉隆盛、副島種臣、板垣退助、江藤新平下野。江藤新平在次年2月掀起「佐賀之亂」，雖在1個月內弭平，江藤被砍頭，但各地不平士族大有蜂起之勢，加上隆盛返回鹿兒島，創立私有軍校、擁兵萬餘，更是當權的內治派之芒刺。為化解不平士族，大久保利通遂因勢利導，由反對出兵征韓，藉「牡丹社事件」，急轉為出兵征臺，更高招的是啟用隆盛之弟西鄉從道掛帥主征，使得隆盛不但無法反對，還須派一些志願兵給小弟帶去臺灣送死。大久保又爭取到出使清國全權大臣頭銜，運用他的奸詐狡猾（也可說是機智權謀）、合縱連横，在北京停留了53天，逼使清廷簽下和約。日本不但使出兵臺灣合法化，也斷絕了琉球「一國兩屬」的騎牆政策。難怪大久保在日記上寫下：「嗚呼！際此如斯大事，乃古今稀有之事，生涯亦無所憾！」

臺灣事件之後，利通勢力高漲，隆盛每況愈下，老友間早就老死不相往來。但擁兵自重的隆盛畢竟讓利通坐寢難安，乃放出空氣謂隆盛將舉兵作亂，並派警察潛入鹿兒島藉機暗殺隆盛，逼得隆盛不得不於1877年2月起兵，迄9月底戰敗，於城山自盡，史謂「西南戰爭」。有云西南戰爭只是大久保利通所代表的在東京當官的薩摩人和西鄉隆盛所代表的在故鄉的薩摩人之間的「私鬥」而已。

1878年5月14日，意氣風發的大久保利通於上朝途中，被征韓派的舊加賀藩士島田一郎等人「暗殺」——事實上是事先公開表示要刺殺他的「明殺」。一代梟雄也去了。日本人在東京上野公園樹立了西鄉隆盛之銅像，他們也較喜歡閒雲野鶴行狀的隆盛，對汲汲名利的大久保利通似不怎麼喜歡。利通過繼給別人當養子的次子牧野伸顯，曾於日治時期來臺調查「霧社事件」；有子名Ōkubo Tosidake曾擔任日治初期臺灣總督府的外務部首長；其孫女婿是在二戰後組閣多次的吉田茂，吉田茂曾與來臺後的國民政府簽下和約。

第三十四章　達成協議

大久保利通剛抵北京的最初幾天，各國駐京公使尚未顯示有意介入調停的企圖。稍後，與清廷往來密切的英國公使威妥瑪（Sir Thomas Francis Wade）向日方打探所負使命及預期擬達成的目標。[100]大久保委婉解釋，由於清國拒絕承認去年副島種臣代表團在北京出使期間，清總理大臣曾親口否認對臺灣「生番」地區有管轄權之事實，該否認聲明又誤導日本信以為真，成為出兵臺灣的重要根據；但後來清方又否認曾說過「殺人者皆生番，故且置之化外，未便窮治」之辭，使得兩國因而爭論不休，故此刻日方實在不便透露底牌。威妥瑪公使顯然知道會談的障礙何在，表示將代為打聽清方意圖。由某些跡象看得出，威妥瑪似在某種程度上，已逐漸接受日本代表的觀點。[101]

但威妥瑪向來認為臺灣的主權屬於清國，證據充分、不言可喻，只是清方人員表達方式有瑕疵，故造成誤會。尤有進者，威使一直誤以為日本也承認南臺半島屬清領地，直到大久保向他解釋澄清後，才幡然醒悟。當然，威使極不希望戰爭影響到英國在東亞的商業利益，在他的監護下，英商與清國每年貿易額高達2億5千萬元（$250,000,000），[102]假如遭到戰事波及〔按：英使威脅如日本不退兵，將動員英海軍〕，那他必須電召英國兵艦保護英僑利益。大久保聞

100. 總署曾於8月2日，將清日往來照會鈔錄通知各國公使，威妥瑪表示五項意見，含開放海岸、內河航權、改革釐金、准於川滇設領事館、臺灣全部通商……等，關於「臺灣全部開放通商」使臺灣問題國際化，獲總署、李鴻章同意可行，沈葆楨則以為須「利與人共，權須我操」。威使因而積極奔走、涉入。

101. 9月16、19日，第二、三次會談觸礁後，威妥瑪於9月16日及26日兩度向日使提出介入調停之意。第四次會談不歡而散，威使再於10月5日介入調停。

102. 這個數字不知是以美金或銀元為單位？數額如此大，似指銀元？James Davidson（p. 162）用 “many millions of dollars”.

言，表示瞭解英使立場，認為這是駐外代表應盡的責任。威使並非一直對日本懷持敵意，相反的，他所作所為的唯一動機，只在維護英國的商業利益而已，這也正是其職責所在。所以很明顯的，打從一開始，他就迫不及待的想充當紛爭的仲裁者（arbitrator）。清廷並未拒絕威使的提議，但基於上述理由，大久保不願被第三者影響，在很多場合表示，除非清國承認去年對副島使節團曾說過的「生番地區不屬管轄」，否則日本不會讓步。[103]

10月10日，大久保發出「哀的美敦書」（ultimatum），這份最後通牒限總理衙門於五天內確切答覆，如過期不覆，他將離開北京，打道回日。[104]總理衙門於11日覆函，表示同治皇帝不在北京，而恭親王（Prince Kung）〔奕訢〕又隨侍出巡，希望展延幾天。日方同意〔展延3天〕。

清皇室出遊團於10月14日返京；15日中午，日代表團收到清方覆函，內容雖不盡如日方之意，但已表達將妥善解決本案。[105]

10月18日，第五次會議在大久保的行館召開，清方表達希先避談臺灣南端「番地」誰屬的爭議，他們願承認由於疏忽所造成兩國之誤解，並可補償琉球死難漂民之家屬一筆款項。這個提議似乎使問題的解決，向前跨了一大步，大久保遂欣然同意再度開啟協商大門。[106]

103. 威妥瑪於9月22日向總署提「臺事公斷」建議。清大臣表面上接納，但恭親王在奏摺提到：「刻下英法兩國使臣願為調停，雖不無利人兼利己之心……臣等亦衹能一面虛與委蛇，以免從中播弄是非……」；10月31日再奏：「威妥瑪尤於此事始終關說，意欲居間」。《同治甲戌日兵侵臺始末》，頁141、177。

104. 日方的兩便辦法為清國應重新劃定臺灣國界，使「番地」不屬其國界線內；另外須賠償日本各項支出。

105. 豪士可能寫錯日期，應為10月16日收到覆文。因為總署及文祥於16日分別致函大久保——總署函語氣至為強硬，代表的是官方不得不的立場；但軍機大臣文祥的信件極盡修好之意，表示可再安排會議，以尋求兩便辦法。在發信前，事實上雙方早透過中人打過招呼，先套好了招。連戰〈臺灣在中國對外關係中的地位（1683～1874年）〉，收於《近代的臺灣》，頁118-119；《同治甲戌日兵侵臺始末》，頁161-163。

106. 10月18日的協商，大久保先開口要求賠償。清國則提出兩個條件：⑴關於日本「討番」之旨趣，清政府從來不說不是；⑵日本須承認臺灣「番地」為清國管轄之地，如此，才可考慮給予日本相當的補償。藤井志津枝，頁188；《大日本外交文書》7

▲恭親王奕訢
〔John Thomson攝（1871～1872年間）；陳政三翻拍〕

10月19日，總理衙門突來函表示事情有變，無法照18日所議之方案執行，雖然他們不得不痛苦的承認日軍的行動是正確的——正式的用詞為「關於貴國討番之旨趣，我政府從來不說不是」（You came originally by right）。〔在20日的會談上〕清方翻案的理由是，雖然他們願意償還日本的損失與花費，但不能以白紙黑字、明文記載補償金錢事宜；而且也必須等日軍完全撤離臺灣後，才可支付款項。清方甚至表示不能討論金額之多寡數額，金額須由清廷自行決定。[107]

大久保對清方再度出爾反爾，憤而公開提出強硬的答辯：[108]「假如貴國意欲取得目前由我軍控制之臺灣番地，則貴方必須有所承諾，我政府須獲得貴國令人滿意的保證。試問，貴方能提出何種承諾？在貴方目前所提的條件下，本大臣實無權、也無法要求我軍撤離臺灣。本大臣並非貪念賠償金額，[109]但試問，假如本大臣無法得知貴方真正的和解方式，以及賠償金額，又有何顏面來面對天皇及國人？如貴方仍堅持己見，不接納我方之提議，則協商破裂再即。就個人而言，本大臣即或有意接受貴方提議，但我政府及百姓可會接受？貴方提出的在我軍退兵之後，貴大皇帝將恩典酌量撫卹之言詞，實與先前會談時『達成雙方皆滿意之結果』的立意大相逕庭。而且，我方實無法

卷，頁280。

107. 10月20日第六次會談，清方提出的「兩便辦法」為：⑴清國承認日本征臺「伐番」為大義，日本應即退兵；⑵由清皇帝賜給難民撫卹金，其金額不得明文表明。但大久保提出異議，表示也必須賠償兵費，且須明載數額。所以，豪士可能將10月20日之會談結果之紀錄，誤為19日之清國來函。當然，也可能總署先於19日將其立場告知日方。Sophia Yen, *op. cit.*, pp. 275-276；藤井志津枝，頁189。

108. 依此公開信的內容訴求，應是在第六次會議（10月20日）與第七次會議（23日）之間發出。

109. 大久保一直使用「賠償」字眼；但清方則堅持使用「撫卹金」及「補償」。

相信口頭之外交辭令，除非化為白紙黑字，如此，不致再發生不必要的爭議，試問，本大臣如無貴方出具的書面承諾，又將如何要求撤兵？假如現在接受貴方口頭之詞，往後又發生讓我政府無法接受之情事，則又將重蹈我方控訴貴方違言之覆轍，造成兩國更深的誤解。執是之故，務請貴方出示可讓雙方皆可接受、信任之書面協定。」

大久保之所以要求以明文記載協商結果，乃肇因於清方代表有再三推翻承諾的不良紀錄。但他的要求被斷然回絕了。大久保仍不死心，在10月24日又重提這個要求，仍不被接受。[110]

10月25日，大久保發出離開北京的告別信：

「現本大臣失望至極，即將離開貴國。先前我軍懲罰蕃地部落之通知不為貴國總理衙門所重視；而當西鄉都督率兵討伐殺我漂民之蕃社，除去多年來長期危害各國航經該海域船員的惡行時，貴國不但對我方出兵之艱難、危險毫無鼓勵之意，僅僅以『並未一矢加遺』（not shooting an arrow at us），如此傲慢的方式，表達自以為寬懷的立場。我方出自仁愛立場的懲兇行動，卻被貴國安上敵意行為之惡名，實令人遺憾。因此，從今日起，我軍將繼續掃蕩臺灣蕃地，繼續保護已向我降服之部落，嚴懲反抗、不悔之生蕃，且我軍之行動絕不容貴國干預。現下，既不能在談判桌上解決歧見，自此雙方各行其是，各自行使其主權。本大臣無意再聽取貴方之說明，也不再有所爭辯。本大臣亟欲束裝返國，竟至不克前來貴署告辭，為憾！」

大久保在日本高級文官中，可能是最有耐性及包容性的人，他之所以會以

110. 10月23日，召開第七次會議，日清雙方主要無法達成下述歧見：⑴日本要求500萬兩銀作為「賠償」，並堅持應書寫在正式協約內；⑵清方表示由皇帝恩賜琉球受害難民家屬之撫卹金，毋需列入正式條款，而且最多不能超過50萬兩。當天會議一結束，大久保即走訪威妥瑪，向其告洋狀。大久保表示可以用「將賠償金載入書面」，來「交換撤兵」。威妥瑪自此態度丕變，從抑制日本轉為壓抑清國。

絕決的語言，寫下不留後路的詞句，對他有所瞭解的人都認為必然是在忍無可忍下，所作的不得不之決定。自他毛遂自薦爭取到出使大清國之重任，無時不竭力維護雙方良好的互動，冀望圓滿達成和平解決之任務。他深知，假如無法以和平的方式收場，那麼日本朝野必然認為既然低聲下氣行不通，只有來硬的。

大久保發表聲明後，日本使節團立即整裝，準備儘速離開北京。不過，大久保仍不認為和談破裂即意味戰爭的不可避免，因為他深知清國迂迴外交的策略，即使恭親王及其他總理大臣表面上張牙舞爪、口出威脅，骨子裡其實藏著玄機。所以和談破裂，未必宣示敵對的開始。但他卻沒想到事情的轉折竟然如此之大，而且來得這麼快。[111]

10月25日下午，李仙得將軍率一部分使節團隨員離京赴天津。[112]恭親王聞訊大驚，知道稍後日本使節團也即將束裝離京，[113]急忙於當天夜訪威妥瑪，請求威使傳話大久保，並代為挽留日本使節團。恭親王明確的保證已備妥日本可以接受的方案，希日方能接受他挽留之誠意。[114]威妥瑪迅即同意，當晚馬上驅車探訪大久保，表示清國已完全同意將解決方案明載入和議文，而且答應立即支付10萬兩銀給1871年受難琉球人家屬，另外40萬兩補償日本出兵的費用，將在撤兵後支付。威使強調恭親王希他私下轉告大久保，也望大久保萬萬不可對外張揚，以免曝光後事情有變。

大久保聞訊，深覺清方已做了相當大的調節，足以顯示誠意，同意延緩離

111. 大久保發表離京聲明之前，10月24日先再度拜訪威妥瑪訴苦，威使迅即向清國總署施壓，導致了稍後戲劇性的變化。Sophia Yen, *Taiwan in China's Foreign Relations*, 1836～1874, p. 278.

112. 《申報》11月4日刊載李仙得在10月26日離京。

113. 恭親王上奏同治帝，如此形容日使出京狀：「〔10月25、26等日〕日本兩使臣已悻悻然作登車之計」（《同治甲戌日兵侵臺始末》，頁177）。偉哉，「悻悻然」！描寫入骨三分，中國官員筆下要得，可是戰場上反之。

114. 清國資料未記載恭親王夜訪威妥瑪，請代出面挽留乙事，可能有意掩蓋。恭親王奏文表示係威妥瑪主動介入，還出言恐嚇：「威妥瑪來臣衙門，初示關切，繼為恫嚇之詞……。」

開北京。[115] 25日當晚，威妥瑪告辭後，大久保也回拜威使。大久保表示，金錢賠償並非日本的主要訴求，[116]日本可以在下述三個條件下，接受50萬兩之賠款：

㈠清國必須承認日軍在臺的行為是「保民義舉」，不指以為不是。

㈡50萬兩須於日軍撤兵之前，全數付清。

㈢所有此事兩國一切來往公文，彼此撤回註銷，永為罷論。[117]

威妥瑪再度充當熱心的使者，傳達日方的條件予清國當局。他是否運用了任何影響力，逼使清方接受，則不得而知。[118]但對日本使者，威氏倒是從沒有，也從未試圖運用不當的影響力。

10月27日，總理衙門備妥的條約草案送到日方手中，做最後的文字斟酌。威妥瑪與雙方良好的關係，可謂幫了清國一個大忙，他獲授權，寫了一份保證清方不再更動條約草案內容的聲明給日方，沒有他的這份保證，受足清國食言而肥先例的日本代表團，恐怕還真不太敢相信清國的任何保證呢！大久保審閱草案後，在10月30日終於同意接受。[119]1874年10月31日，雙方代表總理衙門簽

115. 威妥瑪在10月24、25日各挽留日使一次。

116. 日方原要求的金額為500萬兩（10月23日提出），25日白天之前，日方降為200萬兩；25日晚，大久保才接受50萬兩之款額。

117. 第三項在豪士原文中，並未錄載，由譯註者加入。另外，當晚威使與大久保針對清國提出的草案詳加商量，大久保親自動筆將條文更改了幾處關鍵字：⑴刪除日本承認臺灣「番地」為清國所屬地；⑵刪去中國皇帝恩典酌量撫卹銀之文字，並添加「日本國屬民」、「保民義舉」等字句。大久保希威氏轉達清方，絕不可改變他更動過的字句，否則日方將宣佈談判破裂。《大日本外交文書》7卷，頁307-310。

118. 威妥瑪可能口出恐嚇之言，地點應不是在總署，而是恭親王拜訪威使的官邸。何以見得？恭親王云：「……初示關切，繼為恫嚇之詞，並謂日本所欲二百萬兩，數並不多，非此不能了局……」。但當晚日本已同意接納50萬兩之款額了。恭親王的奏摺仍是避重就輕，多所掩飾。

119. 事實上仍有部分更動，日方將代表中原大國沙文主義的「中國」改為清國，但清方照用自春秋戰國時代即傳承下來的「中國」字樣。另外清方將金額放在條約的「互換憑單」中，表示未正式列入條約，好向皇帝交待，這又是駝鳥心態。

字、蓋章，正式通過《清日臺灣事件專約》及互換憑單，內容如下：[120]

互換條約

（前文）大日本全權特使，參議，樞密院顧問及兼內務卿大久保（甲方）
（前文）大日本全權特使，參議，樞密院顧問及兼內務卿大久保（甲方）與大清總理衙門和碩恭親王〔奕訢〕及大清欽命總理各事務、軍機大臣大學士管理工部事務文〔祥〕、軍機大臣協辦大學士吏部尚書寶〔鋆〕、吏部尚書毛〔昶熙〕、户部尚書董〔恂〕、軍機大臣兵部尚書沈〔桂芬〕、工部尚書崇〔綸〕、頭品頂戴兵部左侍郎崇〔厚〕、理藩院右侍郎成〔林〕、三品頂載通政使司副使夏〔家鎬〕（乙方）[121]為會議條款、互立辦法文據事。照得各國人民有應保護不致受害之處，應由各國自行設法保全。如在何國有事，應由何國自行查辦。茲以臺灣「生番」，曾將日本國屬民等妄為加害，日本國意惟該「番」是問，遂遣兵往彼，向該「生番」等詰責。今與中國議明退兵，並善後辦法，開列三條於後：

一、日本國此次所辦，原為保民義舉起見，中國不指以為不是。

二、前次所有遇害難民之家，中國定給撫卹銀兩。日本所有在該處修道、建房等件，中國願留自用。先行議定籌補銀兩，另有議辦之據。

三、所有此事，兩國一切來往公文，彼此撤回註銷，永為罷論，至於該處「生番」，中國自宜設法，妥為約束，以期永保航客不能再受兇害。

同治十三年九月二十二日（諸大臣花押）

（大久保大臣花押）

（柳原公使花押）

120. 此事約為清方所執，日本拿的條約，只要把「中國」改為「清國」即可。
121. 總理大臣名單依據《清季中外使領年表》（頁212）補入。當時總理大臣尚有沈葆楨，他人在臺灣，所以沒有參加簽署。

互換憑單

為會議憑單事。「臺番」一事，現在業經英國威大臣同兩國議明，並本日互立辦法文據。日本國從前被害難民，中國先准給撫卹銀十萬兩。又日本退兵，在臺地所有修道、建房等件，中國願留自用，准給費銀四十萬兩，亦經議定，准於日本國明治七年十二月二十日，日本國全行退兵，中國同治十三年十一月十二日，中國全數付給，均不得愆期。日本國兵未經全數退盡之時，中國銀兩亦不全數付給。立此為據，彼此各執一紙存照。

條約上的某些特殊用語，有加以說明的必要。清方賠償銀兩為「撫卹」（relief or consolation）及「支付日本修道、建屋」費用，乃是為保全清國之體面，而發明出的字句。大久保最初只稱其為「賠款」（indemnity），然清方代表其以為不可，痛陳這句的涵義有損大國顏面。大久保並未堅持己見，只要能達成和議的目的，往往放棄形式要求。10月21日，大久保對「支付款項」乙事寫道：「貴國應負支付之責，惟鑑於有礙貴國體面，貴方希寫成由貴國皇帝恩賜我受難屬民撫卹金」。10月23日，大久保又稱：「貴方希將『賠償』（compensation）改用『撫卹』（consolation）名義給付，雖不能令人滿意，但顧及貴方難處，姑且勉予同意。」但總理衙門的大臣也並非常常意見一致，使得好事多磨。最後才想到以「支付日本修道、建屋」費用名義，來撥交其中的40萬兩給日本，這才解決這道難題。

但是西鄉將軍率兵離臺後，清國忽然忘了要命的面子問題，命令在臺清軍立即清除日軍所有建物、營舍的痕跡，如此欺騙世人的手法，可謂欲蓋彌彰。倘若真不要屋舍及日軍留下的改良設施，大可不必在付款上巧立名目，金錢事小、原則要緊，直截了當的用「賠款」即可。不過，清國實在不想要這些東西，因此在甫接手，立即湮滅所有的痕跡。[122]

122.《恆春縣志》（頁42）載：「倭人舊營……然交收後不數月，今無一存。或云火焚、或云風壞，四顧蕩然」。據愛格爾（Henry Edgar）主筆的〈1874年打狗海關年報〉（Takow Trade Report, For the Year 1874）（p. 147）日營係被附近的村民所焚毀並洗劫，但接收的清軍卻坐視不管，有縱容之嫌。

第三十五章　日本得利

北京談判大獲全勝的消息傳回日本，舉國上下欣喜若狂。畢竟無人喜歡戰爭，只除了一小撮不負責的階級，從不認真的正視戰爭可能帶來的悲慘面。[123]政府高級官員，以及一般普羅大眾，總是不希望發生戰事；但在國家需要時，他們卻能不顧可能的犧牲，勇敢的聲援及奉獻。

事實上，全權大使大久保利通在北京談判時，日本為防和議觸礁，已全力備戰。[124]全國上下，包括天皇、皇室、貴族、平民皆奉獻所有，全力支持國家應付即將面臨的危機。[125]許多人自動登記為志願兵，希望馬上赴沙場為國效命。工部省負責處理來自全國各地捐獻的物資，[126]雖然其中大部分因不符使用規格而遭退回，但民眾仍表示萬一稍後用得上，隨時可再捐出。

根據官方的紀錄，到處可看到日本在面臨國際挑戰時，民眾步驟齊一的投入狂熱的報國行列，這種情形在其他國家幾乎很少有類似個案——只除了美國「南北戰爭」（the Southern rebellion），[127]這個規模更大、更憾人的戰爭，美國人所表現出同樣的無私、戳力從公的熱潮，可與之相比。我相信日本官員必定強烈的感受到民眾的愛國心，但又必須克制自己內心同樣的感受，勉強自己

123. 豪士指的是舊士族，尤指好戰的薩摩、長州等地之士族。

124. 日政府於8月23日、9月13日及28日，三度公佈大久保使清進度，並表示不惜一戰的決心。征臺事件是促成日本軍備現代化的重要里程碑，如制定戰時法規、安排軍隊屯駐、軍需徵用、運輸規劃等。並在長崎設立天皇臨時大本營、「非常係」機關等。

125. 皇室曾借皇宮建築費27萬圓供征臺軍費；反觀同時，恭親王奕訢冒顏諫阻大修圓明園、北海，還因此得罪慈禧。近代中國衰敗，有大半須歸諸自己。

126. 工部省設於1870年閏10月，1885年11月廢，與開拓使一齊併入遞信省。

127. 豪士使用“the Southern rebellion”—「南方叛變」稱「南北戰爭」（1861～1865），單從文義推斷，他八九不離十應是北部州的「北佬」（Yankee）；事實上，他出生於波士頓近郊。

強壓住內心的澎湃，以冷靜來應付，以免對已經過熱的民心火上加油，真是一項既困難而又必須堅守的挑戰。

日本提供臺灣遠征軍最佳的後勤支援，譬如4月在長崎準備出征時，只要軍方所需的一切，無不打點周到；最強壯、英勇的軍官被派到臺灣。談判桌上的全權代表展現謹言慎行、剛毅不屈的嫻熟應對之道。即使在大後方，東京戰爭指揮部的年輕軍官平井行正（Hirai Yukimasa），也默默的奉獻心力，為最後的勝利日夜打拼。

在外國觀察家眼裡，這種上下一致的氣氛，宛如是政府官員與人民之間的愛國心的競賽，必要時，只要有一個輕微的刺激，就足以像火山爆發似的，可導致失控。但事實卻非如此。靠近清國的日本軍港大量屯積軍火、軍械，可加入出征行動的男丁之登錄等，這些措施都只是為了維護日本安全的備戰措施，以防萬一和談破裂、戰爭爆發的危機總動員，同時亦是捍衛和平的堅強後盾。日本從一開始，即採既大膽又沈著的態度，在決定戰略的優先順序的同時，兼顧了清國總理大臣可能的反應。日本的主政者、談判使節、在臺將官都有同樣的共識——亦即日本有保護屬民之權，不但要為逝者討回公道，也要為來者確保往後的安全。為達成這個目標，最初並不確定究應採取何種策略，某個階段甚至認為只有較悲觀的宣戰才能解決問題。但有一個從頭到尾，從未改變的基調：「儘可能以和平方式解決，萬一行不通再動武。」（But that it must be attained by peaceful methods if possible, by arms if needful.）

住日本的外國僑民中，只有少數人誠摯的恭賀日本的勝利，大多數外僑吝於表達些許的祝賀之意。為何日本跨出國際的小成就，竟引起大多數外僑的反感呢？要回答此問題並不困難，但又沒必要浪費筆墨逐一點名那些帶頭反對者。通常，只要日本經由外交方式爭取到任何成果，總會遭到各國駐日公使的猜忌。此次日本以和平的方式，掃除西太平洋航道上的威脅，保障了國際貿易動線的順暢，完成一件偉大的慈善義舉，過程中，不但沒有任一國伸出援手，而且反而橫加干擾，肇因於此舉大違歐洲僑民對日本小國一向的刻板印象及期望。基於有這種負面的期望，所以大久保利通卓越的外交成就，也就不被西方駐亞洲公使團所認同。

這些負面的干擾完全無助於日本，也無助於人類文明及共同利益，只為了那些伸出黑手的個人慾望或他們自己國家的利益。在整個談判過程中，外國公使團帶給日本或清國的困窘、焦慮，委實罄竹難書、可笑至極。或許有人認為由於英國駐北京公使威妥瑪的介入仲裁，才促使日本獲得外交成功；但鑑諸官方文件記載及事情經過，證明那是錯誤的推論。相信未來外交檔案解密後，可以發現更多足以支持我這種看法的證據。[128]可確定的是，沒有任何一位駐日或駐清的外國公使，在交涉過程曾對日本有任何出自善意或絲毫鼓勵的幫助。

就某方面而言，大久保的外交勝利遠比西鄉將軍的軍事勝利更有意義。再怎麼頑固的懷疑論者，從不質疑日本人民的勇敢；但卻不認為這個年輕的東方小國在政治智慧方面，足以與詭計多端、狡猾如狐、以政治陰詐著稱的大清帝國相匹敵。某些外國報紙甚至很早就斷定日本使節團必然鎩羽而歸，他們認為日本的政治家無法在論辯、折衝的外交戰場與老奸巨猾的清國高官相抗衡，遑論取得優勢。但這些過早的斷言，如今已不存在，而且可能永遠不會再有。

從各方面評估，的確很難想像日本居然如此幸運。假如清國在去年副島種臣出使北京，即同意承擔討伐「生番」的人道任務，那麼日本就失去為國際社會服務的機會——而這項特權業經日本完成，再也沒有任何國家可將此殊榮從日本手上搶走。雖然清國不得不終於答應承擔起教化原住民之責，但日本已成了排除威脅太平洋航線達二十多年的心腹大患。現在已沒有人會擔心臺灣的原住民，敢再犯同樣的錯誤，敢再不遵守保護漂民的誓言。臺灣的原住民或許仍對漢人懷抱由來已久的憎恨心理，那不是任何外在的影響力所可以根除的，但至少不會再劫掠其他國家的漂民了。

勇敢的日本小帝國另項更實質的成就是，讓全世界認同她有為正義而戰的權力，也有為自己說話的地位；這些都是原來完全不為西方公使所承認的。日本頂著蜂擁而至的阻力、暗箭，不屈不撓的爭取獨立行動的自主空間，藉著此次出兵及外交行動，整合了各項資源，動員軍事體系，發掘民眾愛國熱潮，從過程中學到新經驗，這種價值實不下於贏得國際社會的尊重。而國際所回報日本的，將不再是施捨與同情，而是深沉的敬重。

128. 日清外交檔案證實了大久保善打「英國牌」，靠威妥瑪施壓於清國，才得能以小吃大，扮豬吃起紙老虎。

第三十六章　西鄉撤兵

整個外交行動告一段落，遠遠超出日本原先預期的結果。大久保利通於11月1日離開北京，[129]11月7日抵上海，將整個出使經過以電報詳稟東京當局。11月9日，日本政府相關機關已獲知達成和議的消息，但仍奉命保密，陸軍、海軍仍持續戒備，直到確定清國遵守協定後，才能歸建。

大久保並未直接束裝返日，而是先到臺灣巡視，親自將結果面告西鄉都督，兩人擬定分批撤兵的步驟。[130]日本天皇於11月13日派特使赴臺灣，正式傳達退兵令。[131]17日，官方公佈合約內容、通告全國。幾天後，大久保〔在11月26日晚間抵達橫濱，隔天上岸，〕回到東京，民眾夾道歡迎，天皇鑒於他的成就特賜殊榮。〔並特頒敕語，如下：〕[132]

129. 至於柳原前光公使，則於11月30日晉見病危的同治帝後，出京赴天津，途經通州被當地人丟石頭洩恨，傷了隨從的頭。為此，總署還派兵護送（《申報》12月25日載）。根據《清季中外使領年表》（頁67），柳原於陰曆七月〔按：陽曆8月3日〕接任、十月十七日〔11月25日〕離任、回國，實際任期不到4個月；餘缺由書記官鄭永寧（Tei Nagayasu）署理，鄭永寧是鄭芝龍、七左衛門後代，曾三度擔任日本駐北京署理公使（1874.11-1875.1、1876.4-1877.9、1878.4-1879.4）。

130. 上海道派唐蔭亭全程陪同大久保一行，由廈門搭上載琉球人墓碑的神奈川丸，於11月16日抵琅嶠、17日參觀石門戰場、18日大久保離臺、26日返抵東京。

131. 日政府於11月9日下令退兵，派東久世通禧侍從長偕同赤松則良來臺、24日抵琅嶠，正式下達退兵令。落合泰藏，〈明治七年牡丹社事件醫誌（下）〉，《臺灣史料研究》第六號，頁113。

132. 原文無此敕語，引自庄司萬太郎著，薛餘譯，〈1874年日本出師臺灣時Le Gendre將軍之活躍〉，《臺灣經濟史八集》（臺灣研叢第71種），頁57。

〔汝利通，有臺灣蕃地之舉，方與清國大生葛藤，奉辦理大臣之重任，經理其事，汝克體朕旨，反覆辯論，遂能全國權，保存友誼。是汝竭臣心，執義〔執意？〕不橈之所致也。不啻安朕心，實兆庶之慶福，其功可謂大矣，朕深嘉尚之。〕

6月底清國使節團來訪，之後駐紮南臺半島的日軍再也沒有任務可出動了。[133]原先與日軍為敵的部落，也已在7月底輸誠，西鄉都督耐心靜候北京傳來是和、是戰的消息。軍中生活雖然單調，但還算可以忍耐，只除了7月間突然爆發的熱病，迅速擊倒大多數的士兵，幾乎無人能逃得過病菌的魔掌。西鄉都督及一位副官是兩位少數完全未染病的例外，絕大多數的官兵或重或輕的感染病毒了，其中有數百人因之死亡，所以不得不由日本補充新的兵源。[134]美國軍官也不例外，克沙勒病情嚴重，幾乎喪命。瓦生則在病情轉劇前，〔於8月中旬〕離臺回日本接受治療，[135]保住小命。瓦生在長崎療病時，平安公使及時在臺灣事件的舞臺上登臺，做最後的演出——平安於瓦生康復、即將赴臺歸隊之際，再度發函勸阻。不過瓦生仍置之不理。

133. 休戰期間，日兵無所事事，衣衫不整的四處亂逛，引起當地人的抗議：「一東人各武士無事時每裸身而行，徘徊於纏布之間，殊不雅觀，〔居民〕甚疾之，遂聯名見稟中將……」（《申報》8月15日載）。甚至於7月11日發生調戲車城婦女、殺人案。為此還由香港請了洋傭兵，赴臺訓練日兵：「駐箚香港之日本領事，特出重聘延西士八人前赴臺灣……大抵〔日〕士卒於營中往往跳蕩拍張，漫無紀律，故請西人收訓習之耳」（《申報》8月11日載）。

134. 日本鑒於殖民兵紀律不佳，乃自8月起遂漸派正規軍接替病死或病倒的薩摩兵。到12月初撤退前，在臺之日軍幾乎已全是正規軍。

135. 10月8日有船返日，《甲戌公牘鈔存》（頁147）：「……內載病兵七百餘人、小工三百餘人，花旗人機慎亦在其中」。由於瓦生於8月中旬離臺，未曾再來，因此機慎應指克沙勒。由病兵、病小工的人數，可知當時臺灣天然防禦網—流行病毒的厲害。臺灣傳統的風土病—霍亂、傷寒、赤痢、熱病，擊敗了歷年強大的入侵者，牡丹社事件取走561人的性命；法國攻臺，奪去千餘法兵之生命；1895年，侵澎的日軍病死了1,257人。即或在2003年4～6月間，自中國傳入的SARS病毒，也在全臺造成了極大恐慌。Eskildsen, p. 251, 256.

清國在12月1日前，即支付給予琉球死難漂民家屬的撫卹銀。12月3日，比條約上載的〔12月20日〕最後撤兵日提早二個多星期，西鄉將軍率所有日軍離臺。[136]離開前，西鄉公告兩則〈諭告琅嶠住民文〉。

第一則文告係針對友善的「土著」發出，全文如下：[137]

「大日本陸軍中將西鄉從道告於琅嶠所在人民：我兵所以來此，嚮已布告，我人民皆體認其意，能為我竭心力以幫助我軍。我軍所向，蕃人慴服。既而清國政府頓生異議，紛紜不決，荏苒度日。今也兩國商議已決，從清國之請，將該地人民歸諸清國。我固知該地人民，視我如親，我實嘉之。自今以降，汝人民等視清國之官吏，猶視我官吏，能奉茲政教，勿敢踰三尺。特此曉諭。明治七年十一月二十日。」

第二則文告發予曾抵抗日軍的部落：

「大日本陸軍中將西鄉從道告于生蕃各社：往歲牡丹蕃殺我琉民於難，大虐無道罪莫大焉。從道僅奉天皇之威命，來問其罪。既而你們悔過改德，稽顙

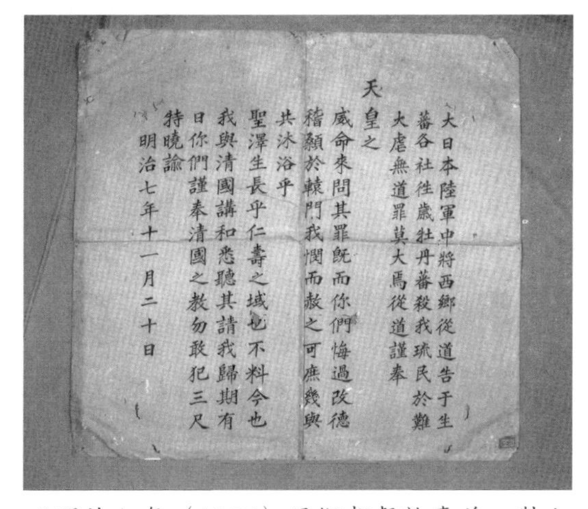
大日本陸軍中將西鄉從道告于生
蕃各社往歲牡丹蕃殺我琉民於難
大虐無道罪莫大焉從道謹奉
天皇之
威命來問其罪既而你們悔過改德
稽顙於轅門我憫而赦之可庶幾與
共沐浴乎
聖澤生長乎仁壽之域也不料今也
我與清國講和悉聽其請我歸期有
日你們謹奉清國之教勿敢犯三尺
特曉諭
明治七年十一月二十日

▲明治七年（1874）西鄉都督離臺前，對山區原住民曉諭文〔國立臺灣博物館提供〕

136. 據大清〈1874年打狗海關年報〉（pp. 146-147），以及《甲戌公牘鈔存》（頁159），西鄉從道於12月2日（陰曆10月24日）搭船離臺（清艦揚武輪發21響禮砲歡送），其餘日船於12月3日完全離港返日。

137. 豪士用friendly aborigines; 但觀乎內容，係針對車城、社（射）寮附近的漢人與「熟番」，故譯為「土著」。根據《甲戌公牘鈔存》（頁152）、藤井志津枝《近代中日關係史源起》（圖片頁4），這兩則都在11月20日發出。第一則為西鄉邀請各莊頭人飲宴，宴中發給。

於轅門，我憫而赦之，可庶幾與共沐浴乎聖德，生長乎仁壽之域也，不料，今也我與清國講和悉聽其請，我歸期有日，你們謹奉清國之教，勿敢犯三尺特曉諭。明治七年十一月二十日。」

12月2日，日軍即將離臺，一大群瑯嶠山谷的土著，以及遠從東部內地來的原住民，齊集海邊歡送。漢人仍以慣常的冷漠表情，默默的注視魚貫登船的日本軍隊。原住民則不然，依依不捨的看著即將遠去的新朋友，這些日本朋友教導他們人道的新觀念，用親切、友善的方式對待他們，視他們為有人性的同類，而非禽獸之流。即便他們真情的流露，可能讓在旁冷眼看戲的西海岸漢人視之為軟弱，但仍不猶疑的表現出來。西鄉都督在幕僚陪同下，登上岸邊小船，原住民一擁而上，緊抓將軍及隨從軍官的手與衣袖，苦苦哀求不要拋下他們，使得維持秩序的士兵不得不以溫和的態度、強行將他們隔開。目睹此景，感性的西鄉為之大受感動，即使原住民以粗魯的方式表達不捨離情，但他知道，與他返日後所受到的更隆重、更輝煌的歡迎場面相比，實在不分軒輊。

12月7日，西鄉總司令在離開日本6個多月後，返抵長崎。27日，他抵達東京，受到盛大的歡迎，並獲授予殊榮。

後續的工作仍持續進行。每個人在自己的崗位做最後的收尾工作，有關人員彙整全案資料作為日後參考的檔案。1875年1月中旬，負責出兵臺灣規劃工作的大隈重信（Okuma Sigenoba〔按：Ōkuma Shigenobu〕），奏請天皇廢除已達成階段任務的「臺灣蕃地事務局」，奏摺如下：

「去年一月重信等奉命提出懲罰臺灣『生蕃』計畫於闕下。四月臺灣蕃地事務局（Formosa Department）成立，重信奉任出掌，指揮一切有關事項。五月都督西鄉從道領軍到『生蕃』之島，撲滅逆我者，而宥其順我者，駐節甚久。同月間，全權公使柳原前光奉派使清，至八月全權特使大久保利通亦奉派彼邦。利通等勤勉專心於所畀之重任。十月與該國達成協定，十一月利通等報告完成其使命。十二月從道凱歸。奉命以來凡八個月。其間對受害者之賠償制度初次確立，而『藩』之地位亦首次確定，對世界各國航海員之安全貢獻良多，而國家的尊嚴威信得而維持。

我軍出發途上，外國使館反加抗議。清廷立即派使前來，所攜來書信文意與原來者大相逕庭。而政治異議份子開始疑惑政府所採取方策當否，有的則討論軍資之缺乏等，社稷為之危矣。

重信等負此鉅責，枵腹從公，惟恐不能勝任。幸而陛下睿智，廟議一決，大軍待發，無論都市農村，百姓均體認帝國之目標，有的志願為國捐驅，有的出錢捐助遠征，軍官民上下一致，懲伐『生蕃』之舉乃能成就。吾等毋需因採此手段，而有愧於外邦，蓋因功績彪炳，實震古鑠今。

倘若因民眾流言之甚，我等躊躇或召兵回來，而所受損失不能得補償，則屬『藩』之地位不能確保，全球海員的安全亦不能受保障，搶劫之島將永存於世。如是，則不但為世界各國所輕視，且成為國運頽落之跡象。因此，懲罰『生蕃』一事，實包羅許多重要考量。

臣竊祈陛下仍繼續強毅熟慮，秉持前事不忘、後事之師，策擘未來，則聖慮無邊，將不止於懲罰『生蕃』而已矣。」

▲位於車城的「西鄉都督遺跡紀念碑」（上）（今已不存在）石門古戰場（下）〔《臺灣慣習記事史蹟調查（二）》；陳華民翻拍〕

即使到最後的階段，外國公使仍無法抗拒表達不贊同日本某些做法的誘惑，雖令人遺憾，但不讓人驚訝。大隈重信在奏摺中稱「外國使館反加抗議」，是鐵的事實，而且不只一次強行干涉日本的行動。眾所周知，整個事件過程中，外國公使不斷的抗議，尤其其中有位公使的所作所為，不只是「抗議」（remonstrate）而已[138]。如今，公使團得知大隈的奏摺對其有所批評，於是群起要求日本政府解釋何謂「外力干涉」？何謂「外國使館反加抗議」？假如容許我透露他們表面上冠冕堂皇的抗議理由，以及私下需索無度的要求，瞭解之後的人，一定對他們的表裡不一、「滿口仁義道德、滿腹私利私益」的劣行，感到不恥。

掀起風波的大隈重信在公使團的壓力下，致函太政大臣三條實美（Prime Minister, Sanjo〔按：Sanjō Sanetomi〕）[139]，內容如下：

「重信上稟天皇之奏摺，內載『在我軍隊出發途上，外國使節反加抗議』字句，太政大臣在外國公使要求下，囑重信詳予解釋乙案。茲有必要聲明外國使者並未抗議日軍出兵臺灣，惟某些公使基於各該國與清國之條約關係，在不瞭解日本出兵是否造成與清國產生敵對狀態之前，須抗議日本僱用各該國所屬船舶或公民參與出兵行動。」

和談協商的最後階段，日本與清國採取相當不同的對應方式。清國當局竭力避免外界瞭解整個協商過程，她的機關報——《京報》（*The Peking Gazette*）直到日兵撤出臺灣，都未曾有隻字片語提及日軍曾到過臺灣，也未

138. 豪士暗批英駐日公使巴夏禮對日本的強行干預。
139. 三條實美（1837～1891），1871～85年任太政大臣；1885年行內閣制，轉任內大臣；1889年一度兼任總理大臣。他屬中間派，行事優柔寡斷，在「征韓論戰」決裂時，曾陷於精神錯亂狀態。《日本歷史辭典》，頁10-11；Janet Hunter, *The Emergence of Modern Japan*, pp. 212, 353.

▲沈葆楨奏請為朱〔鄭〕成功建祠摺〔取材《臺灣史料集成》；陳政三翻拍〕

▲1875年恆春設縣之印記：「新設恆春縣兼管招撫事務之鈐記」〔伊能嘉矩《臺灣蕃政志》（1904）；陳政三翻拍〕

提到日本質疑大清對臺灣的主權。有耳語云清國同治皇帝直到1875年初逝世之前，完全被主談的總理大臣矇在鼓裡。[140]

大久保離清、西鄉撤兵後，清國的報紙大肆報導日兵已被清軍擊潰、退回日本，也刊登類似日本認錯並納貢物等不實之消息。即連日本政府基於人道立場、在9月頒發保護清國住日本的僑民命令時，也被清國官員視為日本亟思以這種手段，爭取協商的順利進行；尤有甚者，有人還認為這是日本深恐清國中止兩國貿易的示好行為。

140. 10月31日清日簽約當天，恭親王等人即將事件過程、互換條約、憑單上奏。不過當時因病（性病或天花）已病危的同治帝早已不聞政事，所批「依議」或「覽」，應是出自兩宮太后囑意，而非出自同治硃批。

1874年12月底，福州官員強迫一艘那霸來的貿易船，偽稱為琉球王派來的朝貢船，在福州海關前舉行呈獻禮物的儀式，以藉此重申清國為琉球的宗主國之地位。消息傳回日本，當局咸信北京政府將很快的否認這種錯誤的行為，所以不至於有任何後遺症。[141]不過，日本政府仍命琉球王派代表到東京提出說明，並著手調查。直到1875年4月，該案尚在調查中。[142]

清國軍隊在日兵撤離後，迅速的毀掉足以彰顯日軍曾到過琅嶠半島的痕跡。1875年初，為表示他們擁有琅嶠的主權，清國官員匆忙巡視半島西海岸一帶，卻避開深入內山。沈葆楨實地走訪後，上奏朝廷，建議臺灣應依地理位置及實際需要，調整組織架構，福建巡撫應移駐目前地位更重要的臺灣，而非仍與閩浙總督同在福州、功能重疊。[143]

為宣示對琅嶠地區的統治權，清國派了〔王開俊營〕一支軍隊進駐楓港。楓港坐落在琅嶠灣稍北，是個不至於遭到原住民攻擊之地。但1875年1月底，兩位軍官於南行途中遇伏被馘首，清軍立即展開報復，於2月13日派遣200名軍隊攻打犯下暴行的部落。[144]軍隊安抵目標地，發現該部落只剩老人、婦女、小孩留守，憤怒的清兵將老弱婦孺全部屠殺殆盡、縱火燒村，然後向楓港撤退。行沒多遠，即遭埋伏的原住民戰士的狂擊。據說，清軍的指揮官十分勇猛、

141. 依據《清日臺灣事件專約》，大清等於間接承認了琉球人為日本之屬民，從此喪失了宗主國的地位，也讓日本加速推動併吞琉球之「琉球處分」。

142. 即使日清簽約後，琉球仍未中止朝貢清國，1874年11月30日，琉球王派貢使國頭親雲上，從那霸使清。1875年3月，琉球遣使赴東京，但其貢使仍照例赴北京朝貢；同年6月20日，貢使帶回同治崩殂的白詔及光緒帝即位的紅詔。

143. 沈葆楨於1875年1月30日率員由臺南出發，2月1日宿東港、2日宿枋寮、3日宿風港、4日抵車城、5日與夏獻綸、劉璈會勘猴洞建城所在地，建議改名為恆春，6日搭船返回臺灣府。《恆春縣志》，頁41-43。

144. 據方濬頤的資料，日期為元月穀（五）日，換算成陽曆，應為2月3日；羅大春記為元月八日（陽曆2月6日）；〈1875年打狗海關年報〉記為2月13日，士兵500名，被殺的是兩位平民。《清代臺灣關係諭旨檔案》8冊（頁227）記為「剌桐腳鄉民被生番戕害」。這個部落是獅頭社，又稱獅子頭社，在今屏東獅子鄉獅子村，屬上十八社，又分為內獅社、外獅社。

沉著指揮應戰，[145]但他的部下卻驚慌失措，以致軍心不穩。狂怒的「生番」以弓箭、鐵矛、火繩槍攻擊，並居高臨下拋擲石塊，宛如一場「提洛爾式的戰爭」（Tyrolean Warfare），[146]然後拔出番刀衝下山谷，追殺殘存的清兵。據瞭解，包括那位指揮官在內，共有超過90位清兵戰死、「生番」約死30名。[147]這件慘劇，終結了清國首度試圖將統治權伸進原住民地區的努力。[148]

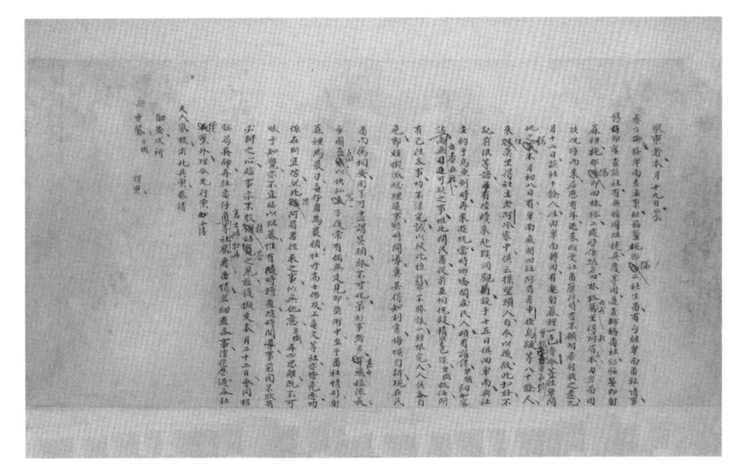

▲光緒元年（1875）恆春知縣覆陳琅嶠、卑南一帶「番社」情形〔國立臺灣博物館提供〕

145. 這位英勇的指揮官是游擊王開俊（王玉山），淮軍唐定奎部屬，提督羅大春的兒女親家。據〈1875年打狗海關年報〉，清軍燒村時，該社已空無一人。而且係清軍主動攻擊退至山區的原住民。

146. Tyrol位於奧地利西部、義大利北部的阿爾卑斯山脈內。

147. 羅大春《臺灣海防並開山日記》（頁45）載，此役清軍死者97名；方濬頤〈淮軍平定臺灣番社紀略〉載（羅大春，頁70），清兵死百餘人；〈1875年打狗海關年報〉（p. 230）共約250名士兵陳屍森林，約50名倖存者逃回。

148. 為此，1875年2月27日（光緒元年正月二十九日），沈葆楨下令征剿，至光緒元年四月十六日（陽曆5月20日），唐定奎親自督戰，攻下內、外獅頭社。此役折損不少人馬，提督張光亮染瘴癘死於軍中、提督王德成染病退伍。據該年打狗海關年報，援臺萬餘北兵（淮軍）中，不含苦力、差役的9千名官兵，在7、8月撤回大陸時，已有1,485名官兵命喪南臺。

第三十七章　東方小太陽的困境

1875年4月，隨著一年前成立的「臺灣蕃地事務局」的解散，「臺灣出兵」行動（the Formosa expedition）終於全部落幕。原先該機關處理之事務，已移交由其他單位接管。

據瞭解，日本政府正著手整理清日交涉過程詳細的各種官方資料及歷史文件，用來佐證所採策略、立場的正確性與正當性，以及如何導致最後的光榮成果。即連相關的備忘錄也詳予蒐集。這些資料的彙整，主要在彰顯這個亞洲新興帝國未來，有能力積極涉入國際事務的兩項重要事實：

第一：日本展現足以掌握國內外重大公共議題的能力，將本身推向世界舞臺。

第二：她獨立自主的高舉正義大旗，以穩定、精明、勇氣、尊嚴、堅強的態度，達成不輸任何先進國所能完成的光榮任務。

日本基於人道考量，以不移的決心、堅毅之精神、冷靜的判斷，在正確的時機推動「臺灣事件」（The Formosa enterprise），即使稱不上是規模很大的行動。即使西方國家，也未必能用如此細緻、如此靈巧的手法，在兼顧己方與對立國兩者利益下，來解決雙方歧見。如此作法須具備絕佳的外交技巧及政治能力，執行該計畫之人士已足以躋身世界領導者行列。

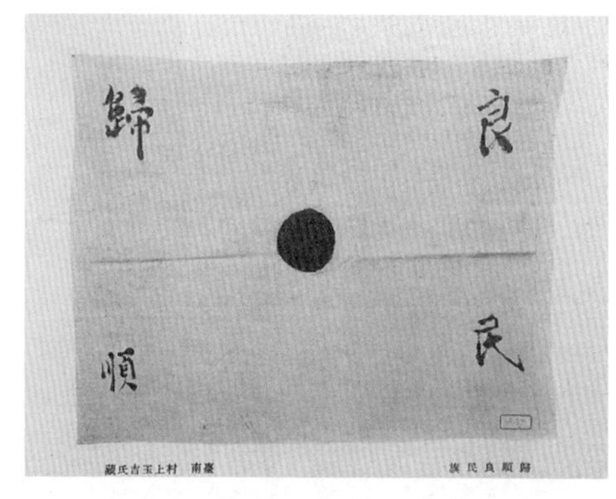

▲1895年日本接管臺灣，發予平民之「歸順良民旗」〔《臺灣史料集成》；陳政三翻拍〕

這樣的表現，已非日本領導階層的第一次演出、也不只是第二次了。但又為何不被世界所認同呢？恐怕得花大篇幅，才能解釋兩個理由——第一：西方社會漠視日本的國民性及全民的期望。第二：西方列強對日本政府施政能力的固有誤解。這種誤解大都來自駐日公使團，他們常抱持不正確的觀念，或出自負面的認知，或出自惡意的自私企圖。於是，日本常被外國勢力視為既奇怪又有趣的問題；有時被當做怪異的話題；或是一個遠在天邊的怪物；又像個被縱容的小孩，偶而可以抱一抱，但卻從不去真正的試圖瞭解。有的公使認為日本像隻寵物；有的認為是惱人的拼圖遊戲；有的則視之為代罪羔羊，隨時可拿來當擋箭牌或出氣筒。整體而言，日本被視為類似尚長不大的「玩具國家」（toy nation），一邊還在嬉戲，一邊漫不經心的倣效文明國家的制度。

假如日本遭受足以動搖國本的大危機，而尚能苟延殘存，在一旁觀看、沾沾自喜的西方國家，或許只會拍拍百廢待舉的日本之背部，聊表嘉許。過去6年來，日本不斷克服難關、獨立奮鬥，但從沒得到列強任何讚佩之詞，也沒有任何發自誠心的鼓勵，更遑論發自肺腑的認同了。有點悲哀，且甚為遺憾的是，當日本突然懷持高尚理想、出兵臺灣時，不但未得任何外國之協助，反遭不斷的打擊。那些西方強國完全沒有一句口頭祝福，猶如對路旁快餓死的人，吝於施捨些許食物。

我們可以輕易的找出西方公使蓄意插手干涉的無數例子，臺灣事件突顯太多的個案，這也是日本無法獨立行使主權、自由自主發展的第二個原因。各國公使強制性的干預，無所不在，而且只要他們高興，也隨時隨興在演出。在他們共犯結構情況下，任何試圖指控其濫權行為，必定遭受無情的打擊，但如果針對臺灣事件詳加調查，那麼必然將使某位公使尷尬不已。

15年前，日本在被迫下，與西方列強建交、締約，但也因此喪失了本身的自主性。[149]當時日本甫經討幕戰亂，沒有能力預見這種不平等關係，竟然是無

149. 1853年美海軍提督培理（M.C. Perry）率艦叩關，史稱「黑船事件」。1854年，培理再至，幕府被迫簽訂《日美親善和約》（又稱《神奈川條約》），內有最惠國條約及領事裁判權，為日本不平等條約之始。1858年日本與列強簽訂《安政五國條約》。

法擺脫的桎梏。早期，日本是在迫不得已、且不知後果嚴重性下，放棄了獨立自主性；而現在，日本知道後果的嚴重性，卻擺脫不掉外國公使的擅自決定日本的內外大計。不熟悉日本的讀者或許很難相信下面的事實：為了怕來自外國公使的質疑、抗議、好管閒事的建議，以及可能推翻已定案政策之威脅，日本政府無法不受干擾地宣佈或推動任何國內政策；至於外交方針，更是毫無發言權及獨立行使之自由。正因為如此，日本被迫將所有重要政策置於曖昧不明的狀態，直到達成，才敢向外宣佈。但即使自我保護的守密，也常招來不斷的責難。

美國駐日公使插手干預臺灣事件已為外界周知，這個個案充分暴露日本在過程中，所必須面對或大、或小的干擾。事實上，平安公使絕非唯一伸出干擾黑手之人，他只是比較不懂掩飾之道而已。有充分的證據可證明其他公使不友善的野心，假如有必要、且允許將這些醜行曝光的話。簡而言之，外國使節團長久以來，一直認為日本必須由他們來操控。或許聽起來太可笑了，但在某些領域，日本長久以來的確在外國勢力的控制下。日本與各國第一次訂定的不平等條約，內容即有領事裁判權的規定，各國公使從此即毫不躊躇的濫用這種權利。150

▲首任臺灣總督樺山資紀海軍大將〔陳政三翻拍〕

公使團也透過傳聲筒，不斷的宣示其威脅，藉以控制日本，即使最後無法改變日本政府的決定，但已足以讓日本國之顏面盡失、傷痕累累。擔任傳聲筒角色的報紙，每天都毫無保留的宣示公使的旨意，支持這種論調的外僑浸淫在此類輿論下拍手叫好，還加油添醋。最近甚至有個可笑的意見，「輿論」認為任何天皇的命令，都必須在公佈前先知會

150. 日本直到1911年8月，才與列強達成簽訂完全平等條約。

外國公使團，否則將被視為「非官方的」皇命。類似情況所在多多，但卻不容久存。不過，公使團卻視之為國際禮儀，所以有違儀式者，通通不對，也必須立即去除。他們甚至透過報紙，批評日本主權者抗拒自由化、抗拒改革，充滿開倒車的心態。

如此惡意批評，完全無的放矢。有史以來，日本從沒有像現在，那麼有意推動改革；但在推動改革之前，必須讓她擁有自由意志。目前外國勢力要求日本必須放棄從6年前〔1868年〕明治維新以來，所有建立的新制度，而且不容許有修改條約的念頭。公使團心中的條約，只不過意味著日本更進一步的退讓，企圖再奪取日本已不可能再讓步的新特權。這些作為，只不過在日本逐漸朝開放的道路途中，不斷丟下荊棘而已。假如日本可以馬上恢復自主權，不會也不可能故意延誤與外國的往來、貿易；但這非外國公使團所樂見，他們只在意自己國家的一國之利，不會在乎日本的死活。某些國家深深倚賴快速擴張的貿易，不樂見日本改變現狀。某些國家則盲從並附合其他強國的胡做非為。除了極少的個案，所有的公使幾乎可以對日本頤指氣使、橫加干涉，這些又在在造成阻礙日本進步的惡性循環。

▲17世紀上半鼎盛期的熱蘭遮城與安平古港
〔取自《De Hollandens op Formosa, 1624～62》；陳政三翻拍〕

雖然這種情形不至於持續永久，但自稱文明國家者卻甘溺於特權享受，而且似乎不可能自動放棄。臺灣出兵是個顯例，它突顯了偉大的美利堅共和國的代表，如何不知節制的干涉基於人道立場的遠征行動。幸好，美國公使失敗了，最後的結果，顯示這個勇敢的新興小國，即使孤獨無援、卻又能對抗西方強權的折磨。

這樣的結果對於日本往後的發展有何影響？假如西洋大國的正義感可以壓過貪婪；假如可以稍稍抑制私慾，接納日本進入現代化國家之列；假如外國公使的慷慨直覺沒被偏見、頑固、自負所淹沒，那麼透過整個臺灣事件的發展與結果，或許可將日本導向更佳、更健全的途徑。

附錄

琅嶠下十八社對照表

陳政三

李仙得於1867年11月8日寫給美國駐北京公使浦安臣（Anson Burlingame）之報告，所使用的部落名稱：[1]

豬勝束社（Telassok）、牡丹社（Bootan）、牡丹中社及禮乃社（Hwan）、加芝來社（Ca-che-li）、高士（仕）佛社（Cu-su-coot）、八磘（瑤）社（Pat-ye-ow）、四林格社（Cheu-a-kiak）、竹社（Duk-se-ah）、痲（貓）仔社（Ba-ah）、[2]文率社（Bomg-hoot）、射痲裏社（Sa-bo-ou）、平埔族（Pe-po）、猴洞社（Kow-lang）、龍鑾（巒）社（Ling-miano）、龜仔甪社（Koalut）。

克沙勒（Douglas Cassel）備忘錄有關「番社」的資料：[3]

1.現存美國國家檔案局，USNA: CD, Amoy, M-100, R-3。參閱James Davidson, *The Island of Formosa*, p. 119; George Carrington, *Foreigners in Formosa, 1841-1874*, pp. 160-168；黃嘉謨，《美國與臺灣》，頁215-222。

2.據根據House（p. 114）上地圖Ba-ah的位置，以及他發表於1874年8月17日*N.Y. Herald*的報導，「Ba-ah位於社寮東邊、竹社南邊的山區中間」，指的應是貓仔社。Douglas L. Fix, p. 37.

3.由於書寫解讀不同, Robert Eskildsen 引述的部落、酋長（頭人）名稱在前, Douglas L. Fix 在後面〔〕內：如只列一個名稱，表示兩版本相同。Robert Eskildsen, edited, *Foreign Adventure and the Aborigines of Southern Taiwan, 1867-1874*（Taipei: Institute of Taiwan History, Academia Sinica, 2005）p. 255; Douglas L. Fix, "Political Economy on the Hengchun Peninsula, 1850-1874," pp. 35-36.

部落（Name of tribe or village）	戰力（Number of fighting men）	酋長（頭人, Name of chief）	對日軍態度（Character）	備註（Remarks）
牡丹社—Boutan	250	Ah Lok（阿祿、阿祿古）[4]	壞（Bad）	頭人與其子都在石門之戰（battle of Stone Door）陣亡
射麻裏社—Savolee〔Savalee〕	220	Issa（一色）	友好（Friendly）	出席日軍會議
高士佛社—Kussikuts	190	Tu-ne-mot	壞	牡丹社同盟
文率（蚊摔）社—Mang-tsuit〔Mong-tsuit〕	175	Kalu-Toy（加禮帶）	友好	出席日軍會議
加芝來社—Kuchilai	165	T'su-lu〔Tsu-lui〕（溫朱雷）	無害（Harmless）	附屬於射麻裏社
八之慝社或八磯社—[5]Pah-ting-he〔Pak-ting-he〕	160	Ah-wong		位於赴射麻裏社途中
巴龜角社—Pah-Kolut	155	Sin-Gio（辛曉）		
射不力社—Sia-Polit	142	不詳		北方部落
獅頭社—Ohsuan-tow	130	不詳		北方部落
羅（老）佛社—Loh-put〔Lok-put〕	126	Lu Vin（魯孟）	勞動工人（Working people）	村舍半數「生番」、半數漢人（village half savage and half Chinese）

4.阿祿古的族名為Arugu・Kavulugan；豪士記為Alok；瓦生書為Ahluk, 一般譯作阿祿，但照排灣語譯為阿祿古或更正確。

5.《甲戌公牘鈔存》，頁60載為「八之慝」；即鳥居龍藏稱的八磯社。

部落（Name of tribe or village）	戰力（Number of fighting men）	酋長（頭人, Name of chief）	對日軍態度（Character）	備註（Remarks）
四林格社—T'chin-a-kay [Tchim-a-kay]	120	不詳		
龍鑾（巒）社—Ling Luan	114	Pin-ah-lee（兵也來）	友好	出席日軍會議
貓（麻）仔社—Biah	90		友好	半漢半「番」（Half Chinese, half savage）[6]
八磘（瑤）社—Pagu	86	不詳	壞	可能與牡丹社結盟
豬勝束社—Tuillasok [Tuillasock]	74	Mun-Kat (潘文結)[7]	友好	出席日軍會議
猴洞社—Kau-Tang	60	Ah Lum [Ah lam][8]	友好	半漢半「番」
竹社—Tik-Sia	53	Tsu Lui (溫朱雷)[9]	壞	漸轉友好（Became friendly）
龜仔甪社—Koalut	50	Pallaleem [Pallalum] (巴也林)[10]	壞	漸轉友好
合計	2,360			

6. 如果Biah是八瑤社，則不可能「半漢半番」。

7. 當時頭人為朱雷（小卓杞篤）；Mun-Kat指潘文結，說法有誤。

8. 猴洞頭人為陳阿三, Ah Lum或Ah lam可能是Ah Sam之誤。

9. 指的不是友日的朱雷（小卓杞篤），而是加芝來社的溫朱雷。水野遵所列竹社頭人由傀角仔（龜仔甪）頭人巴也林兼任。不過龜仔甪與竹社距離太遠，不知可有誤？《甲戌公牘鈔存》，頁101。

10. 水野遵稱Payarin；落合泰藏稱Bararimu.

Edward House的部落與戰力對照表：[11]

部落	戰力	部落	戰力
牡丹社（Botan）[12]	250	羅（老）佛社（Loput）	126
射麻裏社（Sawali）	220	四林格社（Chinakai）	120
高士佛社（Kusukut）	190	龍鑾（巒）社（Lingluan）[13]	114
文率社（Mantsui）	175	貓（麻）仔社（Baya）[14]	90
加芝來社（Kuchilai）	165	八磘（瑤）社（Peigu）	86
八之甂社（Patingi, 八磯社）	160	豬勝束社（Tuilasok）	74
巴龜角社（Pakolut）	155	猴洞社（Koatan）	60
射不力社（Siapuli）	142	竹社（Chicksia）	53
獅頭社（Osuantao）	130	龜仔甪社（Koalut）	50

註：出席1874年6月9日的各社頭人有——射麻裏社的頭人一色（Isa）、文率社的加禮帶（Kalutoi）[15]、巴龜角社（Pakolut）的辛曉（Sinjio）[16]、羅（老）佛社（Loput）的魯孟（Lulin）[17]、龍鑾社（Lingluan）的兵也來（Pinali）[18]、豬勝束社的Minat，以及龜仔甪社頭人派的代表。[19]

11. Edward House, *The Japanese Expedition to Formosa*, p. 105—《征臺紀事》第十八章。

12. 第十三章（原著, p. 73）稱「最初估計擁有250名山地戰士，稍後發現太高估了對方，他們只約有70名左右（The mountaineers were at first estimated to have been two hundred and fifty in number, but this was subsequently found to be a great exaggeration. They were about seventy）」，似指參予戰鬥的牡丹社戰士只有70人。此表列在第十八章（House原著p. 105），牡丹社擁有戰士250名。對照其他人，如何恩（James Horn）、李仙得、克沙勒、水野遵的估計，也約有200多人。牡丹社總人口數，水野遵估計共有400人，應包括爾乃（女仍）社。

13. 《恆春縣志》頁100、105稱龍巒社；頁108載稱龍鑾社；頁311記為龍鑾社。

14. 譯註者原解讀Baya為「八瑤社」；根據House（p. 114）上地圖Ba-ah的位置，以及發表於1874年8月17日*N.Y. Herald*的報導，「Ba-ah位於社寮東邊、竹社南邊的山區中間」，指的應是貓（麻）仔社，發音ㄇㄚˇ仔，為「山貓」之意。因此，原解讀為「內八瑤社」的Peigu，修正為八磘（瑤）社。Douglas L. Fix, *op cit.*, p. 37.

15. 克沙勒稱頭人為Kalu-Toy；水野遵稱加禮帶（Karitai）；落合泰藏稱Karutō.

16. 克沙勒稱Sin-Gio，落合泰藏稱Shinshā；水野遵則稱該社頭人為冷目（Ranmu），而辛曉（Shingiyou or Shingyō）則列為貓仔社頭人。

17. 克沙勒稱的Lu Vin, 水野遵稱的魯孟—Ruume, 落合泰藏稱的Rūban.

18. 克沙勒稱Pin-ah-lee；水野遵稱龍蘭社的兵也來（Pinnarai or Hinnarai）；落合泰藏稱Piranai.

19. House, p. 142；本書第二十四章。

大事記

陳政三考證、撰稿

西元1867年（清同治六年）

※3月12日　12日美國羅妹號（*Rover*）商船在墾丁南方七星岩觸礁失事；13日韓特船長（Capt. Hunt）及夫人、汕頭籍船員共13人被龜仔甪社人殺害；只有1名叫Teh-kwang的廚師脫險。

※4月上旬　美駐香港領事亞倫（Isacc J. Allen）建議國務院派兵奪占臺灣。

※4月中下旬　美駐廈門領事李仙得（Charles W. Le Gendre）來臺處理羅妹號事件，無功而返。

※4月23日　總理衙門咨行閩省：「生番雖非法律能繩，其地究係中國地面，與該國領事等辯論，不可露出非中國版圖之說，以致洋人生心。」

※6月13日　美艦哈特佛號、懷俄明號攻打龜仔甪社，麥肯吉少校陣亡，無功而返。

※8月間　⑴李仙得赴北京，偕美公使蒲安臣向清廷提出強烈抗議，並威脅「如清政府不承擔責任，則無妨讓英國人佔領臺灣」。⑵8月3日，必麒麟（W. A. Pickering）與何恩（James Horn）從打狗出發，赴龜仔甪社附近搜尋韓特夫婦遺骨、遺物，探知卓杞篤為十八社大頭目；並救出因船難遭豬勝束社囚禁的8名巴士島人（Bashee）。

※9月4日　李仙得乘坐閩浙總督吳棠（Wu Tang）的專艦義勇兵號（*Volunteer*）抵臺灣府，並帶來嚴飭總兵劉明燈進剿「番地」的命令。

※9月10日　劉明燈率500兵由陸路起程，9月23日進駐琅嶠（今恆春、車城一

帶）。李仙得稍後偕南路海防兼理番同知王文棨至枋寮，9月12日在該地遇到由「番地」探險回來的必麒麟，遂邀必氏擔任翻譯。

※10月10日　李仙得於出火山（Volcano）會晤卓杞篤及琅嶠十八社頭目，達成口頭友好協定。是為「第一次李卓會談」。

※10月中旬　劉明燈在李仙得堅持下，在大樹房（To-Su-Pong, 今恆春鎮大光里南灣後壁湖漁港附近海邊）建構砲臺。

※10月26日　李仙得搭義勇兵號由打狗出發返廈門。

西元1869年（清同治八年）

※2月28日　李仙得來臺，於本日與卓杞篤再度會面，雙方簽訂書面的「親善盟約」。是為第二次「李卓會談」。此行，李仙得曾拜訪射麻裏社（Sawali, 今屏東滿州鄉永靖村）頭目一色（Isa），同行的仍有必麒麟及打狗關英籍稅務司滿三德（I. Alex. Mann）。不過，他發現大樹房的砲臺已被棄置。

西元1871年（清同治十年）

※12月17日（陰曆11月6日）　琉球宮古島山原號船在八瑤灣失事（陰曆11月6日），54名漂民被高士佛社及牡丹社民殺害（11月8日），餘12人獲「番割」收容，12月29日送至臺灣府（臺南）。1872年1月10日轉至福州，同年6月7日返抵那霸。

西元1872年（清同治十一年）

※3月4日　李仙得第三度會見卓杞篤，查詢山原號屠殺案。

※8月31日（陰曆7月28日）　鹿兒島參事大山綱良上奏天皇，建請出兵臺灣懲兇。

※10月15日　日本冊封琉球王尚泰為藩王，列為侯爵、賜邸東京、賞日圓3萬。10月29日，日本派4名外交官駐琉球，代辦一切外交事宜，

並照會各國公使。

※10月19日（陰曆9月18日）

美駐日公使德朗（C. E. De Long）照會日本外務省，聲稱美國承認琉球為日本的一部分。

※10月25、27日 李仙得兩度會晤外務卿副島種臣。12月12日李仙得正式辭去美國官職；12月28日獲天皇任命為外務省二等出仕（二等官）。

※11月3日 副島種臣在內閣提出「臺灣問題意見書」。

西元1873年（清同治十二年、明治六年）

※1月1日 明治六年元旦起，日本改行陽曆。

※3月8日 日本小田縣佐藤利八等4人漂至馬武窟（臺東東河鄉東河村），遭搶，獲卑南漢裔頭人陳安生庇護，輾轉至旗後、福州，回到日本。成為日方出兵牡丹社藉口之一。

※4月30日 副島種臣與李鴻章在天津交換前年所訂之中日修好條約批准書。

※6月21日 總署值班大臣毛昶熙、董恂接見柳原前光，把臺灣原住民居地說成「化外之地」、「政教不及」之失言，讓日本取得征臺之口實。

※7月7日 琉球遣使向日外務省請求取消征臺。

※8月底～12月初 樺山資紀第一次來臺偵察。

※10月25日 「征韓派」（武斷派）被「內治派」（內政派）鬥垮，副島種臣隨西鄉隆盛等辭職。

西元1874年（清同治十三年）

※1月18日 日本內閣會議討論征臺問題。

※2月1日 佐賀之亂，至3月1日平定。

※2月6日 大久保利通、大隈重信於內閣會議提出「臺灣蕃地處分要略」。內閣會議決定征臺。

※3月9日　樺山資紀搭乘春日艦抵打狗（高雄）。
※3月27日　樺山、水野遵至琅嶠、柴城探查。
※4月3日　大隈上奏明治天皇，提議征臺。
※4月4日　日本設「臺灣蕃地事務局」，陸軍少將西鄉從道升為中將，並出任蕃地事務都督。
※4月5日　大隈重信出任臺灣蕃地事務局長官。陸軍少將谷干城、海軍少將赤松則良為參軍。
※4月8日　任命李仙得為蕃地事務局准二等出仕、福島九成少校為首任駐廈門領事。
※4月9日　英駐日公使巴夏禮照會外務省，質詢日本征臺，4月13、16日兩度提書面照會警告日本。
※4月10日　天皇召見李仙得、克沙勒（Douglas Cassel）、瓦生（James R. Wasson）等外國傭兵，特賜李仙得一把武士刀。
※4月13日　(1)巴夏禮聲明英國局外中立。(2)任命李仙得為臺灣輔導都督。(3)設臺灣蕃地事務局長崎分局。
※4月14日　(1)木戶孝允辭文部卿及代理內務卿職位，抗議征臺事。(2)《申報》（第599號）首次報導日軍侵臺消息，比清中央官員早知道4天。
※4月18日　(1)美平安公使聲明局外中立。(2)英駐清公使威妥瑪派梅輝立持函會晤董恂，詢問清國是否知道日本出兵臺灣乙事。清國於本日才第一次正式知道征臺事。
※4月25日　(1)日閣議決定中止出兵臺灣。(2)李仙得函平安公使，反駁禁止令。
※4月27日　西鄉從道下令強行出征，有功丸於本日出發，先航廈門，大隈與趕到阻止出兵的金井內吏竟同至碼頭送行。
※4月27日　有功丸駛離長崎，5月3日抵廈門。
※4月間　夏獻綸督軍攻打彰化犁頭店（今台中市南屯）大角頭廖有富。
※5月2日　日將谷干城、赤松則良率1,000兵，搭日進、孟春艦，以及運輸船三邦丸、明光丸自長崎出發赴臺。

※5月4日　福島九成領事向廈門同知李鐘霖遞交西鄉從道征臺照會，請其轉交遠在福州的閩浙總督（5月8日才轉達）。

※5月5日　⑴5月5日有功丸離廈門赴臺；次日晚間抵琅嶠灣。⑵蘇松太道（上海道）沈秉成照會日本駐上海領事品川忠道，詢問日本是否出兵臺灣。

※5月6日　有功丸於晚間抵琅嶠灣。

※5月7日　⑴日軍有功丸派出斥候與李仙得在社（射）寮、車城一帶之舊識接觸。⑵日軍軍官與美籍傭兵克沙勒、瓦生、《紐約前鋒報》記者豪士（Edward House）上岸勘察地勢及紮營地點。⑶太政大臣三條實美致電於長崎的大隈重信，令其解僱英人布朗即與英船約克夏號解約。大隈立即進行購買、租用其他洋船、日船事宜。⑷外務卿寺島宗則拜訪平安公使，解釋克沙勒、瓦生兩人因程序上的耽誤，來不及阻止已出發。

※5月8日　⑴閩浙總督李鶴年接到西鄉從道出兵琅嶠的照會。⑵外務卿寺島宗則拜會英公使巴夏禮，告知日本出兵的消息，兩人不歡而散。⑶《申報》（第620號）「譯東洋中華兩國近事」，確定日軍征臺消息可信無疑；反之清廷中央還被蒙在鼓裡。⑷日軍先頭部隊登陸琅嶠。

※5月9日　⑴英駐打狗代理領事額勒格里與英大黃蜂號砲艇船長賈美綸訪問社寮日營。⑵枋寮千總郭占鰲密探日營動靜。

※5月10日　⑴日進號、孟春號兩艘日艦及三邦丸、明光丸兩運輸船，上載千餘名士兵，由谷干城、赤松則良率領抵琅嶠。⑵李鴻章於〈論日本圖攻臺灣〉奏文，首度向總署推薦沈葆楨為專辦處理日軍侵臺事件負責人（5月17日〈論布置臺灣〉第二度推薦）。⑶清軍探報，福島九成於本日偕同3名日官入內山，賞豬朥束社頭人小卓杞篤銃3枝、刀1把、紅綾花手巾等物。⑷千總郭占鰲再訪琅嶠至日營查探。

※5月11日　⑴清總署致日外務省照會，詢問日本是否如外傳出兵臺灣？並強調「生番」地實係清國所屬。照會由總署僱用的英籍人士帶往

日本，但此人在上海耽誤近一個月，故於6月4日才送達日本外務省；而寺島宗則又故意拖延至7月15日才回覆。⑵閩浙總督李鶴年發出第一次致西鄉從道照會，要求日本撤兵。

※5月12日　英駐打狗領事額勒格里，面報臺灣道夏獻綸有關日軍登陸琅嶠事。夏氏這才知道此事，轉而緊張，請求福州派撥火輪船來臺；並請在彰化剿辦「廖有富之亂」的總兵張其光，調撥一營至鳳山駐紮。

※5月13日　枋寮千總郭占鰲親到日營探查，被日兵阻擋，不得入營。

※5月14日　⑴清廷派沈葆楨以巡閱為名，赴臺灣「生番」一帶察看，相機籌辦。⑵北京《京報》刊載琉球王尚泰為表示感謝清方救助琉球漂民，派人至福州贈送300兩謝銀給福建省官吏。

※5月15日　日軍代表第一次會晤保持中立的射麻裏、豬勝束等社頭人。

※5月17日　⑴西鄉從道不聽政府阻止，率高砂丸、大有丸、明光丸、新組約輪由長崎出航，逕往臺灣。史家稱為「西鄉暴走」。⑵清總署照會美代理公使衛廉士（S. W. Williams）：「請禁阻李讓禮（按李仙得）等借租人、船予日本前往番地。」

※5月18日　⑴日兵6名在雙溪口、四重溪間被襲，殖民兵班長北川直征被殺。⑵今日起颱風來襲3～4天。

※5月19日　⑴琅嶠暴風雨，日軍清港浦被水沖入，日軍分兩營屯紮，一至統埔莊外，一至龜山頂。⑵日本正式宣布發動「征臺之役」。⑶日本駐清公使柳原前光離東京赴任。

※5月20日　美駐北京代理公使衛廉士照會總署：美兵船照例不借用他國；李讓禮租船乙事，應由美駐日使臣管束。並暗批清廷未派公使駐日，只靠咨報新聞紙所傳，恐難憑信。

※5月21日　⑴清廷廷諭：派福建布政使潘霨馳赴臺灣幫同沈葆楨。⑵福島九成、吳碩（日書記官）搭孟春艦抵臺灣府。⑶安平協副將周振邦搭揚武輪由安平抵旗后，邀英領事額勒格里、稅務司愛格爾、英商法樂於次日（22日）同赴琅嶠。⑷日偵察隊在四重溪附近遇襲。

※5月22日　⑴日兵進四重溪庄沒收武器，張貼布告，發生「誤殺黃文珍事件」。⑵日軍與牡丹社人爆發「石門之役」。⑶西鄉從道乘高砂丸抵社寮港，另有船舶共載來增援軍隊一千九百餘名、大倉組五百名工匠。⑷安平協副將周振邦率清使團抵琅嶠，並邀英國領事、稅務司愛格爾、英商法樂同行壯膽。⑸福島九成偕書記官吳碩在臺灣府會晤臺灣道夏獻綸、知府周懋琦、知縣白鸞卿、全臺通商委員華廷錫。

※5月23日　西鄉從道、赤松則良會見周振邦等清國使節團。

※5月25日　⑴西鄉從道於社寮接見射麻裏社頭人一色等五社酋長。⑵英國海軍船長巴克斯（Bonham W. Bax）率砲船侏儒號（*Dwarf*）由長崎啟程赴臺。途經淡水、澎湖、臺灣府、打狗，於6月8日抵琅嶠灣。在臺觀察戰況2個多月，於8月25日返抵長崎。

※5月26日　⑴樺山資紀、水野遵由打狗航抵社寮，向西鄉從道報告刺探的情報，加入軍隊作戰任務。⑵開始在龜山（大龜、小龜山）山丘凹地平坦處紮營。

※5月28日　日本新任駐華公使柳原前光抵達上海。同日蘇松太道（上海道）沈秉成即訪柳原，詰問日本興兵之由。

※5月29日　清廷廷諭：授沈葆楨為「欽差辦理臺灣等處海防兼理各國事務大臣」。同一諭文中批臺灣道夏獻綸把日兵犯臺視為「『番界尋釁，勢難禁』實屬不知緩急」。

※5月30日　⑴日軍決定於6月1日起兵分三路，攻打牡丹社等仇日部落。⑵日軍在龜山新營（第二營區）設立「基地總醫院」，由「陸軍二等軍醫正」桑田衡平出任院長。

※6月1日　⑴日軍兵分三路攻打牡丹社、高士佛社。北路楓港部隊先行出發。⑵日軍設楓港營區。

※6月2日　日軍中央部隊、竹社部隊出發，由中路、南路圍攻。

※6月2日　閩浙總督李鶴年發出第二封照會西鄉從道文（因臺灣府認該照會無說服力，未轉送日方、反而繳還總督；後改用沈葆楨依據萬國公法，要求日本撤兵之照會遞交西鄉從道）。

※6月2日　⑴日軍南方特遣隊（竹社部隊）攻打高士佛社。⑵日軍北方特遣隊（楓港部隊）攻下爾乃（女奶）社。

※6月3日　⑴日軍中央部隊攻下牡丹社。⑵臺灣府通商委員華廷錫搭船至社寮日營探查軍情。

※6月4日　日軍凱旋回營；牡丹社、高士佛社、爾乃社人隱入深山藏匿。

※6月5日　旂后（旗後，今高雄旗津）人李再來乘轎到車城，隨帶2人，備辦禮物，送入日營。

※6月6日　⑴柳原前光於上海兩度會晤潘霨（第二次於6月7日）。⑵總署再度照會美署使衛廉士，反駁其推責說詞。衛廉士遂下令臺灣、廈門等處領事館，禁阻美國人助日。

※6月7日　成富清風向頭圍縣丞衙門報案，云遭奇萊（花蓮）「生番」搶去銀錢（史稱「失銀案」）。後經調查，證實為子虛烏有之謊報。

※6月8日　英砲船侏儒號（*Dwarf*）在艦長巴克斯（Captain Bax）率領下，航抵琅嶠灣。後隨日本船艦赴東岸，並一直觀察日軍動態。巴克斯在《東方海域》（*The Eastern Seas*）（1875）留下寶貴的史料。

※6月9日　日軍與11個親日部落舉行第三次會談。

※6月11日　⑴日軍派赤松則良率日進號艦至東岸紮營於港口溪河口（「日進灣」）。⑵上下快社頭人潘巴仔、幫辦（副頭目）到日營投誠。⑶袁聞柝、周有基搭長勝輪船至琅嶠、車城一帶探查日軍動態。

※6月13日　日進號艦由東岸返回西岸大本營。

※6月14日　⑴沈葆楨、李鶴年、文煜（福州將軍）聯合密陳〈防臺四策〉（聯外交、儲利器、儲人材、通消息）。⑵沈葆楨、潘霨分乘兩輪由福州馬尾出發赴臺。⑶谷干城離臺返日，樺山資紀隨行。⑷日兵在牡丹社腳溪中洗浴，被銃斃3名，取去首級1顆。

※6月15日　⑴日兵再攻牡丹社，被銃斃1名，受傷數人，不得已僱當地人林海國、王馮乎、黃慶發等入深林向牡丹人勸和。⑵潘霨抵達安平。

※6月16日　赤松則良、福島九成啟程赴廈門、再轉往上海。

※6月17日　⑴沈葆楨抵臺灣府安平。⑵日兵2人在雙溪口被牡丹勇士鎗殺。⑶赤松則良、福島九成抵廈門。福島拜訪福建鹽法道陸心源，反

駁李鶴年第一次要求日軍撤兵之照會。福島旋轉赴上海，將石門勝仗及在臺軍事進度消息告知柳原前光公使，柳原態度因之轉強。

※6月21日　清國代表團潘霨等人抵琅嶠車城。

※6月22日　潘霨與西鄉從道展開會談，至6月26日，達成《西潘密約》。

※6月23日　潘霨派周有基、郭占鰲入內山召撫原住民。

※6月24日　潘霨召見十五社頭目，並令其具結不再劫殺漂民押狀。

※6月27日　潘霨離開琅嶠（6月30日返抵臺灣府）。

※6月28日　龜山營舍竣工；原社寮營舍撤遷。

※6月30日　陸軍卿山縣有朋提出〈對清三策〉，力主「開戰膺懲」的第二策，要求帶3萬兵攻打清國。

※7月1日　⑴牡丹社、高士佛社、爾乃社向日軍投降。⑵潘霨發函透過上海道臺（蘇松太道沈秉成）轉送柳原前光（7月8日收到），要求日本無條件撤兵。

※7月5日　日本將駐紮豬勝束社、大港口之軍隊撤回龜山本營。

※7月8日　⑴沈葆楨奏報〈防臺三策〉——理諭、設防、開禁。⑵8、9日颱風侵襲南臺。⑶日政府命陸軍卿山縣有朋兼任臺灣蕃地事務局出仕，並召艦隊集結待命，在不得已下，將對清宣戰。

※7月10日　⑴柳原前光回覆潘霨（7月1日來函），責潘霨違背兩人6月初在上海的共識。⑵清國利誘李仙得之函送達李氏手中。

※7月11日　⑴車城發生日兵調戲民婦張楊氏，並殺傷民人張來生案。⑵日兵撤離雙溪口營盤。⑶日軍把檸檬水製造工場從社寮遷至龜山山麓。

※7月12日　⑴日本將琉球事務從外務省改隸內務省管轄。⑵西鄉致函柳原，要求儘速決定和戰。⑶總署照會柳原，抗議日軍侵臺。

※7月13日　⑴旂后（高雄旗津）怡記、和記英國洋行商人及傳教士到龜山日營，洽談販賣輪船予日軍事宜。⑵高士佛社12人至後灣龜山營區。⑶克沙勒、瓦生首次巡視龜山醫院，建議在庭院栽植花木遮陽。

※7月15日　⑴李仙得被日本政府任命為特別辦務使，出使福建，企圖與李鶴年、文煜（福建將軍）展開交涉，並施加壓力，形成與即將赴北京的柳原前光，一南一北的夾擊外交。⑵瓦生（Wasson）染患熱病。⑶下令撤守東岸營區（；7月底撤離）。⑷德籍醫事顧問Schoenberger抵龜山營區（準備接管醫院），西鄉都督陪同巡視病房。

※7月16日　⑴本書原著作者豪士離開臺灣返日（5月6日～7月7日在臺，7月7日～16日往來廈門，7月20日返抵長崎）。⑵夏獻綸率兵抵蘇澳，稍後赴奇萊（花蓮）調查「失銀案」。

※7月17日　柳原前光離開上海北上。

※7月18日　李鶴年提出〈閩省海防要務三點〉——選將練兵、砲臺砲位、攔河諸物。被廷諭批駁言之無物，胡亂搪塞。

※7月19日　⑴沈葆楨照會柳原公使，要求日兵自臺灣撤離。⑵日軍醫院使用製冰機製作消暑、醫療用冰塊。

※7月21日　⑴沈葆楨奏請撥調南北洋大臣所屬洋槍隊至臺助援。李鴻章不肯。⑵柳原前光抵天津。

※7月22日　潘霨奉命，央請商人顏吉泉、金眉生私訪日駐上海領事品川忠道，表示願以幕府時代銅貿易負債名義，支付120萬兩（後降至60萬兩），換取日本撤兵。

※7月24日　⑴柳原前光在天津與直隸總督（北洋大臣）李鴻章會面，被李海訓一頓。⑵西鄉都督巡視豬朥束駐軍。

※7月25日　清廷下令，派淮軍唐定奎部6,500兵赴臺。

※7月28日　日政府通過「海外出師之議」、「宣戰發令順序條目」。

※7月29日　大久保利通與海軍大輔（次長）川村純義協議，獲得海軍的全力支持。

※7月31日　⑴柳原公使抵北京履新。⑵日軍派土人賴加禮、楊阿二、陳阿三、陳阿尾等人，向加芝來社頭目溫朱雷討出尚存的琉球漂民首級44顆。溫朱雷後於8月27日交到日軍楓（風）港營所。

※8月1日　大久保利通出任使清全權辦理大臣（8月6日出發，19日抵上海）。

※8月3日　⑴柳原前光遞到任國書，旋即展開與總署的談判。⑵彰化西大墩（臺中市西屯區）頭人廖有富，遣叔父廖供（仕強）至楓港，透過王媽守（馬首）與日軍勾搭，允為內應。

※8月4日　福建陸路提督羅大春抵臺灣府（8月24日抵蘇澳、28日接辦北臺防務，開鑿北路，即蘇花公路前身）。

※8月5日　李仙得抵廈門。

※8月6日　李仙得被美駐廈門領事恒德森（J.J. Henderson）下令逮捕。8月28日在上海獲釋，出版英文小冊《〔臺灣〕蕃地所屬論》（*Is Aboriginal Formosa Part of the Chinese Empire*？）（8月29日離滬赴津。9月3日加入大久保特使團）。

※8月9日　谷干城由長崎搭高砂丸第二度抵臺。

※8月10日　⑴西鄉都督巡視豬勝束等三社。⑵赤松則良、福島九成搭日進號艦由清國歸營。

※8月13日　柳原前光與總署展開第一次會談（8月15日第二次，8月17日第三次會談）。⑵兩艘俄國軍艦至琅嶠灣巡視，當天即離開。⑶8月中旬，瓦生離臺（可能搭乘14日開回長崎的明光丸；未再來臺）。

※8月17日　周有基至加芝來社向頭目溫朱雷取討44顆琉球人首級，遭到保力庄粵（客家）人阻攔。

※8月23日　日本政府於本日及9月13日、9月28日三度向日本全國人民公佈大久保出使清國情形，以及宣示萬一和談不成，政府「不惜一戰」的決心。

※8月24日　柳原前光向總署發出最後通牒，致使談判觸礁，並於9月3日派樺山資紀趕往天津阻止大久保進北京，其用意在逼使日本對清宣戰。

※8月26日　枋寮汛地官員郭占鰲致函林阿九，命其不可將琉球難民首級交給日人，須等欽差大人到了再議。

※8月27日　⑴保力庄人與溫朱雷奉日方命令，帶著琉球難民首級至風港營，交給日軍。⑵淮軍唐定奎援臺部隊第一批抵臺。第二批於9月26日抵臺，第三批為10月14日（〈1874年打狗海關年報〉記載第一

批於8月25日抵臺，迄11月17日，共增援10,970名部隊）。

※9月1日　大久保利通抵天津。9月4日透過美駐天津副領事畢德格（W.N. Pethick）打探李鴻章態度，並向李傳達日本不增兵臺灣之訊息。

※9月10日　大久保抵北京。

※8~9月間　恭親王奕訢、醇親王奕環等疏言八事：「停園工、戒微行、遠宦寺、絕小人、警晏朝、開言路、懲夷患、去玩好」，並伏諫痛哭於陛下。9月，軍機大臣等與同治帝辯難重修圓明園事，遂議定停園工修三海事。恭親王獲罪被革去一切差使，交宗人府嚴議，經皇太后懿旨，才復職。反觀日明治天皇則將皇宮建築費27萬日圓撥交征臺用度。

※9月14日　日方代表大久保、柳原至總署展開第一次會議。

※9月16日　⑴清日第二次會議。⑵英駐清公使威妥瑪（Thomas Wade）首次介入調停。

※9月18日　法兵船一艘駛入寧波海口護僑，以免清日兩國開戰波及法僑。

※9月19日　清日第三次會議。

※9月22日　英使威妥瑪向總署提出「臺事公斷」建議。

※9月23日　暴風雨襲南臺，日軍龜山營舍傾倒17棟。

※9月26日　⑴威妥瑪二度介入調停。⑵淮軍唐定奎部援臺第二梯隊抵安平。

※9月27日　枋寮清軍放哨，並進駐南邊加祿堂（屏東縣枋山鄉加祿村）。

※9月29日　⑴清大雅輪在安平遇颱風傾覆。⑵日本軍醫全部病倒，醫院實施「只給藥、不看病」。

※10月4日　清安瀾輪因颱風在打狗觸礁。沈葆楨上表自請處分。

※10月5日　清日第四次會議。

※10月　臺灣府「億載金城」動工，由法籍顧問帛爾陀（Berthault）監工。迄1876年9月才完工。

※10月8日　（陰曆8月28）克沙勒（機慎）離臺（在臺染患瘧疾，1875年病卒於美國）。

※10月10日　大久保照會總署，希清方提出「兩便辦法」。

※10月14日　唐定奎部第三梯次軍隊抵安平。

※10月18日　清日第五次會談，大久保提出賠償問題。

※10月20日　清日第六次會談。

※10月22日　海軍大輔川村純義率艦隊從東京出發（10月31日抵長崎，完成出征準備）。

※10月23日　清日第七次會談。

※10月24日　⑴谷干城搭日進號艦抵琅嶠灣，第三度來臺。⑵臺南億載金城啟建。

※10月25日　⑴大久保發出離京宣言。⑵恭親王急訪英使威妥瑪，希其挽留大久保。⑶李仙得率部分日使團成員離京。⑷大久保兩度會晤威妥瑪。

※10月31日　《清日臺灣事件專約》在威妥瑪見證下簽訂。

※11月1日　大久保利通離開北京。

※11月9日　日本政府下令退兵。

※11月16日　大久保搭金川輪抵琅嶠，樺山資紀隨行。

※11月17日　大久保參觀石門戰場。

※11月18日　大久保離臺。

※11月20日　西鄉從道發佈2件〈諭告琅嶠住民文〉。⑵琉球漂民44具遺骸（遺失10顆人頭）交琉球官吏，合葬於那霸若狹的上之毛。

※11月21日　軍裝局（位於臺南小西門）完工。

※11月25日　赤松則良搭乘筑波艦再度抵琅嶠。

※12月2日　⑴西鄉離臺。⑵福島九成會同臺灣府知府周懋琦興建「大日本琉球藩民五十四名墓」。⑶晚間，村民縱火、洗劫空無一人的日營。

※12月3日　日軍全部離臺。

※12月25日　大久保提出「琉球處分」建議。

西元1875年（清光緒元年）

※1月12日　⑴沈葆楨上〈臺灣後山請開禁〉摺。（同年陽曆2月15日光緒帝批可）⑵同治帝崩。

※1月13日　⑴光緒帝即位。⑵潘霨離臺返福州。
※1月30日　沈葆楨奏請於琅嶠等城設官，並改縣城為「恆春」。
※1月　英、法自橫濱撤離駐守之軍隊。
※2月初　沈葆楨巡視琅嶠地區。
※2月14日　吳光亮著手開鑿八通關古道（中路）。
※2月～5月　獅頭社事件。
※7月14日　日派內務大臣松田道之赴琉球，禁止琉球奉清國正朔。
※8月5日　周有基就任第一任恆春知縣。
※8月10日　唐定奎率最後1批援臺淮軍離臺。
※8月22日　沈葆楨離臺，返大陸就任兩江總督。
※9月20日　朝鮮江華島事件。
※11月17日　琉球王遣使向日天皇表達征臺「恩義」。

西元1876年

※7月　福建巡撫丁日昌奏准〈保護中外船隻遭風遇難章程〉五條。

西元1879年

※4月4日　日本廢琉球藩，改設沖繩縣。
※5月20日　清國抗議日本對琉球的「廢藩置縣」。

西元1880年

日本向清國提「分島改約」（琉球群島北歸日本、中間仍屬琉球國、南方宮古及八重山二島歸清國），遭清國擱置。

西元1884年

※8月　法軍攻臺（1884年8月～1885年6月，清法戰爭，法軍攻臺）。

西元1885年

※10月12日　下令臺灣建省。

西元1887年

※9月　臺灣正式建省。

西元1895年

※4月17日（陰曆3月23）

清軍簽訂《馬關條約》，割讓臺灣予日本。

西元1899年

琉球遇害漂民遺骸由那霸若狹的上之毛，遷葬沖繩波上的護國寺。

西元1911年

※8月　日本與列強簽訂完全平等條約。

西元1945年

※8月15日　日本戰敗；美國接管琉球；國民政府收併臺灣（10月25日）。

西元1971年

※6月17日　美日簽訂琉球群島和釣魚臺列嶼協議，臺灣及海外掀起保釣運動。

西元1980年

※10月　完成沖繩護國寺琉球漂民「臺灣遇害者之墓」墓碑遷移改建工程。

西元1982年

※3月　改建完成屏東縣車城鄉「大日本琉球藩民五十四名墓」——「大日本」三字填進水泥，遂成「琉球藩民五十四名墓」墓碑。

西元1990年

※10月21日　高雄市長吳敦義擬送臺灣區運動會聖火、會旗、國旗至釣魚臺，半途被日本巡邏艦、飛機驅離。

西元2005年

※6月中旬　牡丹鄉鄉長林傑西率排灣族人赴沖繩波上的護國寺參拜「琉球五十四人墓碑」，並會晤難民遺族代表仲宗根玄治（當年宮古島主後代）。

參考書目

中文書目

【為尊重原作者或譯者，參考書目全照引原著所使用的書名或文章名用字】

又吉盛清著；國學文獻館編，〈**日本研究臺灣事件的現況及其資料**〉，《臺灣地區開闢史料學術論文集》。臺北：聯經，1996年6月。

又吉盛清著；魏廷朝譯，《**日本殖民下的台灣與沖繩**》。臺北：前衛，1997年12月。

中華文化復興運動推行委員會主編，《**中國近代現代史論集第十五編清季對外交涉（二）俄日**》。臺北：臺灣商務，1986年2月。

中國社會科學院近代史研究所，《**近代來華外國人名辭典**》。北京：中國社會科學社，1981。

王瑛曾，《**重修鳳山縣志**》。南投：省文獻會，1993年，臺銀臺灣文獻叢刊第146種。

王嵩山，《**臺灣原住民的社會與文化**》。臺北：聯經，2001年。

王詩琅，〈**「牡丹社事件」日方資料**〉，《臺北文獻》直字第22、24期合刊，1973年6月。

王學新譯，《**風港營所雜記**》。南投：國史館臺灣文獻館，2003。

方濬頤，〈**淮軍平定臺灣番社紀略**〉，《臺灣海防並開山日記》附錄。省文獻會，1997年6月，臺銀臺灣文獻叢刊第308種。

本名信行・Bates Hoffer著；江資航・陳明鈺譯，《**日本文化辭典**》。臺北：鴻儒堂，1988年12月。
史明，《**台灣人四百年史**》。加州聖荷西：草根文化，1980年9月。
白尚德著；鄭順德譯，《**十九世紀歐洲人在台灣**》。臺北：南天，1999年6月。
古野直也著；許極燉編譯，《**台灣近代化秘史**》。臺北：第一，1994年2月。
古福祥編，《**屏東縣志稿・卷一地理志**》。屏東縣文獻會，1962年12月。
石磊，〈**牡丹社排灣族的家庭制度**〉，李亦園、喬健合編：《中國的民族社會與文化》。臺北：食貨，1981年。
左秀靈校訂，《**日本歷史辭典**》。臺北：名山，1988。
庄司萬太郎著；賀嗣章譯，〈**牡丹社之役與李善得之活躍**〉。南投：《臺灣文獻》10～2期，1959年6月。
庄司萬太郎著；薛餘譯，〈**1874年日本出師臺灣時Le Gendre將軍之活躍**〉，《臺灣經濟史八集》。臺灣經研室，1959年10月，臺灣研究叢刊第71種。
安倍明義，《**台灣地名研究**》。臺北：武陵，1998年版。
伊能嘉矩著；楊南郡譯註，《**台灣踏查日記**》。臺北：遠流，1996年。
伊能嘉矩著；溫吉編譯，《**台灣番政志**》。南投：省文獻會，1957年。
伊能嘉矩著；省文獻會編譯，《**臺灣文化志**》（上卷）、（中卷）、（下卷）。南投：省文獻會，1985、1991年版。
李壬癸，《**台灣南島民族的族群與遷徙**》。臺北：常民文化，1997年。
李仙得著；譯者不詳，《**臺灣番事物產與商務**》。臺北：臺銀，1960年，臺灣文獻叢刊第46種。
李仙得著；周學普譯，〈**臺灣**〉，《臺灣經濟史第九集》。臺北：臺銀經研室，1963年，臺灣研究叢刊第76種。
李仙得著；費德廉（Douglas Fix）、蘇約翰（John Shufelt）主編；羅效德、費德廉譯註，《臺灣紀行》。臺南：國立臺灣歷史博物館，2013。
李素芳，《**台灣的海岸**》。臺北：遠足文化，2001年10月。
李雲漢，《**中國近代史**》。臺北：三民書局，1998年8月。
汪公紀，《**日本史話・近代篇**》。臺北：聯經，1991年。
沈葆楨，《**福建臺灣奏摺**》。臺北：臺銀，1959年2月，臺灣文獻叢刊第29種。

吳密察，《台灣近代史研究》。臺北：稻鄉，1994年3月。

〈日本近代內閣檔案與「征台之役」史料〉，《史學與文獻》。東吳大學歷史學系，1998年3月。

吳密察監修，遠流臺灣館，《台灣史小事典》。臺北：遠流，2000年。

林子候，《臺灣涉外關係史》。作者自印，三民書局總經銷，1978年3月。

〈牡丹社之役及其影響〉，《臺灣文獻》27卷3期，省文獻會，1976年9月。

〈同光年間中日、臺灣琉球之糾葛〉，《臺北文獻》直字第66期，臺北市文獻會，1983年12月。

林仁川，《臍帶的證言》。臺北：人間，1993年11月。

林右崇，《人文恆春之旅》。臺北：東皇，1997年。

林明德，《日本史》。臺北：三民，1986年10月。

林衡道口述；洪錦福整理，《臺灣一百位名人傳》。臺北：正中，1984年1月。

依田學海，〈征番紀動〉，《臺灣海防並開山日記》。南投：省文獻會，1997年6月，臺銀臺灣文獻叢刊第308種附錄。

洪敏麟，《重修臺灣省通志．卷三．住民志地名沿革篇》。南投：省文獻會，1995年8月。

故宮博物院明清檔案部、福建師範大學歷史系合編，《清季中外使領年表》。北京：中華書局，1985。

翁佳音，《異論台灣史》。稻香，2001。

〈世變下的台灣早期原住民〉，《故宮文物月刊》240期（20：12），2003年3月號。

師大地理系，《臺灣地名辭書卷四：屏東縣》。南投：省文獻會，2001.年。

高陽監修，《中國歷代名人勝跡大辭典》。臺北：旺文社，1992年9月。

國分直一著；邱夢蕾譯，《台灣的歷史與民俗》。臺北：武陵，1991年9月。

郭廷以，《臺灣史事概說》。臺北：正中書局，2000年5月。

張秀絹，《排灣語參考語法》。臺北：遠流，2000年。

張德水，《台灣政治、種族、地名沿革》。臺北：前衛，2002年1月。

鳥居龍藏著；楊南郡譯註，《探險台灣》。臺北：遠流，1996年。

陳金田譯，《日據時期原住民行政志稿》第一卷（原《理蕃誌稿》）。南投：

省文獻會，1997。
陳政三，《美國油匠在台灣：1877-78年苗栗出磺坑採油紀行》。臺北：台灣書房，2012。《紅毛探親記—1870年代福爾摩 沙縱走探險行》。臺北：五南圖書，2013。《紅毛探親再記：島內島外趴趴走》。臺北：五南圖書，2014。《翱翔福爾摩沙：英國外交官郇和晚清臺灣紀行》。臺北：五南圖書，2015。
陳梅卿編，《牡丹鄉志》。屏東：牡丹鄉公所，2000年10月。
陳碧笙，《台灣人民歷史》。臺北：人間，1993年9月。
許雪姬，《滿大人的最後的二十年》。臺北：自立晚報，1993年3月。
連雅堂，《臺灣通史》。臺北：國立編譯館，1985年1月。
連戰，〈臺灣在中國對外關係中的地位（一六八三～一八七四年）〉，薛光前、朱建民主編《近代的臺灣》。臺北：正中，1977年9月。
屠繼善，《恆春縣志》。臺北：臺銀，1960年，臺灣文獻叢刊第75種。
戚嘉仁，《臺灣史》（上）（下）冊。臺北：自印，1985年9月。
梁華璜，〈甲午戰爭前日本併吞臺灣的醞釀及其動機〉，《臺灣文獻》26-2期，1975年6月。
《台灣總督府的「對岸」政策研究》。臺北：稻鄉，2001年3月。
森丑之助著；楊南郡譯註，《生蕃行腳》。臺北：遠流，2000年。
黃文雄著；楊碧川譯，《締造台灣的日本人》。臺北：一橋出版社，2001年11月。
黃有興，〈日酋樺山資紀與日本侵台〉，《臺灣文獻》33卷2期。省文獻會，1982年6月。
黃嘉謨，《美國與臺灣》。臺北：中研院近代史研究所，1979年11月。
傅啟學，《中國外交史》。臺北：臺灣商務，1972年4月。
郭嗣汾，〈李善德與羅發號事件〉，《臺灣文獻》29-2期。南投：省文獻會，1978。
郭嘉雄，《重修臺灣省通志·卷七·政治志外事篇》。省文獻會，1998年10月。
童春發，〈建構排灣族歷史——初探〉，《臺灣原住民歷史學術研討會論文集》。省文獻會，1998年4月。
湯熙勇，〈清代台灣的外籍船難與救助〉，《中國海洋發展史論文集》第七輯。臺北：中研院，1999年3月。
落合泰藏著；下條久馬一註；賴麟徵譯，〈**明治七年牡丹社事件醫誌**（上）〉（原《明治七年征蠻醫誌》），收於《臺灣史料研究》5、6號，1995年2月及1995年8月。
鈴木質著；吳瑞琴編校，《**台灣原住民風俗誌**》。臺北：臺原，1992年。
達西烏拉彎·畢馬，《**台灣的原住民——排灣族**》。臺原，2002年1月。
楊南郡，《**尋訪月亮的腳印**》。臺中：晨星，1996年。
《**臺灣百年前的足跡**》。臺北：玉山社，1996年3月。
楊南郡、徐如林，《**與子偕行**》。臺中：晨星，1993年4月。
葉志展，《**清季外患影響治台政策之研究**》。臺北：精粹，1977年6月。
葉誌成，《**恆春史話——日本征蕃記**》。屏東縣文化中心，2000年3月。
黎東方，《**細說清朝**》（上、下冊）。臺北：傳記文學，1977年10月。
廖慶洲，《**日本過台灣**》。臺北：上硯，1993年。
劉還月，《**台灣土地傳**》。臺北：常民文化，1997年2月。
潘英，《**台灣原住民的歷史源流**》。臺北：臺原，1998年10月。
蔡學海，〈**李鴻章與中日臺灣番社事件交涉**〉，《臺灣文獻》24-2期，1973年。
臺灣省文獻會，《**重修臺灣省通志·卷三·住民志同冑篇**》。南投：省文獻會，1995年5月。
《**屏東縣鄉土史料**》。省文獻會，1996年1月。
臺灣銀行經濟研究室編，《**甲戌公牘鈔存**》。臺北：臺銀，1959年6月，臺灣文獻叢刊第39種。
《**同治甲戌日兵侵臺始末**》。臺銀，1959年4月，臺灣文獻叢刊第38種。
《**臺灣對外關係史料**》。南投：省文獻委員會，1997年6月，臺灣文獻叢刊第290種。
《**清季申報臺灣紀事輯錄**》一～四冊。臺銀，1968年8月，臺灣文獻叢刊第247種。
《**東華續錄選輯**》。省文獻會，1997年6月，臺銀臺灣文獻叢刊第273種。
鄭樑生，《**中日關係史**》。臺北：五南，2001年6月。
鄭學稼，《**日本史**》（一）（二）（三）（四）冊。臺北：黎明，1985年。

錦繡文化，**《臺灣全紀錄—15000B.C～1989年A.D》**。臺北：錦繡，1990年5月。
戴天昭著；李明峻譯，**《台灣國際政治史》**。臺北：前衛，1997年1月。
戴寶村，**《帝國的入侵——牡丹社事件》**。臺北：自立晚報，1993年3月。
藤井志津枝，**《近代中日關係史源起：1871～74年台灣事件》**。臺北：金禾，1992年。
羅大春，**《臺灣海防並開山日記》**。南投：省文獻會，1997年6月，臺銀臺灣文獻叢刊第308種。
Davidson, James W.著；陳政三譯註，**《福爾摩沙島的過去與現在》**。臺南：國立臺灣歷史博物館；臺北：南天書局，2014。
House, Edward著；陳政三譯述，**《征臺紀事——武士刀下的牡丹花》**。臺北：原民文化，2003年。
Imbault-Huart, C.著；黎烈文譯，**《臺灣島之歷史與地誌》**。臺北：臺銀經研室，1958年3月。
Pickering, W. A.著；陳逸君譯述，**《歷險福爾摩沙》**。臺北：原民文化，1999年1月。

外文書目

Bax, Bonham W., *The Eastern Seas*. London: John Murray, 1875.
Brown, H. O., “Takow Trade Report, 1875,” in: Huang, Lin, and Kaim Ang（黃富三、林滿紅、翁佳音），edited, *Maritime Customs Annual Returns and Reports of Taiwan, 1867-1895*, 2Volumes;《清末臺灣海關歷年資料(1)、(2)》. Taipei: Institute of Taiwan History, Academia Sinica（中研院臺史所），1997.
Campbell, William, *Sketches from Formosa*. London: 1915.
Carrington, George W., *Foreigners in Formosa, 1841～1874*. San Francisco: Chinese Material Center, 1978.
Clark, J.D., *Formosa*. Shanghai: 1896; 臺北：成文reprint, 1971.
Davidson, James, *The island of Formosa, Past and Present*. Yokohama: 1903; Taipei

reprint，南天，1992.

De Mente, B.L., *Japan Encyclopedia.* NTC, 1995.

Dodd, John, *Journal of a Blockaded Resident in North Formosa, During the Franco-Chinese War, 1884～85.* H. K.: 1888.

Edgar, Henry, “Takow Trade Report, 1874”, Taipei：中研院臺史所，1997.

Eskildsen, Robert, *Foreign Adventure and the Aborigines of Southern Taiwan, 1867-1874,* Institute of Taiwan History, Academia Sinica, 2005.

Fix, Douglas L.（費德廉）, “Political Economy on the Hengchun Peninsula, 1850-1874,” in：「國家與原住民：亞太地區族群歷史研究國際學術研討會」。臺北：中研院臺史所，2005年11月24～25日。

House, Edward, *The Japanese Expedition to Formosa.* Tokio: 1875.

Huffman, James, *A Yankee in Meiji Japan: The Crusading Journalist Edward H. House.* Lanham, Boulder, N. Y., Oxford: Rowman & Littlefield Publishers, Inc., 2003.

Hunter, Janet E., *The Emergence of Modern Japan.* London & N.Y.: Longman, 1989.

Le Gendre, C.W., *Reports on Amoy and the Island of Formosa.* Washington: Government Printing Office, 1871; in http://academic.reed.edu/formosa/texts/texts.htm網站。

MacGovern, Janet, *Among the Head-hunters of Formosa.* London: T. Fisher Unwin 1922; Taipei reprint，南天（SMC）, 1997.

Nish, Ian, ed., *British Documents on Foreign Affairs. Part 1 Series E. Asia, 1860～1914, Treaty Revision and Sino-Japanese Dispute over Taiwan, 1868-1876.* University Publications of America, 1994.

Otness, Harold M., *One Thousand Westerners in Taiwan, to 1945; A Biographical and Bibliographical Dictionary.* 中研院臺史所，1999.

Pickering, William, *Pioneering in Formosa.* London: Hurst & Blackett, 1898; Taipei: 南天（SMC）reprint, 1993.

Pyle, Kenneth B., *The Making of Modern Japan.* Lexington, Massachusetts & Toronto: D.C. Heath & Company, 1978.

索引

人名

一色（Isa）；亦失；葛亦失；伊厝；射麻裏社頭人　085, 087, 088, 089, 090, 095, 123, 124, 127, 128, 129, 130, 131, 136, 142, 160, 166, 170, 171, 172, 174, 175, 177, 256, 258, 260, 265

大久保利通（Okubo Tosimiti/ Ōkubo Tosimichi）；內務卿；赴清談判全權辦理大臣　038, 044, 047, 082, 097, 103, 112, 114, 118, 119, 178, 181, 192, 214, 219, 221, 222, 223, 225, 228, 229, 230, 238, 239, 241, 244, 261, 268, 270, 271

大倉喜八郎；大倉組創辦人　072

大隈重信（Okuma Sigenob/ Ōkuma Shigenobu）；參議兼大藏卿；臺灣蕃地事務局長官　030, 040, 041, 044, 064, 118, 119, 190, 244, 246, 261, 262, 263

山縣有朋（Yamagata Aritomo）；陸軍卿　044, 116, 218, 219, 267

三條實美（Prime Minister, Sanjo/ Sanjō Sanetomi）；太政大臣　043, 246, 263

巴也林（Pallalum, Pallaleem or Payarin）；龜仔甪社酋長　176, 257

巴克斯船長（Bonham W. Bax）；英砲船侏儒號船長　178, 182

巴夏禮（Harry S. Parkes）；英駐日公使　042, 043, 117, 193, 246, 262, 263

王馬首；王媽守；楓港頭人　124, 141, 144

毛昶熙；總理大臣　037, 109, 118, 261

日意格（Mr. Prosper Giquel）　191, 192, 195

水野遵（Mizuno Jun）　022, 036, 042, 047, 054, 057, 080, 086, 097, 100, 104, 126, 138, 154, 170, 176, 183, 188, 189, 257, 258, 262, 265

文祥　226, 231
必麒麟（William A. Pickering）　022, 024, 026, 052, 132, 133, 135, 144, 174, 259, 260
平安（John A. Bingham）；美駐日公使　040, 041, 042, 043, 044, 045, 116, 117, 118, 119, 144, 193, 207, 222, 242, 252, 262, 263
瓦生／活生（Lieutenant James R. Wasson）　040, 041, 043, 044, 045, 079, 085, 086, 087, 105, 119, 120, 145, 153, 154, 156, 157, 158, 178, 183, 186, 202, 206, 242, 256, 261, 262, 263, 267, 268, 269
加禮帶（Kalutoi）；文率社頭人　170, 256, 258
辛曉（Sinjio）；巴龜角社頭人　170, 174, 256, 258
朱雷；主類；朱雷・土結；小卓杞篤（Tsui Lui）；豬勝束社大頭人　027, 086, 087, 088, 092, 094, 095, 096, 130, 153, 154, 160, 169, 170, 175, 176, 177, 189, 256, 257, 263, 268, 269
西鄉從道中將（General Saigo/ Saigō Tsugumichi）；「蕃地事務都督」　041, 082
西鄉隆盛（Saigō Takamori）　038, 046, 068, 078, 097, 114, 121, 186, 221, 228, 229, 261
西華（George F. Seward）；美國駐上海總領事　119, 212, 220, 221
成富清風　100, 188, 266
奕訢；恭親王（Prince Kung）　022, 203, 231, 232, 236, 238, 270
克沙勒（Lieutenant Commander Douglas Cassel）　040, 041, 043, 044, 045, 055, 059, 079, 081, 082, 086, 087, 100, 104, 105, 117, 119, 120, 127, 130, 133, 134, 158, 170, 174, 183, 186, 206, 211, 212, 242, 255, 258, 262, 263, 267, 270
何恩（James Horn）　026, 104, 133, 135, 144, 258, 259
李仙得將軍（General Charles W. Le Gendre）　022, 028, 039, 045, 051, 055, 063, 089, 119, 128, 133, 144, 222, 234
李成謀（Admiral Li）；清駐廈門水師提督　107, 211, 212, 214
李鴻章（Li Hung-chang）；直隸總督兼北洋大臣　034, 035, 180, 198, 203, 218, 222, 223, 224, 227, 230, 261, 263, 268, 270, 279

李鶴年（Li Wo Nen）；閩浙總督　107, 108, 109, 110, 111, 113, 154, 203, 211, 263, 264, 265, 266, 267, 268

沈葆楨（Shen Pao Chen）　095, 102, 180, 181, 190, 191, 192, 193, 194, 195, 197, 198, 199, 203, 205, 208, 219, 223, 224, 230, 236, 247, 248, 249, 263, 264, 265, 266, 267, 268, 270, 271, 272, 276

谷干城少將（General TaniKanjō）　080

赤松則良海軍少將（Admiral Akamatsu Noriyoshi）　047, 082, 084, 086, 090, 091, 100, 110, 115, 127, 145, 160, 166, 173, 174, 178, 192, 241, 262, 263, 265, 266, 269, 271

佐久間左馬太中校（Lieutenant Colonel Sakumo/ Sakuma Samata）　103, 150

兵也來（Pinali）；龍鑾社頭人　170, 257, 258

吳大廷（Wu Dating）；臺灣（兵備）道　022, 024, 029, 118

吳棠（Wu Tang）；閩浙總督　259

卓杞篤（Tokitok）；瑯嶠下十八社大股頭人　017, 019, 026, 027, 029, 032, 035, 054, 055, 056, 063, 073, 085, 086, 087, 088, 092, 094, 095, 096, 123, 130, 132, 133, 136, 160, 170, 175, 177, 189, 257, 259, 260, 263, 277

阿祿古；阿祿（Alok）　097, 120, 124, 128, 151, 172, 256

阿禮國（Rutherford Alcock）；英駐清公使　022

岩倉具視（Iwakura Tomomi）　038, 188, 229

法樂（John Farrow）；海龍號船長　107, 110, 182, 264, 265

岸田吟香（Kishida Ginko）；《東京日日新聞》記者　112, 152, 153, 162, 203

周有基；首任恆春知縣　021, 144, 151, 153, 162, 172, 174, 200, 212, 266, 267, 269, 272

周振邦；安平協副將　107, 111, 164, 264, 265

柏爾少將（H. H. Bell）；美亞洲艦隊司令　024, 025, 037

柳原前光（Yanagiwara Sakimitsu/ Yanagihara Sakimitsu）；日駐清第四任公使 034, 036, 037, 042, 046, 108, 109, 178, 180, 192, 193, 194, 198, 203, 205, 217, 219, 223, 224, 225, 241, 244, 261, 264, 265, 266, 267, 268, 269

恒德森（J. J. Henderson）；恒德森約瑟；恒德申約瑟；美駐廈門領事　051,

110, 142, 206, 207, 210, 211, 212, 213, 214, 220, 269
威妥瑪（Thomas F. Wade）；英駐清公使　049, 080, 112, 181, 227, 230, 231, 233, 234, 235, 240, 262, 270, 271
城島謙藏（化名劉穆齋）　100, 188
唐定奎；淮軍援臺將領　249, 268, 269, 270, 272
麥肯吉少校（A. S. Mackenzie）　024, 259
培理（Mathew C. Perry）；美遠東特遣艦隊司令　033, 034, 118, 251
夏獻綸（Ya Hen Lin）；臺灣道臺　073, 080, 111, 113, 118, 192, 195, 200, 212, 248, 262, 264, 265, 268
許妥瑪（Thomas F. Hughes）　056, 092, 132, 133, 135
陳安生　038, 195, 261
畢德格（W. N. Pethick）；美駐天津副領事　222, 227, 270
斯恭塞格（Ernest Dunoyer de Segonzac）　191, 192
彭城中平　201
副島種臣（Soyezima Taneomi/ Soejima Taneomi）；日外務卿　030, 035, 036, 037, 038, 042, 046, 108, 109, 128, 194, 195, 216, 229, 230, 240, 261
賈祿（Charles Carroll）；英駐打狗領事　022, 024
董恂；總理大臣　037, 109, 261, 262
滿三德（I. Alex. Man）；打狗海關稅務司　260
額勒格里（William Gregory）；英駐打狗領事　055, 068, 080, 107, 263, 264
蒲安臣（Anson Burlingame）；美駐清公使　022, 024, 028, 037, 259
萬巴德醫師（Dr. Patrick Manson）　049
韓特船長（J. W. Hunt）　021, 259
鄭永寧（Tei Nagayasu）；日本書記、鄭芝龍後代　202, 240
韓特船長夫人（Mercy G. Bearnom Hunt）
德朗（C. E. De Long）；美駐日公使　035, 040, 078, 261
詹漢生（James Johnson）　051, 052, 054, 065, 074, 081, 086, 130, 141, 165, 168, 172, 173, 175, 176, 177
福島九成少校（Major Fukusima Kunari）；日本駐廈門首任領事　059, 091, 173,

178, 188, 262
廖仕強；廖供　124, 141
廖有富；台中大頭人　073, 113, 124, 141, 262, 264, 269
豪士（Edward H. House）；本書原著作者　016, 018, 026, 027, 032, 038, 040, 041, 055, 060, 062, 063, 064, 065, 067, 068, 074, 075, 078, 082, 086, 087, 095, 096, 097, 098, 099, 104, 106, 107, 111, 112, 117, 130, 134, 135, 147, 154, 157, 158, 159, 160, 163, 166, 168, 169, 170, 172, 174, 175, 176, 177, 180, 183, 184, 186, 188, 189, 190, 191, 192, 193, 200, 202, 203, 204, 205, 213, 216, 217, 222, 231, 232, 235, 238, 243, 246, 256, 263, 268
潘文杰；任結；任文結（ブンキ/ Vunki/ Bunkiet）　019, 027, 086, 087, 092, 093, 094, 095, 096, 130, 166, 177
潘萬金；萬金（Vankim）　027, 086, 092, 096, 170
潘爵（Pan Wi）　086, 172, 178, 180, 191, 192, 193, 194, 195, 196, 198, 200, 201, 202, 203, 205, 208, 213, 215, 217, 219, 223, 224, 264, 266, 267, 268, 272
魯林（Lulin）；羅佛社頭人　170, 174
鄭永寧（Tei Nagayasu）；日本書記、鄭芝龍後代　203, 241
劉明燈（Liu Mingteng）；臺灣總兵　024, 026, 027, 073, 118, 259, 260
衛廉士（Samuel W. Williams）；美國駐北京代理公使　110, 118, 206, 207, 211, 212, 213, 220, 222, 264, 266
樺山資紀（Kabayama Sukenori）　046, 048, 054, 058, 080, 084, 097, 100, 114, 178, 187, 188, 201, 252, 261, 265, 266, 269, 271, 278
鮑生奈德（Gustave Boissonade）；日本顧問　227
綿仔（Miya）；楊德（竹）清（Yeu Tick-tchien/ Yen Ticktchien）　052, 055, 056, 058, 059, 061, 062, 064, 065, 085, 086, 127, 141, 165, 166, 167, 168, 171, 173, 176
羅大春（Lo Tach'un）；福建陸路提督　040, 154, 198, 203, 248, 249, 269, 280
鏤斐迪（Frederick F. Low）；美駐清公使　029, 035

原住民部落

Amiya/ Amiyas—阿眉社；阿眉（美）族　134, 135, 159, 160, 161, 162, 163, 170, 171, 174, 175

Ba-ah/Baya—麻（貓）仔社；恆春鎮網紗里貓仔坑內、仁壽里貓仔坑　255

Bootan/ Botan—牡丹社；屏東縣牡丹鄉牡丹村　016, 018, 019, 020, 024, 027, 029, 030, 032, 035, 036, 042, 049, 055, 074, 080, 083, 084, 094, 095, 097, 099, 102, 103, 104, 105, 106, 115, 116, 118, 120, 121, 123, 124, 125, 129, 130, 131, 132, 133, 134, 135, 136, 017, 141, 139, 145, 146, 148, 150, 151, 153, 154, 159, 160, 161, 162, 164, 172, 176, 178, 179, 183, 189, 192, 196, 197, 199, 200, 203, 208, 220, 229, 241, 242, 255, 256, 257, 258, 260, 261, 265, 266, 267, 275, 276, 277, 279, 280

Chicksia—竹社；牡丹鄉石門村厚殼附近　018, 085, 104, 121, 134, 135, 136, 145, 153, 161, 172, 176, 255, 257, 258, 265

Chinakai—四林格社；屏東縣牡丹鄉四林村　134, 255, 257, 258

Koalut—龜仔角社；屏東縣恆春鎮墾丁里社頂　018, 021, 022, 024, 026, 027, 072, 073, 100, 129, 131, 134, 136, 170, 171, 172, 175, 176, 177, 255, 257, 258, 259

Koatan—猴洞社；恆春鎮山腳里山腳　135, 169, 172, 255, 257, 258

Kuchilai—加芝來社；屏東縣牡丹鄉石門村　129, 134, 136, 148, 153, 169, 172, 255, 256, 257, 258, 268, 269

Kusukut—高士佛社；屏東縣牡丹鄉高士村　016, 018, 020, 032, 095, 097, 104, 115, 116, 121, 130, 134, 135, 144, 145, 146, 153, 154, 159, 161, 200, 208, 256, 258, 260, 265, 266, 267

Lingluan—龍鑾社；屏東恆春鎮南灣里龍鑾山　100, 134, 135, 170, 258

Loput—羅（老）佛社；屏東縣滿洲鄉滿洲村　134, 159, 170, 257, 258

Mantsui—文率社；蚊蟀山頂社；屏東縣滿洲鄉滿洲村　134, 170, 255, 258

Osuantao—獅頭社（含內、外獅頭社）；屏東縣獅子鄉內獅村　134, 135, 248, 249, 256, 258, 272

Pakolut—（阿美族）巴龜角社；八龜兒社；屏東滿洲鄉港口村　135, 170, 256,

258
Patingi—巴丁義社；八磯社
Peigu—八瑤（磘）社（含內八瑤社）；屏東縣滿洲鄉長樂村八瑤及牡丹鄉高士村 134, 257, 258
Sawali—射麻裏社；屏東縣滿洲鄉永靖村 022, 085, 088, 134, 136, 142, 170, 174, 255, 256, 258, 260, 265
Siapuli—射不力社；屏東縣獅子鄉丹路村 134, 135, 136, 172, 256, 258
Suqaro—斯卡羅族；卑南族知本社人與排灣族混血之後代，恆春半島豬勝束、射麻裏，貓仔、龍鑾社，在清末日初稱「斯卡羅四社」 086
Tuilasok—豬勝束社；屏東縣滿洲鄉里德村 133, 258
琅嶠下十八社（the eighteen tribes） 019, 021, 026, 029, 073, 085, 089, 092, 096, 098, 129, 132, 135, 136, 170, 188, 255

地名

大樹房（To-Su-Pong）；恆春鎮大光里南灣後壁湖漁港附近海邊 260
日進灣；滿州鄉港口村港口溪出海口 174, 266
四重溪莊（Sijukei）；屏東縣車城鄉溫泉村 146
石頭門（Chio-to-mèn/ the Stone doors/ Stone Door/ the Stone Gate/ the rocky gateway） 104, 148
出火山（Volcano）；恆春鎮山腳里 026, 260
打狗（Takao）；高雄 022, 024, 028, 046, 047, 049, 056, 080, 092, 094, 102, 104, 132, 133, 182, 188, 204, 205, 206, 212, 237, 243, 248, 249, 259, 260, 261, 263, 264, 265, 269, 270
加祿堂；枋山鄉加祿村 270
社寮；射寮（Sialiao）；車城鄉射寮村 020, 045, 052, 054, 055, 056, 057, 059, 060, 062, 063, 064, 065, 067, 068, 073, 079, 084, 086, 106, 120, 124, 127, 134, 140, 161, 162, 164, 165, 166, 167, 170, 171, 173, 174, 176, 182, 183, 225, 255, 258, 263, 265, 266, 267

枋寮（Pongli）；屏東縣枋寮鄉　054, 059, 068, 073, 080, 082, 086, 120, 127, 144, 183, 248, 260, 263, 264, 269, 270
東京（江戶）（Tokio-Yedo）　016, 034, 038, 041, 042, 043, 044, 045, 046, 049, 052, 055, 059, 063, 075, 107, 112, 119, 122, 126, 152, 162, 164, 194, 203, 213, 217, 218, 219, 220, 222, 224, 229, 239, 241, 244, 248, 260, 264, 271
卑南覓（Pilam）；臺東　195, 196
首里城（Shuri）（琉球古都）　032
宮古群島（islands of the Miyako group）　032
馬武窟：臺東縣東河鄉東河村　038, 261
旂后；旗後；高雄旗津　182, 266, 267
琉球（Riu Kiu）　018, 020, 028, 029, 032, 033, 034, 035, 037, 046, 055, 058, 098, 103, 113, 116, 153, 154, 164, 169, 181, 187, 195, 197, 229, 231, 233, 234, 241, 243, 248, 260, 261, 264, 267, 268, 269, 271, 272, 273, 274, 277
琅嶠灣（Liang-Kiau Bay/ Expedition Bay）　051, 054, 080, 083, 084, 091, 100, 106, 153, 191, 214, 215, 248, 263, 265, 266, 269, 271
楓港（Hongkang）；屏東縣枋山鄉楓港村　124, 141, 144, 145, 161, 162, 178, 248, 265, 266, 269
臺灣府（Taiwan Fu）；臺南　022, 038, 080, 081, 100, 109, 111, 113, 153, 175, 176, 183, 188, 193, 198, 205, 210, 248, 259, 260, 264, 265, 266, 267, 269, 270, 271
薩摩（Satsuma）；九州鹿兒島縣西部　032, 033, 034, 044, 046, 048, 078, 097, 099, 101, 114, 120, 121, 122, 162, 191, 200, 204, 221, 228, 229, 238, 242
蝦夷（Yezo），今北海道　040, 122
龜山（Ku San/ Tortoise Hill/ Kame Yama）　051, 054, 055, 062, 064, 065, 068, 084, 100, 124, 162, 182, 183, 184, 186, 209, 215, 264, 265, 267, 268, 270

船名

山原號　032, 033, 260

大黃蜂號砲艇（*Hornet*） 080, 263
日進號艦（*Nishin/ Nisshin kan*） 047, 082, 100, 220, 266, 269, 271
北海丸（*Hoku Kai Maru/ Hokkai maru*） 043
有功丸（*Yuko Maru/ Yūkō maru*） 044, 045, 049, 050, 051, 056, 058, 067, 068, 073, 074, 080, 109, 116, 119, 140, 141, 214, 262, 263
社寮丸（*Sharyō maru*） 045, 106
阿修羅號（*Ashuelot*） 024
侏儒號（*Dwarf*） 111, 178, 182, 265, 266
哈特佛號（*Hartford*） 024, 025, 027, 259
約克夏號（*Yorkshire*） 041, 042, 043, 045, 263
紐約號（*New York*） 041, 042, 043, 045, 083, 209
高砂丸（*Takasago maru/ Takasago-Maru/ Takasago Maru*）；原英船三角洲號（*Delta*） 045, 106, 113, 209, 215, 216, 264, 265, 269
海龍號（*Hailoong*） 110, 182
莫諾卡西號（*Monocacy*） 051, 142, 206
揚狄克軍艦（*Yantic*） 220
揚武輪（*Yang-woo*） 106
義勇兵號（*Volunteer*） 259, 260
瑪利亞・魯斯號（*Maria Luz*） 034
福星輪（*Fuh-sing*） 106
懷俄明號（*Wyoming*） 024, 027, 259
羅妹號（*Rover*） 018, 020, 021, 024, 028, 035, 037, 039, 051, 073, 092, 118, 135, 136, 173, 174, 213, 216, 259
鸕鶿號（*Cormorant*） 022

其他

三酒（Sam-shu） 090, 091, 131, 139, 177
火繩槍（matchlock/ matchlock guns） 021, 060, 061, 076, 088, 091, 102, 150, 151,

249
中央部隊（中軍）　144, 145, 146, 159, 265, 266
分島改約　181, 272
內治派；內政派　038, 103, 229, 261
《天津條約》　211, 212, 214
《北京條約》　212
石門之役　097, 101, 103, 104, 105, 120, 128, 136, 144, 146, 148, 151, 164, 172, 265
司耐德步槍（Snider）　091
加特林多管機槍（the Gatling guns）　074, 171
《申報》　162, 172, 191, 203, 206, 209, 210, 222, 234, 241, 242, 262, 263
失銀案　188, 266, 268
西鄉暴走　097, 114, 119, 264
《西潘密約》　202, 267
竹社部隊（南軍）　161
岩倉考察團（the Iwakura Mission）　038, 072, 229
美國太平洋郵輪公司（the Pacific Mail Steamship Company）　041, 043
美國「南北戰爭」（the Southern rebellion）　238
征韓派；武斷派；大陸派　038, 103, 128, 221, 229, 261
柳原三條件　195
軍夫；苦力（collies or military collies）　072, 084, 121, 125, 152, 162, 183
《清日臺灣事件專約》　236, 248, 271
《紐約前鋒報》（*the New York Herald*）　016, 055, 202, 216, 263
琉球處分　248, 271
楓港部隊（the Hongkang party, 北軍）　144, 145, 161, 178, 265, 266
溫契斯特連發步槍（Winchester）
瑪利亞・魯斯苦力船事件；秘魯華工船事件（the case of the Maria Luz coolies）
035, 113, 216
廖有富之亂　264
臺灣出兵；征臺之役（the Formosa expedition）　037, 047, 072, 116, 219, 250,

254, 264
臺灣原住民（Formosans） 022, 028, 035, 038, 074, 109, 166, 261, 275, 278
臺灣事件；牡丹社事件（The Formosa enterprise/ Formosa matter） 016, 017, 018, 029, 030, 037, 040, 042, 049, 074, 083, 094, 095, 099, 102, 106, 114, 116, 181, 125, 129, 131, 134, 150, 161, 178, 179, 189, 192, 199, 201, 203, 229, 236, 241, 242, 248, 250, 251, 252, 254, 271, 275, 275, 280
臺灣蕃地事務局（Formosa Department） 039, 041, 059, 218, 244, 250, 262, 267
總理衙門；總署（the Tsung li Yamen） 022, 024, 025, 028, 049, 051, 107, 109, 180, 192, 193, 194, 195, 196, 205, 206, 207, 211, 213, 214, 214, 220, 222, 223, 224, 225, 226, 227, 230, 231, 232, 233, 234, 235, 236, 237, 241, 259, 261, 263, 264, 266, 267, 268, 269, 270
羅妹號事件（the case of the bark "Rover"） 020, 021, 024, 028, 035, 037, 039, 073, 118, 259

國家圖書館出版品預行編目資料

征臺紀事：牡丹社事件始末／豪士（Edward. H. House）原著；陳政三譯註. --二版. --臺北市：五南圖書出版股份有限公司, 2015.12
面； 公分
ISBN 978-957-11-8209-4（平裝）

1.牡丹社事件 2.清領時期 3.排灣族

733.2768 104012448

台灣書房 27

8V11

征臺紀事——牡丹社事件始末

原　　著— 豪士（Edward H. House）原著
譯　　注— 陳政三（246.4）
發 行 人— 楊榮川
總 經 理— 楊士清
總 編 輯— 楊秀麗
副總編輯— 蘇美嬌
責任編輯— 邱紫綾
封面設計— 童安安
出 版 者— 五南圖書出版股份有限公司
地　　址：106台北市大安區和平東路二段339號4樓
電　　話：(02)2705-5066　傳　真：(02)2706-6100
網　　址：https://www.wunan.com.tw
電子郵件：wunan@wunan.com.tw
劃撥帳號：01068953
戶　　名：五南圖書出版股份有限公司

法律顧問　林勝安律師事務所　林勝安律師

出版日期　2008年10月初版一刷
　　　　　2005年12月二版一刷
　　　　　2022年11月二版二刷
定　　價　新臺幣380元